高等教育应用型本科人才培养系列教材

U0868933

企业财务审计

（第2版）

主　编　李兆华　孟丽荣
副主编　王宇慧　李作家

哈尔滨工程大学出版社
Harbin Engineering University Press

内 容 简 介

本书在介绍企业财务审计基本理论和方法的同时，重点阐述运用审计基本理论和方法进行企业财务审计的基本思路及实务操作程序；通过典型案例的分析，使学生注重理论与实践结合能力的培养，强化审计判断能力的训练。本书在内容上体现了企业财务审计的最新要求，企业财务审计的理论与实务资料准确、规范，设计科学、完善，内容具有实践性、启发性、应用性、综合性，对企业财务审计理论与实务操作程序的介绍简明、清晰。每章都配有案例和练习题，尽量避免枯燥、笼统，以体现实用性。

本书可作为本科院校审计及相关专业的教材，也可作为企业财会、审计人员、其他经济管理人员以及财经类院校教师学习和工作的参考用书。

图书在版编目(CIP)数据

企业财务审计 / 李兆华，孟丽荣主编. — 2 版. — 哈尔滨：哈尔滨工程大学出版社，2021.9
ISBN 978-7-5661-2986-4

Ⅰ. ①企… Ⅱ. ①李… ②孟… Ⅲ. ①企业管理-财务审计 Ⅳ. ①F239.6

中国版本图书馆 CIP 数据核字(2021)第 049193 号

企业财务审计(第 2 版)
QIYE CAIWU SHENJI(DI 2 BAN)

选题策划 夏飞洋
责任编辑 夏飞洋
封面设计 刘长友

出版发行 哈尔滨工程大学出版社
社　　址 哈尔滨市南岗区南通大街 145 号
邮政编码 150001
发行电话 0451-82519328
传　　真 0451-82519699
经　　销 新华书店
印　　刷 哈尔滨午阳印刷有限公司
开　　本 787 mm×1 092 mm　1/16
印　　张 14.75
字　　数 380 千字
版　　次 2021 年 9 月第 2 版
印　　次 2021 年 9 月第 1 次印刷
定　　价 42.00 元
http://www.hrbeupress.com
E-mail:heupress@hrbeu.edu.cn

前　言

企业财务审计工作是经济管理工作的重要组成部分，是一项综合性、技术性很强的工作。一本方便教学、满足学生需求的好教材是实现人才培养目标、完成教学任务的关键。

本书以《中国注册会计师执业准则》(2016 年修订版)、《中国注册会计师执业准则应用指南》(2020 年版)及《企业会计准则》(2020 年版)等内容为依据，结合自学考试的特点，本着“精选内容、注重实践、培养技能、突出应用”且“理论必需和实用为度”的原则，在内容上体现了企业财务审计的最新要求，企业财务审计的理论与实务资料须准确、规范，设计科学、完善，内容具有实践性、启发性、应用性、综合性。对企业财务审计理论与实务操作程序的介绍简明、清晰。在介绍企业财务审计基本理论和方法的同时，重点阐述运用审计基本理论和方法进行企业财务审计的基本思路及实务操作程序。本书通过典型案例的分析，使学生注重理论与实践结合能力的培养，强化审计判断能力的训练。每章都配有案例和练习题，尽量避免枯燥、笼统，以体现实用性。

全书由李兆华进行整体框架设计，拟定编写大纲，并对全书进行统稿。本书由李兆华、孟丽荣担任主编，王宇慧、李作家担任副主编。各章具体分工如下：李兆华编写第一章、第二章；李作家编写第三章、第四章；王宇慧编写第五章、第八章；孟丽荣编写第六章、第七章。于佳怡、邹宏飞、张楚、李奇阳、朱雨涵、刘丹鹤、唐小艺、马泽涵、张曦敏、李雪松、庞钰、朱振、王妍也参与了本书的资料收集与编写工作，在此对他们的付出深表感谢。

本书可作为本科院校审计及相关专业的教材，也可作为企业财会、审计人员、其他经济管理人员以及财经类院校教师学习和工作的参考用书。

由于编者理论水平有限，在实际中探索与研究不够，本书不足之处在所难免，敬请审计界同仁与各位读者不吝赐教。

编　者

2020 年 10 月

目　　录

第一章　总　　论

学习目标

1. 明确企业财务审计的含义与特征。
2. 了解企业财务审计的目标与内容。
3. 掌握企业财务审计的过程与程序。

重要概念

财务审计;控制程序;实质性程序;函证;分析程序

第一节　企业财务审计的含义与特征

一、企业财务审计的含义

企业财务审计是现代社会经济发展的必然产物。企业财务审计是审计工作的重要组成部分,也是审计实务的基础。

什么是企业财务审计? 这是我们必须首先要解决的核心问题。而要了解企业财务审计的含义,我们有必要对审计的含义作一历史回顾。

我国审计学界对我国审计的定义曾有多种表述。1989 年 3 月,中国审计学会在贵州省安顺市的审计基本理论讨论会上经反复研讨,认为审计的定义如下:审计是由专职机构和专业人员,依法对被审计单位的财政、财务收支及其有关经济活动的真实性、合法性和效益性进行审查,评价经济责任,用以维护财经法纪,改善经营管理,提高经济效益,促进宏观调控的独立性的经济监督活动。这一定义就我国审计的主体、客体、对象、职能、标准、本质和目的做出了高度概括。

财务审计是审计的重要基础和分支,根据以上审计的含义,我们可以把企业财务审计概括如下:企业财务审计是在现代企业环境和现代审计环境下,由国家审计机关、内部审计机构和会计师事务所及其专职审计人员,依照审计准则和相关法律、法规,采用现代审计技术依法独立地对企业的资产、负债、所有者权益和损益等会计信息的真实性,财务收支业务和相关经济活动的合法性、合理性、效益性,以及对企业经营管理者应承担的经济责任进行监督、评价与鉴证,借以揭示错弊,维护财经法纪,提高企业经济效益并促进宏观调控的审查监督体系。

企业财务审计概念包括以下几个基本含义:

1. 企业财务审计是现代企业环境和现代审计环境相结合的产物,企业财务审计是一个发展的概念。

2. 企业财务审计主体不仅是会计师事务所,还包括国家审计机关和企业内部审计机构，以及这些专门审计组织的专职审计人员。

3. 企业财务审计的对象不仅是企业的会计信息，还应包括企业的财务收支业务、相关经济活动和评价内部控制制度，评价企业法人应承担的经济责任等。

4. 依法审计是企业财务审计的重要特征，“依法”不仅是对审计对象的要求，也是对审计组织和审计人员自身的要求。

5. 独立性是审计区别于其他专业监督的根本特征，依法独立监督是各国法律赋予审计的特别权力，也是国际审计惯例的基本要求。不能独立行使审计监督，企业财务审计也就无须存在。

6. 现代审计技术是相对于传统的企业财务审计手工操作技术而言的，比如运用计算机审计技术是现代审计工作的一项突出要求。

7. 企业财务审计职能不仅包括传统财务审计的监督、鉴证，还包括评价职能。评价职能是现代经济环境对企业财务审计的客观需要。

8. 企业财务审计的最终目的是提高企业经济效益和促进宏观调控服务。

二、企业财务审计的特征

20世纪中叶到现在，是世界资本主义经济发展的鼎盛时期，也是企业财务审计作为独立的监控体系得到极大发展的时期。这一时期，世界资本主义社会经济的基本特征是垄断。首先是私人垄断组织在一些发达国家从萌芽阶段转向世界范围内的广泛发展。其次是国家垄断资本主义的形成。所谓国家垄断资本主义，是指国家同拥有巨大实力的资本家同盟日益密切地融合在一起，包括国家对私人垄断企业进行投资、参股、联合、并购，也包括国家向私人垄断企业定购军需物资，向私人垄断企业提供各种补贴，提供科研经费和科研成果等优惠条件，还包括国家直接向航天、核能、电子等高尖技术工业提供大量的投资，以及兴办所谓“社会保障”“社会福利”事业。第二次世界大战结束到20世纪60年代，国家垄断资本得到迅速发展并掀起了所谓国有化热潮，使国家控制了大量私人垄断资本的经营活动，有利于国家进行宏观上的经济调节和部门结构的调整。当然，国家垄断资本主义毕竟是代表垄断资本家的利益，不可能改变资本主义私有制基础的性质，更不可能从根本上改变资本主义社会经济运行的无政府状态和克服日益加剧的经济危机。但是，这种“国有化”“经济计划化”和“福利国家制度”在一定程度上缓解了资本主义经济矛盾，代表着资本主义世界对宏观调控的愿望和需要。最后是国际垄断的形成。国内垄断的高速发展，必然使生产高度社会化与国内市场相对狭小的矛盾日趋尖锐，也必然造成资本输出与商品产品输出并驾齐驱的新局面，于是，垄断资本主义国家在争夺世界投资市场、原料产地市场和商品市场的激烈斗争中逐渐组成了国际垄断同盟：一方面是垄断性跨国公司，如卡特尔、辛迪加、托拉斯、康采恩的迅速形成与发展，到20世纪90年代，这种垄断性跨国公司已达到2万多家，他们的子公司、分公司、“孙公司”遍布世界各国；另一方面是国际性经济组织，如“国际货币基金组织”“世界银行”“世界贸易组织”和国际区域性经济一体化集团，如“欧洲经济共同体”“欧洲自由贸易联盟”“北美自由贸易协定”等不断涌现。垄断组织的迅速发展，在各主要资本主义国家的经济领域里占据了统治地位，成为这些国家全部经济生活的基础。

以垄断为特征的现代资本主义，没有也不可能解决生产资料私人占有和生产社会化程度极大发展的根本矛盾，而是沿着个人资本股份化、私人资本国家化乃至国际化的轨迹，使资本向更大规模、更高程度集聚与集中，不仅极大地改变了现代企业的所有制结构，也极大地改变了“两权分离”的单一模式。在一个庞大的跨国公司和国际经营组织中，以原始形态表现的个人所有权，国家所有权和不同部门、行业、地区与国际区域性经济组织形式出现的集体所有权或外资所有权，按照企业经营管理的需要，统统都转化为“法人所有权”，这种原始所有权向法人所有权的转化构成了“两权分离”的第一层次分离；然后是“法人所有权”向“经营管理权”让渡，构成了“两权分离”的第二层次分离；最后是母公司向子公司、分公司乃至“孙公司”进行内部管理分权，构成了“两权分离”的第三层次、第四层次的层层分离。这种纵横交错的所有制结构和多层次的分权模式，势必形成比以往任何经济时代更为错综复杂的经济责任关系，也势必铸成了传统企业财务审计向现代财务审计的发展转化的内在条件。

而且，垄断在取代资本主义自由竞争的同时，还衍生了更为复杂、更加剧烈、更大规模和更高层次的垄断组织之间、国家与国家之间的经济、政治、军事、文化和科学技术的竞争，这些竞争最终都体现为经济实力的竞争。

在竞争的强烈压力下，无论是企业集团、各种经济垄断组织，还是发达或不发达的资本主义国家都必须通过强化内部的经营管理或加强国民经济的宏观调控以达到提高经济实力，获得生存发展的目的。于是现代企业财务审计又获得了进一步发展的外在动力和社会空间。

企业财务审计正是在现代资本主义经济环境中，具备了内在发展条件和外部发展动力。企业财务审计具有以下基本特征：

（一）审计范围国际化

传统的企业财务审计，由于企业规模较小、业务空间不大，一般都局限在国内市场中。随着跨国公司和国际经济垄断组织的涌现，企业生产经营活动的空间越来越大，彻底打破了行业、部门、地区、国界的局限，形成全球经济一体化格局，从而也促使现代企业财务审计业务范围的国际化。

（二）审计领域扩大化

随着企业财务审计职能的扩展，审计领域也日益扩大。传统的企业财务审计一般只对会计信息审查鉴证，而现代企业财务审计则逐渐将审计领域延伸到经营管理、绩效与经济责任的审查与评价等方面，进而衍生出经营审计、管理审计、绩效审计、经济审计、效率审计、效果审计、公平性审计、环境审计和经济责任审计等一系列崭新的审计领域。

（三）审计层次立体化

审计层次立体化是从被审计对象经济责任关系的层次复杂化来分析企业财务审计的特征。现代企业规模的急骤扩大与所有制结构的日益复杂，必然导致权力让渡及其形成的经济责任关系复杂化，这是企业财务审计的又一特征。

（四）审计内容复杂化

企业财务审计范围的国际化、审计领域的扩大化和审计层次的立体化，都从不同方面影响审计内容的复杂化。这里还要从审计目标的多角度化来进一步分析审计内容的复杂化。审计目标是审计人员根据审计对象特征拟定的审计要求。企业的审计对象大体上可分为两大体系:一是市场体系的主体结构,包括所有权、占有权和支配权的让渡,这些让渡直接表现为企业权益的变异,按照优胜劣汰的竞争原则,更意味着企业本身全部权益或部分权益的联合、兼并、分立、改制、重组、破产、倒闭、清算、拍卖;二是市场体系的客体结构及其再生产过程,包括商品、劳务、资金、技术、信息等的生产与消费,以及交换与分配,从价值的角度考查就是资金的周而复始,这里既有资金的筹集、运用、消耗、增值、收回、退出和分配价值信息的真实、正确,又有物资运动的合法、合理与效益,既有事前的预测、决策与计划,又有事中的管理与控制,还有事后的考核与评价。这两大体系的审查、监督、鉴证与评价,大致构成了企业财务审计对象的基本内容和目标。

(五)审计主体多元化

在早期资本主义和近代资本主义的经济活动中,企业的财务审计工作主要由注册会计师承担,审计主体比较单一,随着国家资本向企业的渗透和公营企业的产生与发展,国家或政府审计机关的审计业务也迅速扩大到企业财务审计领域;又由于20世纪40年代内部审计的异军突起,企业财务审计主体中又增加了内部审计机构,形成了国家或政府审计、内部审计和会计师事务所审计的多元化审计主体。

(六)审计行为规范化和审计技术科学化

竞争的剧烈性愈高,审计的风险愈大,对审计人员的素质和行为规范的要求就愈严格。20世纪30年代的世界性"诉讼爆炸",使审计界业内人士受到极大震撼,于是各国的审计组织都制定了各自的审计准则体系。到20世纪末,国际审计实务委员会颁布了国际审计标准,同时,最高审计机关国际组织还先后公布了著名的《悉尼总声明》和《利马宣言》,这些经典性文告都对世界各国审计人员素质的提高和行为规范产生了极大的影响。最后需要强调的是,随着现代科学技术的高速发展,会计信息的电算化、网络化、数码化进程的加快也要求和鼓舞着企业财务审计技术的相应发展。

三、企业财务审计的作用

企业财务审计的作用主要体现在以下几个方面:

(一)保证企业资产的安全完整性和企业经营活动的合规性与合法性

企业是国家社会经济的重要组成部分,其财产安全与否,直接关系到企业的生存与发展。随着改革开放的深入,企业财产物资的安全显得日益重要。在近几年的企业改革中,出现了股份制改造、租赁、承包、兼并、分立等多种形式的企业组织变化,一些企业在这个过程中,由于种种原因,导致资产流失极为严重。同时,相当多的企业由于转换经营机制不力,管理松弛,即使账簿上反映其拥有的资产依然完整,但其实际生产能力、创造经济效益能力却在下降。因此,必须通过对企业进行财务审计,保证其财产物资的安全、完整,促使这些企业充分挖掘其财产物资的经营活力。

企业生产经营活动首先应遵守国家方针政策、法律法规及有关的行业政策,为社会提供各项服务。对企业进行财务审计,能够有效制止各种违法违纪现象的发生,从而维护社会经济秩序,使国民经济向着健康、有序的方向发展,保证社会经济稳定、快速地增长。

(二)有助于正确评价经营业绩,确保企业履行各项经营责任和实现经济目标

企业是社会经济的重要组成部分,其经营业绩是否良好,关系到企业的生存与未来的发展,企业要立足于市场,必须参与市场竞争,优胜劣汰。有良好的业绩,企业才有生存的可能。这种业绩包括两种含义:一是企业通过自身的经营取得较好的经济效益,确保资产不被侵蚀,保证原来的生产能力或者在扩大生产能力的基础上持续经营,从而不断壮大自身的实力;二是企业的经营业绩不直接表现为一定的经济利益,而是表现为一定的社会效益,这种企业的评价应以最少的投入能提供出最好的服务或社会效益为标准。通过对企业经营业绩的评价,鼓励先进,鞭策落后,形成一种良好的激励机制。

经营责任是企业在所有权和经营权相分离的基础上形成的,即经营者对所有者承担相应的经济责任,这些经营责任又具体体现在各项经济目标的实现上,没有一个个具体经济目标的实现,经营者的经济责任就难以如约履行。当然,经营责任的履行还应有其相应权力和利益作为基础,这种以“责”为核心,以“权”作保证的机制,能够有效保证经营目标的实现,它在一定程度上也有赖于对企业的财务审计。

通过对企业的财务审计,能从法律上确认经营者对经济责任的履行情况。当企业的所有权和经营权分开时,所有权人有权了解经营者对经济责任的履行情况,审计正是基于这一基础而产生、发展起来的。在所有权和经营权相分离的前提下,所有者难以及时、全面地了解经营者对经济责任的履行情况,而经营者自己也难以证明自己的经营责任和财务责任。只有通过审计,通过独立的第三者,以一定的技术和手段,通过审查其经济业务及有关记录,来确认其经济责任的履行情况。

(三)促使健全完善内部控制制度,加强管理,提高经济效益

审计是一项独立性的经济监督活动,一方面要依据国家有关政策、经济法律、经济法规的规定,对企业各项经济业务进行合法性审查;另一方面又要依据《企业会计准则》和《企业会计制度》对企业资产、负债、所有者权益、收入、成本费用、利润等项目的真实性、公允性以及会计处理方法的一致性进行审查鉴证。通过审计可以及时发现各种不符合国家法规政策的行为,同时,也可以发现各种违反《企业会计准则》和《企业会计制度》的财务核算,使国家利益、公有财产不受损失。当今社会,随着经济繁荣,市场竞争日趋激烈,出现了各种各样的经济犯罪。从企业角度来看,有的进行非法交易,从事不符合国家政策、法律法规的经济事项或者超越法律的限制非法经营;有的在经济交往中,故意损害国家或其他经济组织的利益;有的在财务会计信息的反映过程中,损害其他经济组织;有的在财务会计信息反映过程中,人为地调整、弄虚作假、损公肥私、欺骗上级等。各种经济犯罪都会造成国有资产的流失,给国家造成很大的经济损失,严重的还会影响国家声誉。所有这些可能存在的隐患,如果不能及时纠正,将会给国家造成极大的危害。所以,对企业的财务进行审计是防患于未然的必然手段。

企业效益的来源有两个方面:一是向生产要效益,二是向管理要效益。没有一种完善的内部控制机制,没有一套严密的组织管理机制,处于混乱之中的企业是难以生存和发展的。对企业进行财务审计,可及时发现企业管理中存在的缺陷,并根据其具体情况提出建议,解决问题,能全面提高企业的经营管理水平。

(四)及时了解和掌握审计信息,满足国家宏观经济管理和调控的需要

企业是国家经济的细胞和支柱,其运转状况直接影响到国民经济的发展,也关系到社会的稳定。随着经济体制改革的深入和政府职能的转变,国家对企业控制主要是通过间接方式进行的。对企业的了解也是通过有关统计资料、财务报告及其他资料的逐级上报来实现的。这些数量庞大,又经多道程序加工、汇总的资料,一方面由于对各项数据处理方法、处理工具、处理政策的不同而产生差异;另一方面也存在各种人为因素的影响,如指导思想、个人观点、技术能力及各种人为调节等。所以,这些经过多道程序形成的信息的真实性、可靠性、合法性需要一个专门的监督机构来验证。对企业进行财务审计,及时解决各种间接信息的可靠性、真实性和合法性,为国家全面掌握企业的生产经营运转状况提供可信的依据,从而保证依据该信息所做出的各种决策具有可行性和有效性,保证国家宏观调控落于实处。

经过多年的经济体制改革,市场在资源配置中正在逐步发挥基础性作用,但政府仍然需要通过一定的调控和管理措施对国民经济运行情况进行调节。国家需要通过对企业生产经营情况进行了解,然后做出合理判断,以便于制定正确、有效的调控和管理措施,保证国民经济协调发展。而其所需的一切信息是否真实可靠,在很大程度上取决于企业财务审计的结果。

(五)确保会计信息及其他经济信息真实、可靠,为各方面正确决策提供可靠的依据

会计信息及其他经济信息是各方面利害关系人全面了解企业,正确评价过去,科学预测未来,进行正确决策的依据。企业的发展不仅需要内部努力,也一定和外部各方面存在利害关系。企业的利害关系人要通过对投入资本运行情况的了解,正确确定下一步的投资和经营方针,通过对企业经济状况的了解,来增加与之往来的可靠性,规范企业之间的交易行为。在实际工作中,可能会出现某些企业为满足眼前利益或局部利益,改变经济业务的会计处理程序和方法,诸如高估资产、低报负债、虚盈实亏、贪污舞弊等行为,以致会计报表所反映的信息严重失实,严重损害了国家和社会公众的利益。而这些信息的需要者,因各种原因不能直接参与企业的生产经营活动,他们对企业资产的保管、使用情况及其经济效益,只有通过以会计核算信息为主的经济信息来得到满足。所以满足社会各方面对企业信息全面了解的需求,是企业财务审计的一个基本目的。

第二节　企业财务审计的目标与内容

一、企业财务审计的目标

审计目标是指审计人员根据审计授权或委托人的要求,执行审计任务时需要达到的结果,分为总目标和具体目标。总目标是审计授权人或委托人对某项审计活动的总体要求,具体目标则是对总目标或审计目的的具体化。一般地说,总目标是用以衡量某项审计业务最终结果的总体要求,而具体目标则是用以鉴证某方面经济活动是否符合这一总体要求的衡量标尺。总目标随着审计授权人或委托人的总体要求而变化,一般审计事项的具体审计

目标包括以下内容。

(一)真实性

真实性是指审查经济业务是否确实发生,会计信息是否真实可靠。应该说明的是,真实性虽然是企业财务审计中最主要的目标,但真实性这个概念不是绝对的,不仅被审计单位的会计信息不可能百分之百地准确,而且从审计的角度来看,不可能也不要求对审计事项的真实性做出百分之百的担保,特别是会计报表审计,往往只是要求达到公允的程度。换言之,审计人员对会计报表信息的审计意见,只要不导致报表使用者做出错误的判断和错误的决策就可以了。

(二)存在性

存在性是指审查披露的信息是否客观存在,通常用以衡量有余额的资产、负债、所有者权益的报表项目或会计科目。

(三)所有权

所有权是指审查会计信息中的资产、负债与所有者权益确实为被审计单位所有。

(四)计价

计价是指审查企业资产计价,计价在资产审计中是一个非常重要且比较复杂的问题,通常要考虑购进计价、发出计价、余额计价、折旧、摊销价值转移等问题,有经验的审计人员往往有"资产审计、重在计价"的说法。

(五)合理性

合理性是指评价经济业务的发生、处理、结果是否合理,评价的主要对象通常是投资、筹资、存货、应收或预付款项。合理性是内部审计中一项极为重要的审计标准。

(六)完整性

完整性是指审查经济业务是否全部入账,并在报表上完整反映。

(七)正确性

正确性是指审查企业账务处理、报表编制是否合规、合法,计算是否准确。

(八)报表披露

根据《企业会计准则》的要求,应将会计变更、会计估计等重大事项在报表上披露,以方便报表使用者对报表信息的理解。

(九)合法性

合法性是指审查企业经济业务是否符合法律法规的规定。

由于国家审计、内部审计和会计师事务所审计各自承担的任务不同,他们的审计侧重点也不一样。一般来说,国家审计机关在进行企业财务审计时,主要侧重于查错防弊、维护财经法纪、维护国有资产安全完整、改善经营管理、提高经济效益和加强宏观调控方面，因此，合法性往往是审计的首要目标；会计师事务所审计主要向投资人、债权人及企业其他利害关系人提供会计信息的鉴证，因此，会计信息的真实性往往是审计的首要目标；内部审计是为强化企业管理服务的，因此审查经济业务的合理性往往是审计的首要目标。

二、企业财务审计的内容

企业财务审计的内容是企业资金运动在各环节上的会计反映及其内在联系。从这个意义上说，企业财务审计的内容就是会计核算和反映的内容，即会计资料及其有关经济资料所反映的财务收支及有关的经济活动，在企业中具体表现为资产、负债、所有者权益、收入、费用和利润六大要素及其载体财务报表。

（一）企业资产审计的内容

资产是指企业过去的交易或事项形成的，由企业拥有或者控制的、预期会给企业带来经济利益的资源。企业资产是企业生产经营的基础和前提，也是企业资金运用的具体体现。企业资产审计的内容主要包括流动资产、长期股权投资、固定资产、无形资产及长期待摊费用。其中，流动资产又可分为货币资金、应收账款、交易性金融资产、存货等。企业资产审计的目标为：

1. 审查企业有关资金的内部控制等是否健全、有效；
2. 审查证实资产是否确实存在；
3. 审查企业资产的所有权是否归企业所拥有；
4. 审查各项资产的计价是否合理；
5. 审查各项资产是否已在财务报表上充分披露。

（二）企业负债审计的内容

负债是指企业过去的交易或者事项形成的、预期会导致经济利益流出企业的现时义务。企业负债审计的内容主要包括流动负债和非流动负债。流动负债是指一年内或超过一年的一个营业周期内应偿还的债务，主要包括短期借款、应付票据、应付账款、应付职工薪酬、应交税费、应付股利等。非流动负债是指偿还期在一年以上或超过一年的一个营业周期以上的债务，主要包括长期借款、应付债券、长期应付款。长期负债项目虽少，但其发生额却很大，是企业融资的重要手段。企业负债审计的目标为：

1. 审查企业有关负债的内部控制是否健全、有效；
2. 审查企业所列各项负债是否确实存在；
3. 审查各项负债记录是否完整，有无漏列；
4. 审查企业负债的会计计量是否准确；
5. 审查与负债有关的费用的会计处理是否正确；
6. 审查各项负债在财务报表上是否充分披露。

（三）企业所有者权益审计的内容

所有者权益是指企业资产扣除负债后由所有者享有的剩余权益。企业所有者权益审计的内容主要包括所有者对企业的资本投入，以及在生产经营过程中形成的资本增值部分。资本增值部分内容主要有资本本身带来的资本公积、生产经营的盈余公积和未分配利润。企业所有者权益审计的目标为：

1. 审查企业有关所有者权益的内部控制是否健全、有效；
2. 确定各项所有者权益的增减变动是否符合国家法律法规及企业章程的规定；
3. 审查各项所有者权益记录是否完整，有无遗漏；
4. 审查各项所有者权益的余额是否正确；
5. 审查各项所有者权益项目是否已在财务报表中充分披露。

（四）企业收入的审计内容

收入是指企业在日常活动中形成的、会导致所有者权益增加的、与所有者投入资本无关的经济利益的总流入。企业收入审计的内容主要包括主营业务收入和其他业务收入。主营业务收入包括产品销售收入和工业性劳务所得，它们是企业收入的最主要来源。其他业务收入是指除销售产品、提供劳务或让渡资产使用权等主营业务收入以外的其他业务收入，主要包括销售材料、无形资产转让及非工业性劳务收入等。企业收入审计的目标为：

1. 审查企业有关收入的内部控制是否健全、有效；
2. 审查各项收入的记录是否完整；
3. 审查各项收入的会计处理是否正确；
4. 确定各项收入是否与相应的费用配比；
5. 审查确定各项收入是否已在财务报表上充分披露。

（五）企业费用的审计内容

费用是指企业在日常活动中发生的、会导致所有者权益减少的、与向所有者分配利润无关的经济利益的总流出。企业费用审计的内容主要包括直接费用、间接费用和期间费用。直接费用是指企业生产产品或提供劳务等发生的直接材料、直接人工和其他直接制造费用。这部分费用是构成生产经营成本的主要内容。间接费用是指企业为生产商品和提供劳务等发生的各项间接费用，一般称之为制造费用。这部分费用应当按照一定的标准合理分配，计入生产经营成本。期间费用是指与企业产品生产没有直接关系，不参加成本计算，而计入某一会计期间的费用。其主要包括销售费用、管理费用和财务费用。企业费用审计的目标为：

1. 审查与各项费用支出有关的内部控制是否健全、有效；
2. 审查确认各项费用的发生是否真实，记录是否完整；
3. 审查各项费用的会计处理是否正确；
4. 审查各项费用是否与收入相配比；
5. 确认各项费用是否已在财务报表中适当揭示。

（六）企业利润的审计内容

利润是指企业在一定期间的经营成果。利润包括收入减去费用后的净额、直接计入当期利润的利得和损失等。企业利润审计的内容主要包括利润形成的审计和利润分配的审计。企业利润审计的目标为：

1. 审查企业利润的各项目内容是否真实；

2. 审查企业利润计算是否正确;

3. 审查企业各项应交国家的税收及利润分配是否按规定及时足额缴纳;

4. 审查企业利润分配及其余额是否已在财务报表上充分揭示。

(七)企业财务报表的审计内容

财务报表审计是企业财务审计的起点和归宿。对企业财务报表进行审计,即对以资产负债表、利润表及现金流量表为核心的一系列财务报表内容的真实性、合法性进行审查。财务报表集中反映了企业财务信息,是国家有关部门正确评价企业,作为投资和宏观调控决策的主要依据;同时,能为各级管理部门了解企业财务状况和经营业绩,完善企业内部控制,改善经营管理,提高经济效益,更好地服务于社会提供可靠的依据。企业财务报表审计主要包括以下内容:

1. 审查财务报表完整性。审查财务报表完整性包括财务报表本身的完整性和财务报表应揭示内容的充分性,前者包括资产负债表、利润表、现金流量表、财务报表附注及相关附表,对于需要编制合并财务报表的企业,还应该包括合并财务报表;后者包括上述财务报表应填报的项目和内容是否完整。要审查财务报表是否全面、充分地反映企业财务状况和经营成果,对于重要的经济业务,是否单独列示。

2. 审查财务报表及时性。审查财务报表及时性就是审查企业的财务报表能否在规定的期限向社会公布,以保证报表使用者及时获得所需的财务信息,并不失时机地做出相应决策。

3. 审查财务报表真实性。审查财务报表真实性主要是审查财务报表所反映的财务状况、经营成果,包括资产、负债、损益的各项数据是否真实存在,账实是否相符,归类是否正确,所有权的归属是否真实,计算是否准确等。特别应注意有无故意高估资产、少列负债、明盈实亏等情况的存在。

4. 审查财务报表合规性、合法性。审查财务报表合规性、合法性主要是审查企业的各项财务收支活动及其相关的会计处理和报表,揭示其是否符合国家的法令、法规、制度、章程。例如,收入的确认、成本的核算、税金的计算与缴纳、利益的分配、公积金的提取等,审查是否严格执行国家规定。

5. 审查财务报表正确性。审查财务报表正确性主要是审查企业对会计政策的执行和说明、会计方法的选用与变更、会计记录、计算与财务处理是否正确。例如,企业对于会计主体、会计分类、持续经营、货币计量的遵循情况;企业对于会计核算的一般原则,包括可靠性、相关性、可理解性、可比性、实质重于形式、重要性、谨慎性和及时性等的执行情况。企业对于编报财务报表时所采用的原则、基础、惯例、规则、程序、截止日期、期后会计事项、重要会计政策变更的影响是否在报表中予以充分揭示等。

需要说明的是,随着经济的发展、审计技术的改进以及风险导向审计模式的应用,企业财务审计的内容一般限定为企业财务报表审计,在体例安排上多按照企业业务循环的模式开展审计。

企业财务报表审计的组织方式大致有两种:一是对财务报表的每个账户余额单独进行审计,此法称为账户法(account approach);二是将财务报表分成几个循环进行审计,即把紧密联系的交易种类和账户余额归入同一循环中,按业务循环组织实施审计,此法称为循环法(cycle approach)。所谓业务循环,是指处理某一类经济业务的工作程序和先后顺序。业务循环审计是指审计师按照业务循环了解和测试企业内部控制，从而对企业财务报表的合法性、公允性进行审计的一种方法。

一般而言，账户法与多数被审计单位账户设置体系及财务报表格式相吻合，具有操作方便的优点，但它将紧密联系的相关账户（如存货和营业成本）人为地予以分割，容易造成整个审计工作的脱节和重复，不利于审计效率的提高；而循环法则更符合被审计单位的业务流程和内部控制设计的实际情况，不仅可加深审计人员对被审计单位经济业务的理解，而且由于将特定业务循环所涉及的财务报表项目分配给一个或数个审计人员，增强了审计人员分工的合理性，有助于提高审计工作的效率和效果。

控制测试是在了解被审计单位内部控制、实施风险评估程序基础上进行的，而了解内部控制主要是评价控制的设计以及是否得到执行，与被审计单位的业务流程关系密切，因此，对控制测试通常应采用循环法实施。一般而言，在企业财务报表审计中可将被审计单位的所有交易和账户余额划分为 4 个、5 个、6 个甚至更多个业务循环。由于各被审计单位的业务性质和规模不同，其业务循环的划分也应有所不同。即使是同一被审计单位，不同注册会计师也可能有不同的循环划分方法。在本书中，我们将交易和账户余额划分为销售与收款循环、采购与付款循环、生产与存货循环、投资与筹资循环，分章阐述各业务循环的审计。由于货币资金与上述多个业务循环均密切相关，并且货币资金的业务和内部控制又有着不同于其他业务循环和其他财务报表项目的鲜明特征，因此，将货币资金审计单独安排在第六章。

值得注意的是，本书所述各业务循环以经营活动及商业模式较为简单的一般制造业企业为背景，其中列举的风险和控制是为了举例说明审计人员在评估风险和应对风险的过程中，如何将风险评估结果、控制测试和实质性程序联系起来，以实现审计目标，并非对可能存在的风险和控制的完整描述。

对交易和账户余额的实质性程序，既可采用账户法实施，也可采用循环法实施。但由于控制测试通常按循环法实施，为有利于实质性程序与控制测试的衔接，提倡采用循环法。按照各财务报表项目与业务循环的相关程度，基本可以建立起各业务循环与其所涉及的主要财务报表项目（特殊行业的财务报表项目不涉及）之间的对应关系，如表 1－1 所示。

表 1－1 业务循环与企业主要财务报表项目对照表

业务循环	资产负债表项目	利润表项目
销售与收款循环	应收票据、应收账款、应收账款融资、合同资产、长期应收款、预收款项、应交税费、合同负债	营业收入、营业税金及附加
采购与付款循环	预付款项、持有待售资产、固定资产、在建工程、生产性生物资产、油气资产、无形资产、开发支出、长期待摊费用、应付票据及应付账款、持有待售负债、租赁负债、长期应付款	销售费用、管理费用、研发费用、其他收益
生产与存货循环	存货	营业成本
人力资源与工薪循环	应付职工薪酬	营业成本、销售费用、管理费用

表 1－1(续)

业务循环	资产负债表项目	利润表项目
投资与筹资循环	交易性金融资产、衍生金融资产、其他应收款、其他流动资产、债权投资、其他债权投资、长期股权投资、其他权益工具投资、其他非流动金融资产、投资性房地产、商誉、递延所得税资产、短期借款、交易性金融负债、衍生金融负债、其他应付款、长期借款、应付债券、预计负债、递延收益、递延所得税负债、实收资本(或股本)、其他权益工具、资本公积、其他综合收益、专项储备、盈余公积、未分配利润	财务费用、资产减值损失、信用减值损失、投资收益、净敞口套期收益、公允价值变动收益、资产处置收益、营业外收入、营业外支出、专项储备、所得税费用

在企业财务报表审计中将被审计单位的所有交易和账户余额划分为多个业务循环，并不意味着各业务循环之间互不关联。事实上，各业务循环之间存在一定联系，比如投资与筹资循环同采购与付款循环紧密联系，生产与存货循环则同其他所有业务循环均紧密联系。各业务循环之间的流转关系如图 1－1 所示。

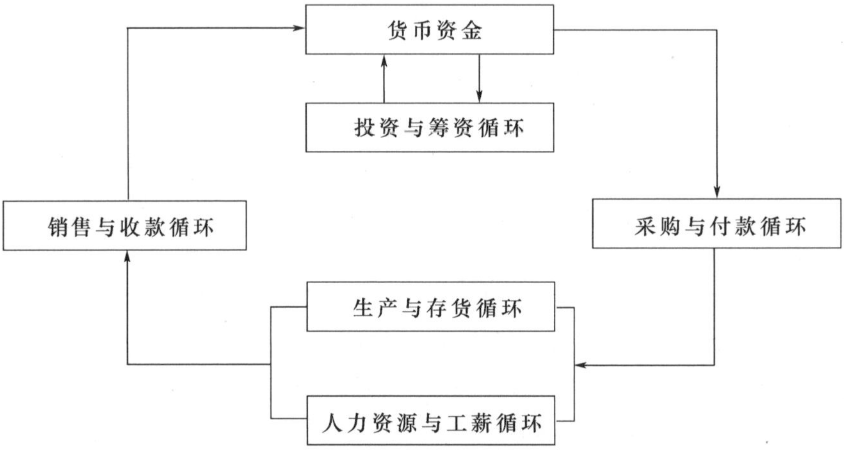

图 1－1　各业务循环之间的关系

第三节　企业财务审计的过程与程序

一、企业财务审计的过程

审计方法从早期的账项基础审计，演变到今天的风险导向审计。风险导向审计模式要求审计人员在审计过程中，以重大错报风险的识别、评估和应对作为工作主线。目前我国的政府审计、内部审计和会计师事务所审计均采用了风险导向审计模式。因此，本节只介绍会计师事务所开展企业财务审计的审计过程。审计过程大致可分为以下几个阶段。

(一)接受业务委托

会计师事务所应当按照执业准则的规定,谨慎决策是否接受或保持某客户关系和具体审计业务。在接受新客户的业务前,或决定是否保持现有业务或考虑接受现有客户的新业务时,会计师事务所应当执行一些客户接受与保持的程序,以获取如下信息:

1. 考虑客户的诚信,没有信息表明客户缺乏诚信;
2. 具有执行业务必要的素质、专业胜任能力、时间和资源;
3. 能够遵守相关职业道德要求。

会计师事务所执行客户接受与保持的程序的目的,旨在识别和评估会计师事务所面临的风险。例如,如果注册会计师发现潜在客户正面临财务困难,或者发现现有客户在之前的业务中做出虚假陈述,那么可以认为接受或保持该客户的风险非常高,甚至是不可接受的。会计师事务所除考虑客户施加的风险外,还需要复核执行业务的能力,如当工作需要时能否获得合适的具有相应资格的员工;能否获得专业化协助;是否存在任何利益冲突;能否对客户保持独立性等。

注册会计师需要做出的最重要的决策之一就是接受和保持客户。一项低质量的决策会导致不能准确确定计酬的时间或未被支付的费用,增加项目合伙人和员工的额外压力,使会计师事务所声誉遭受损失,或者涉及潜在的诉讼。

一旦决定接受业务委托,注册会计师应当与客户就审计约定条款达成一致意见。对于连续审计,注册会计师应考虑是否需要根据具体情况修改业务约定条款,以及是否需要提醒客户注意现有的业务约定书。

(二)计划审计工作

计划审计工作是指注册会计师为了完成各项审计业务,达到预期目标,在具体实施审计程序之前编制的工作计划。

计划审计工作十分重要,计划不周不仅会导致盲目实施审计程序,无法获得充分、适当的审计证据以将审计风险降至可接受的低水平,影响审计目标的实现,还会浪费有限的审计资源,增加不必要的审计成本,影响审计工作的效率。而合理的审计计划有助于注册会计师关注重点审计领域、及时发现和解决潜在问题及恰当地组织和管理审计工作,以使审计工作更加有效。同时充分的审计计划也可以帮助注册会计师对项目组成员进行恰当分工和指导监督,并复核其工作,还有助于协调其他注册会计师和专家的工作。因此,对于任何一项审计业务,注册会计师在执行具体审计程序之前,都必须根据具体情况制订科学、合理的计划,使审计业务以有效的方式得到执行。

一般来说,计划审计工作主要包括以下三个方面:

1. 在本期审计业务开始时开展的初步业务活动;
2. 制定总体审计策略;
3. 制订具体审计计划。

(三)实施风险评估程序

审计准则规定,注册会计师必须实施风险评估程序,以此作为评估财务报表层次和认定层次重大错报风险的基础。所谓风险评估程序,是指注册会计师实施的了解被审计单位及其环境并识别和评估财务报表重大错报风险的程序。风险评估程序是必要程序，了解被审计单位及其环境特别是为注册会计师在许多关键环节做出职业判断提供了重要基础。了解被审计单位及其环境是一个连续和动态的收集、更新与分析信息的过程，贯穿于整个审计过程的始终。注册会计师应当运用职业判断确定需要了解被审计单位及其环境的程度。一般来说，实施风险评估程序的工作主要包括以下两个方面：

1. 了解被审计单位及其环境；

2. 识别和评估财务报表层次以及各类交易、账户余额、列报认定层次的重大错报风险，包括确定需要特别考虑的重大错报风险（即特别风险）以及仅通过实质性程序无法应对的重大错报风险。

（四）实施控制测试（程序）和实质性程序

注册会计师应当针对评估的财务报表层次重大错报风险确定总体应对措施，并针对评估的认定层次的重大错报风险设计和实施进一步的审计程序，以将审计风险降低至可接受的水平。进一步的审计程序包括控制测试和实质性程序。控制测试是指用于评价内部控制在防止或发现并纠正认定层次重大错报方面的运行有效性的审计程序，即控制测试是用于测试内部控制运行是否有效的审计程序。实质性程序是为了发现认定层次的重大错报而实施的测试程序，包括对各类交易、账户余额、列报的细节测试以及实质性分析程序。需要指出的是，注册会计师对重大错报风险的评估是一种判断，可能无法充分识别所有的重大错报风险，并且由于内部控制存在固有的局限性，无论评估重大错报风险结果如何，注册会计师都应当针对所有重大的各类交易、账户余额、列报实施实质性程序。

（五）完成审计工作和编制审计报告

注册会计师在完成财务报表所有循环的进一步审计程序后，还应当按照有关审计准则的规定做好审计完成阶段的工作，并根据所获取的各种证据，合理运用专业判断，形成适当的审计意见。本阶段工作主要包括以下七个方面：

1. 审计期初余额、比较数据、期后事项和或有事项；
2. 考虑持续经营问题和获取管理层声明；
3. 汇总审计差异，并提请被审计单位调整或披露；
4. 复核审计工作底稿和财务报表；
5. 与管理层和治理层沟通；
6. 评价审计证据，形成审计意见；
7. 编制审计报告。

二、企业财务审计的程序

审计人员在审计过程中可以采用检查、观察、询问、函证、重新计算、重新执行、分析程序等审计程序来收集审计证据。这些审计程序又被称为审计的实质性程序。

（一）检查

检查是指注册会计师对被审计单位内部或外部生成的，以纸质、电子或其他介质形式存在的记录或文件进行审查，或对资产进行实物审查。在实际工作中，检查包括检查记录或文件和检查有形资产。

检查记录或文件可以提供可靠程度不同的审计证据，审计证据的可靠性取决于记录或文件的性质和来源，而在检查内部记录或文件时，其可靠性则取决于生成该记录或文件的内部控制的有效性。

检查有形资产是指注册会计师对资产实物进行审查。检查有形资产可为其存在性提供可靠的审计证据，但不一定能够为权利和义务或计价认定提供可靠的审计证据。对个别存货项目进行的检查，可与存货监盘一同实施。

（二）观察

观察是指注册会计师查看相关人员正在从事的活动或执行的程序。例如，对客户执行的存货盘点或控制活动进行观察。在审计过程中，在很多情况下，注册会计师可以运用看、听、闻、摸等手段对事物进行判断。例如，注册会计师通过参观企业的厂房对企业的设施有一个总体印象；通过观察机器设备是否生锈来估计其是否过时；通过观察被审计单位财务人员的日常工作来判断他们是否履行职责。当然，观察本身不能作为充分的审计证据来使用，它还需要其他相关的审计证据来佐证。

观察提供的审计证据仅限于观察发生的时点，并且在相关人员已知被观察时，相关人员从事活动或执行程序可能与日常的做法不同，从而影响注册会计师对真实情况的了解。因此，注册会计师有必要获取其他类型的佐证证据。

（三）询问

询问是指注册会计师以书面或口头方式，向被审计单位内部或外部的知情人员获取财务信息和非财务信息，并对答复进行评价的过程。

知情人员对询问的答复可能为注册会计师提供尚未获悉的信息或佐证证据，也可能提供与已获悉信息存在重大差异的信息；注册会计师应当根据询问结果考虑修改审计程序或实施追加的审计程序。

询问本身不足以发现认定层次存在的重大错报，也不足以测试内部控制运行的有效性，注册会计师还应当实施其他审计程序获取充分、适当的审计证据。

（四）函证

函证是指注册会计师直接从第三方（被询证者）获取书面答复以作为审计证据的过程。书面答复可以采用纸质、电子或其他介质等形式。例如，对应收账款余额或银行存款的函证。由于函证的结果来自独立于被审计单位的第三方，可靠性很高，因此，在审计过程中经常会考虑使用函证这一方法。然而，函证是一种成本较高的取证方法，而且可能会给回答者带来一些不便，所以并非在任何可能的情况下都使用函证。当注册会计师使用函证时，他们尽可能地希望获得书面答复，因为书面答复比口头答复更可靠，而且便于复核。

是否需要函证取决于对可靠性的要求以及是否有可替代的审计程序。例如，在审计固定资产增加时就很少使用函证，因为这些都可以通过检查书面凭证和盘点等其他方法得到充分的证实。而且，如果没有回函或对回函结果不满意时，注册会计师必须实施必要的替代程序，以获取相应的审计证据。

（五）重新计算

重新计算是指注册会计师以人工方式或使用计算机辅助审计技术，对记录或文件中的数据计算准确性进行核对。

重新计算通常包括计算销售发票和存货的总金额，加总日记账和明细账，检查折旧费用和预付费用的计算，检查应纳税额的计算等。

（六）重新执行

重新执行是指注册会计师以人工方式或使用计算机辅助审计技术，重新独立执行作为被审计单位内部控制组成部分的程序或控制。例如，注册会计师利用被审计单位的银行存款日记账和银行对账单，重新编制银行存款余额调节表，并与被审计单位编制的银行存款余额调节表进行比较。

（七）分析程序

分析程序是指注册会计师通过研究不同财务数据之间以及财务数据与非财务数据之间的内在关系，对财务信息做出评价。这类程序包括简单的比较以及使用涉及许多关系和数据的复杂数学与统计模型。分析程序对合并财务报表、附属公司和分部的财务报表以及财务报表的单个要素都可以运用。分析程序还包括调查识别与其他相关信息不一致或与预期数据严重偏离的波动和关系。

本章小结

1. 企业财务审计的主体包括政府审计机关、内部审计机构和会计师事务所。
2. 企业财务审计的主要对象是企业的财务收支业务，体现在企业财务报表上。
3. 企业财务审计程序包括检查、观察、询问、函证、重新计算、重新执行、分析程序。
4. 企业财务审计过程主要包括风险评估、控制测试（程序）和实质性程序。

练习题

一、单项选择题

1. 注册会计师通过研究不同财务数据之间以及财务数据与非财务数据之间的内在关系，对财务数据做出评价所使用的审计程序是（　　）。

A. 检查　　B. 观察　　C. 重新计算　　D. 分析程序

2. 注册会计师直接从第三方（被询证者）获取书面答复所采用的审计程序是（　　）。

A. 检查　　B. 函证　　C. 重新计算　　D. 分析程序

3. 注册会计师利用被审计单位的银行存款日记账和银行对账单，重新编制银行存款余额调节表，并与被审计单位编制的银行存款余额调节表进行比较所使用的审计程序是（　　）。

A. 检查　　B. 重新执行　　C. 重新计算　　D. 分析程序

二、多项选择题

1. 企业财务审计的主体包括（ ）。
 A. 政府审计机关 B. 内部审计机构
 C. 会计师事务所 D. 审计委员会
2. 企业财务审计的过程主要包括（ ）。
 A. 风险评估 B. 控制测试 C. 实质性程序 D. 评价内部控制
3. 企业财务审计的程序包括（ ）。
 A. 检查 B. 观察 C. 函证 D. 分析程序

三、判断题

1. 企业财务审计的主体只能是会计师事务所。（ ）
2. 控制测试是用于测试内部控制运行是否有效的审计程序。（ ）
3. 实质性程序是为了发现认定层次的重大错报而实施的测试程序，包括对各类交易、账户余额、列报的细节测试以及实质性分析程序。（ ）

四、简答题

1. 如何理解企业财务审计的含义？
2. 企业财务审计有哪些作用？
3. 企业财务审计有哪些主要目标？
4. 企业财务审计有哪些程序？

第二章　销售与收款循环审计

学习目标

1. 熟悉企业销售与收款循环的主要业务活动、所涉及的主要凭证与会计记录。
2. 理解企业销售与收款循环控制测试的内容及程序。
3. 掌握主营业务收入的审计程序。
4. 掌握应收账款的审计程序。
5. 了解其他审计项目的审计程序。

重要概念

收入确认;毛利率;积极式函证;消极式函证

第一节　销售与收款循环概述

销售与收款循环的审计,通常可以相对独立于其他业务循环而单独进行。但审计的重要性概念要求注册会计师在审计时必须综合考虑企业财务报表各项目的性质及其相互关系,即注册会计师在最终判断被审计单位财务报表是否公允反映时,必须综合考虑审计发现的各业务循环的错报对财务报表产生的影响。因此,即使在单独执行销售与收款循环审计时,注册会计师仍然应将该循环与其他循环的审计情况结合起来加以考虑。

销售与收款循环概述主要包括三方面内容:一是本循环中的主要业务活动;二是本循环所涉及的主要凭证和会计记录;三是本循环所涉及的主要报表项目。

一、销售与收款循环涉及的主要业务活动

(一)接受客户订购单

客户提出订货要求是整个销售与收款循环的起点,是购买某种货物或劳务的一项申请。

客户订购单只有在符合企业管理层的授权标准时才能被接受。例如,管理层一般设有已批准销售的客户名单。销售单管理部门在决定是否同意接受某客户的订购单时,需要追查该客户是否被列入这张名单。如果该客户未被列入,则通常需要由销售单管理部门的主管来决定是否同意销售。

很多企业在批准了客户订购单之后,会编制一式多联的销售单。销售单是证明销售交易的“发生”认定的凭据,也是此笔销售交易过程的记录的。此外,由于客户订购单是来自外部的引发销售交易的文件之一,有时也能为有关销售交易的“发生”认定提供补充证据。

(二)批准赊销信用

对于赊销业务的批准是由信用管理部门根据管理层的赊销政策在每个客户的已授权的信用额度内进行的。信用管理部门的员工在收到销售单管理部门的销售单后,应将销售单与该客户已被授权的赊销信用额度以及至今尚欠的账款余额加以比较。执行人工赊销信用检查时,还应合理划分工作职责,以避免销售人员为扩大销售而使企业承受不适当的信用风险。

企业的信用管理部门通常应对每个新客户进行信用调查,包括获取信用评审机构对客户信用等级的评定报告。无论是否批准赊销,都要求被授权的信用管理部门人员在销售单上签署意见,然后再将已签署意见的销售单送回销售单管理部门。

设计信用批准控制的目的是降低坏账风险,因此,这些控制与应收账款账面余额的"计价和分摊"认定有关。

在使用信息系统实现自动控制的企业,订购单涉及的客户是否已被列入经批准的客户名单,以及赊销金额是否仍在信用额度内,这类控制往往通过系统设置得以实现。对于不满足条件的情形则要求管理层的特别批准。

(三)根据销售单编制发运凭证并发货

企业管理层通常要求商品仓库管理人员只有在收到经过批准的销售单时才能编制发运凭证并供货。设立这项控制程序的目的是防止仓库在未经授权的情况下擅自发货。因此,已批准销售单的一联通常应送达仓库,作为仓库按销售单供货和发货给装运部门的授权依据。

信息系统可以协助企业在销售单得到发货批准后才能生成连续编号的发运凭证,并能按照设定的要求核对发运凭证与销售单之间相关内容的一致性。

(四)按销售单装运货物

将按经批准的销售单供货与按销售单装运货物职责相分离,有助于避免负责装运货物的员工在未经授权的情况下装运产品。装运部门员工在装运之前,通常会进行独立验证,以确定从仓库提取的商品都附有经批准的销售单,且所提取商品的内容与销售单及发运凭证一致。

(五)向客户开具发票

开具发票是指开具并向客户寄送事先连续编号的销售发票。与这项活动相关的问题包括:是否对所有装运的货物都开具了发票("完整性");是否只对实际装运的货物开具了发票,是否重复开具发票或虚开发票("发生");是否按已授权批准的商品价目表所列价格计价开具发票("准确性")。

为了降低开具发票过程中出现遗漏、重复、错误计价或其他差错的风险,通常需要设立以下控制:

1. 负责开发票的员工在开具每张销售发票之前,检查是否存在发运凭证和相应的经批准的销售单;

2. 依据已授权批准的商品价目表开具销售发票;

3. 将发运凭证上的商品总数与相对应的销售发票上的商品总数进行比较。

上述控制与销售交易(即营业收入)的“发生”“完整性”以及“准确性”认定有关。企业通常保留销售发票的存根联。

信息系统也可以协助实现上述内部控制,在单证核对一致的情况下生成连续编号的销售发票,并对例外事项进行汇总,以供企业相关人员进行进一步的处理。

(六)记录销售

在手工会计系统中,记录销售的过程包括区分赊销、现销,按销售发票编制转账凭证或现金、银行存款收款凭证,再据以登记营业收入明细账和应收账款明细账或库存现金、银行存款日记账。

记录销售的控制程序包括但不限于:

1. 依据有效的发运凭证和销售单记录销售。这些发运凭证和销售单应能证明销售交易的发生及其发生的日期。
2. 使用事先连续编号的销售发票并对发票使用情况进行监控。
3. 独立检查已销售发票上的销售金额与会计记录金额的一致性。
4. 记录销售的职责应与处理销售交易的其他功能相分离。
5. 对记录过程中所涉及的有关记录的接触权限予以限制,以减少未经授权批准的记录发生。
6. 定期独立检查应收账款的明细账与总账的一致性。
7. 由不负责现金出纳和销售及应收账款记账的人员定期向客户寄发对账单,对不符事项进行调查,必要时调整会计记录,编制对账情况汇总报告并交管理层审核。

(七)办理和记录现金、银行存款收入

这项活动涉及的是货款收回,导致现金、银行存款增加以及应收账款减少。在办理和记录现金、银行存款收入时,企业最关心的是货币资金的安全。货币资金的失窃或被侵占可能发生在货币资金收入入账之前或入账之后。处理货币资金收入时要保证全部货币资金如数、及时地记入现金、银行存款日记账或应收账款明细账,并如数、及时地将现金存入银行。企业通过出纳与现金记账的职责分离、现金盘点、编制银行余额调节表、定期向客户发送对账单等方式来实现上述目的。

(八)办理和记录销售退回、销售折扣与折让

客户如果对商品不满意,销售企业一般会同意在商品售出一定期限内接受退货,或给予一定的销售折让;客户如果提前支付货款,销售企业则可能会给予一定的销售折扣。此类事项一般需经过授权批准,并确保与办理此事有关的部门和员工各司其职,分别控制实物流和会计处理。

(九)提取坏账准备

企业一般定期对应收账款的信用风险进行评估,并根据预期信用损失计提坏账准备。

（十）核销坏账

不管赊销部门的工作如何主动，客户因经营不善、宣告破产、死亡等原因而不支付货款的事仍可能发生。如有证据表明某项货款已无法收回，企业即通过适当的审批程序注销该笔货款。

二、销售与收款循环涉及的主要凭证和会计记录

在内部控制比较健全的企业，处理销售与收款业务通常需要使用很多单据与会计记录。典型的销售与收款循环所涉及的主要单据与会计记录有以下几种（不同被审计单位的单据名称可能不同）：

（一）客户订购单

客户订购单即客户提出的书面购货要求。企业可以通过销售人员或其他途径，如采用电话、信函、邮件和向现有的及潜在的客户发送订购单等方式接受订货，取得客户订购单。

（二）销售单

销售单是列示客户所订商品的名称、规格、数量以及其他与客户订购单有关信息的凭证，作为销售方内部处理客户订购单的凭据。

（三）发运凭证

发运凭证即在发运货物时填制的，用以反映发出商品的规格、数量和其他有关内容的凭据。发运凭证的一联留给客户，其余联（一联或数联）由企业保留，通常其中有一联由客户在收到商品时签署并返还给销售方，用作销售方确认收入及向客户收取货款的依据。

（四）销售发票

销售发票通常包含已销售商品的名称、规格、数量、价格、销售金额等内容。以增值税发票为例，销售发票的两联（抵扣联和发票联）寄送给客户，一联由企业保留。销售发票也是在会计账簿中登记销售交易的基本凭据之一。

（五）商品价目表

商品价目表是列示已经授权批准的、可供销售的各种商品的价格清单。

（六）贷项通知单

贷项通知单是一种用来表示由于销售退回或经批准的折让而导致应收货款减少的单据，其格式通常与销售发票的格式类似。

（七）应收账款账龄分析表

通常，应收账款账龄分析表按月编制，反映月末应收账款总额的账龄区间，并详细反映每个客户月末应收账款金额和账龄。它也是常见的计提应收账款坏账准备的重要依据之一。

(八)应收账款明细账

应收账款明细账是用来记录每个客户各项赊销、还款、销售退回及折让交易的明细账。

(九)主营业务收入明细账

主营业务收入明细账是一种用来记录销售交易的明细账。它通常记载和反映不同类别商品或服务的营业收入的明细发生情况和总额。

(十)折扣与折让明细账

折扣与折让明细账是一种用来核算企业销售商品时,按销售合同规定为了及早收回货款而给予客户的销售折扣和因商品品种、质量等原因而给予客户的销售折让情况的明细账。企业也可以不设置折扣与折让明细账,而将该类业务直接记入主营业务收入明细账。

(十一)汇款通知书

汇款通知书是一种与销售发票一起寄给客户,由客户在付款时再寄回销售单位的凭证。这种凭证注明了客户名称、销售发票号码、销售单位开户银行账号以及金额等内容。

(十二)现金日记账和银行存款日记账

现金日记账和银行存款日记账是用来记录应收账款的收回或现销收入以及其他各种现金、银行存款收入和支出的日记账。

(十三)坏账核销审批表

坏账核销审批表是一种用来批准将无法收回的应收款项作为坏账予以核销的单据。

(十四)客户对账单

客户对账单是一种定期寄送给客户的用于购销双方核对账目的文件。客户对账单上通常注明应收账款的期初余额、本期销售交易的金额、本期已收到的货款、贷项通知单的金额以及期末余额等内容。对账单可能是月度、季度或年度的,取决于企业的经营管理需要。

(十五)转账凭证

转账凭证是指记录转账业务的记账凭证。它是根据有关转账业务(即不涉及现金、银行存款收付的各项业务)的原始凭证编制的。企业记录赊销交易的会计凭证即为一种转账凭证。

(十六)现金和银行存款凭证

现金和银行存款凭证是指分别用来记录现金和银行存款收入业务和支付业务的记账凭证。

三、销售与收款循环所涉及的主要报表项目

根据财务报表项目与业务循环的相关程度,销售与收款循环涉及的资产负债表项目主

要包括应收票据、应收账款、应收账款融资、合同资产、长期应收款、预收款项、应交税费、合同负债。所涉及的利润表项目主要包括营业收入、营业税金及附加等。

第二节 销售与收款循环的内部控制及其测试

一、销售与收款交易的内部控制

（一）销售交易的内部控制

1. 适当的职责分离

适当的职责分离有助于防止各种有意或无意的错误。例如，主营业务收入账如果是由记录应收账款之外的职员独立登记，并由另一位不负责账簿记录的职员定期调节总账和明细账，就构成了一项自动交互牵制；规定负责主营业务收入和应收账款记账的职员不得经手货币资金，也是防止舞弊的一项重要控制。另外，销售人员通常有一种乐观地对待销售数量的自然倾向，而不问它是否将以巨额坏账损失为代价，赊销的审批则在一定程度上可以抑制这种倾向。因此，赊销批准职能与销售职能的分离，也是一种理想的控制。

有关销售与收款业务相关职责适当分离的基本要求通常包括：

（1）单位应当将办理销售、发货、收款三项业务的部门（或岗位）分别设立；

（2）单位在销售合同订立前，应当指定专门人员就销售价格、信用政策、发货及收款方式等具体事项与客户进行谈判。谈判人员至少应有两人以上，并与订立合同的人员相互分离；

（3）编制销售发票通知单的人员与开具销售发票的人员应相互分离；

（4）销售人员应当避免接触销货现款；

（5）单位应收票据的取得和贴现必须经由保管票据以外的主管人员书面批准。

2. 恰当的授权审批

对于授权审批问题，注册会计师应当关注以下四个关键点的审批程序：其一，在销售发生之前，赊销已经正确审批；其二，非经正当审批，不得发出货物；其三，销售价格、销售条件、运费、折扣等必须经过审批；其四，审批人应当根据销售与收款授权批准制度的规定，在授权范围内进行审批，不得超越审批权限。对于超过单位既定销售政策和信用政策规定范围的特殊销售交易，单位应当进行集体决策。

前两项控制的目的在于防止企业因向虚构的或者无力支付货款的客户发货而蒙受损失；价格审批控制的目的在于保证销售交易按照企业定价政策规定的价格开票收款；对授权审批范围设定权限的目的则在于防止因审批人决策失误而造成严重损失。

3. 充分的凭证和记录

只有具备充分的记录手续，才有可能实现其他各项控制目标。例如，有的企业在收到客户订货单后，就立即编制一份预先编号的一式多联的销售单，分别用于批准赊销、审批发货、记录发货数量以及向客户开具账单等。在这种制度下，只要定期清点销售发票，漏开账单的情形就几乎不会发生。相反的情况是，有的企业只在发货以后才开具账单，如果没有其他控制措施，这种制度下漏开账单的情况就很可能会发生。

4. 凭证的预先编号

对凭证预先进行编号，旨在防止销售以后忘记向客户开具账单或登记入账，也可防止重复开具账单或重复记账。当然，如果对凭证的编号不做清点，预先编号就会失去其控制意义。由收款员对每笔销售开具账单后，将发运凭证按顺序归档，而由另一位职员定期检查全部凭证的编号，并调查凭证缺号的原因，就是实施这项控制的一种方法。

对这种控制常用的一种控制测试程序是清点各种凭证。比如从主营业务收入明细账中选取样本，追查至相应的销售发票存根，看其编号是否连续，有无不正常的缺号发票和重号发票。这种测试程序可同时提供有关真实性和完整性目标的证据。

5. 按月寄出对账单

由不负责现金出纳和销售及应收账款记账的人员按月向客户寄发对账单，能促使客户在发现应付账款余额不正确后及时反馈有关信息，因而这是一项有用的控制。为了使这项控制更加有效，最好将账户余额中出现的所有核对不符的账项，指定一位不掌管货币资金也不记载主营业务收入和应收账款账目的主管人员处理。

6. 内部核查程序

由内部审计人员或其他独立人员核查销售交易的处理和记录，是实现内部控制目标不可缺少的一项控制措施。

（二）收款交易的内部控制

1. 企业应当按照《现金管理暂行条例》《支付结算办法》等规定，及时办理销售收款业务。

2. 企业应将销售收入及时入账，不得账外设账，不得擅自坐支现金。销售人员应当避免接触销售现款。

3. 企业应当建立应收账款账龄分析制度和逾期应收账款催收制度。销售部门应当负责应收账款的催收，财会部门应当督促销售部门加紧催收。对催收无效的逾期应收账款可通过法律程序予以解决。

4. 企业应当按客户设置应收账款台账，及时登记每一客户应收账款余额增减变动情况和信用额度使用情况。对长期往来客户应当建立起完善的客户资料，并对客户资料实行动态管理，及时更新。

5. 企业对于可能成为坏账的应收账款应当报告有关决策机构，由其进行审查，确定是否为坏账。企业发生的各项坏账，应查明原因，明确责任，并在履行规定的审批程序后做出会计处理。

6. 企业注销的坏账应当进行备查登记，做到账销案存。已注销的坏账又收回时应当及时入账，防止形成账外款。

7. 企业应收票据的取得和贴现必须经由保管票据以外的主管人员的书面批准。应有专人保管应收票据，对于即将到期的应收票据，应及时向付款人提示付款；已贴现票据应在备查簿中登记，以便日后追踪管理；并应制定逾期票据的冲销管理程序和逾期票据追踪监控制度。

8. 企业应当定期与往来客户通过函证等方式核对应收账款、应收票据、预收款项等往来款项。如有不符，应查明原因，及时处理。

小提示：

在确定了被审计单位的内部控制中可能存在的薄弱环节，并且对其控制风险做出评价后，注册会计师应当判断继续实施控制测试的成本是否会低于因此而减少对交易、账户余额的实质性程序所需要的成本。如果被审计单位的相关内部控制不存在，或被审计单位的相关内部控制未得到有效执行，或控制测试的工作量可能大于进行内部控制测试所减少的实质性程序的工作量，则注册会计师不应再继续实施控制测试，而应直接实施实质性程序。

二、销售与收款循环的控制测试

1. 对于职责分离，注册会计师通常通过观察被审计单位有关人员的活动，以及与这些人员进行讨论，来实施职责分离的控制测试。

2. 对于授权审批，内部控制通常存在前述的四个关键点上的审批程序，注册会计师主要通过检查凭证在这四个关键点上是否经过审批，可以很容易地测试出授权审批方面的内部控制效果。

3. 对于充分的凭证和记录以及凭证预先编号这两项控制，常用的控制测试程序是清点各种凭证。比如从主营业务收入明细账中选取样本，追查至相应的销售发票存根，进而检查其编号是否连续，有无不正常的缺号发票和重号发票。

4. 对于按月寄出对账单这项控制，观察指定人员寄送对账单并检查客户复函档案，是注册会计师十分有效的一项控制测试。

5. 对于内部核查程序，注册会计师可以通过检查内部审计人员的报告，或检查其他独立人员在他们核查的凭证上的签字等方法实施控制测试。

在对被审计单位销售与收款交易实施控制测试时，还应注意以下几点：

(1) 注册会计师应把测试重点放在被审计单位是否设计了由人工执行或计算机系统运行的更高水平的调节和比对控制，是否生成例外报告，管理层是否及时调查并采取管理措施上，而不是只由测试员工执行数据输入的预防性控制。

(2) 注册会计师应当考虑通过执行分析程序和截止测试，可以对应收账款的存在、准确性和计价等认定获取多大程度的保证。如果能够获得充分保证，则意味着不需要执行大量的控制测试。

(3) 为获取相关重大错报风险是否可能被评估为低的有关证据，注册会计师需要对被审计单位重要的控制，尤其是对易出现高舞弊风险的现金收款和存储的控制的有效运行进行测试。因为这些控制大多采取人工控制。注册会计师主要的审计程序可能包括观察控制的执行，检查每日现金汇总表上是否有执行比对控制的员工的签名，询问针对不一致的情况所采取的措施。

(4) 在控制风险被评估为低时，注册会计师需要考虑评估的控制要素的所有方面和控制测试的结果，以便能够得出这样的结论：控制能够实施有效的管理，并发现和纠正重大错误和舞弊。如果将固有风险和控制风险评估为中或高，注册会计师可能仅仅需要在对控制活动的处理情况进行询问时记录对控制活动的了解，并检查已实施控制的相关证据。

【例2-1】 注册会计师李华和李明2018年12月1日—7日对美亚公司销售和收款循环的内部控制进行了解和测试,并在相关审计工作底稿中记录了了解和测试的事项,摘录如下:

(1)美亚公司发出产成品时,由销售部填制一式四联的出库单。仓库发出产成品后,将第一联出库单留存登记产成品卡片,第二联交销售部留存,第三、四联交会计部会计人员章丽登记产成品总账和明细账。

(2)会计人员张明负责开具销售发票。在开具销售发票之前,先取得仓库的发货记录和销售商品价目表,然后填写销售发票的数量、单价和金额。

要求:根据上述摘录,请代注册会计师李华和李明指出美亚公司在销售和收款循环内部控制方面的缺陷,并提出改进建议。

【分析要点】 美亚公司销售与收款内部控制的缺陷如下:

(1)会计人员章丽同时登记产成品总账和明细账,不相容职务未进行分离。应建议美亚公司由不同的会计人员登记产成品总账和明细账。

(2)会计人员张明开销售发票不能只依据发货单和价目表,因为实际销售的数量和结算价格可能会与发货单上的数量以及价目表上的价格不一致。应建议美亚公司会计人员张明先核对装运凭证和相应的经批准的销售单,并根据已授权批准的商品价格填写销售发票的价格,根据装运凭证上的数量填写销售发票的数量,再根据数量和价格计算出金额。

第三节 营业收入审计

一、销售与收款交易的实质性程序

(一)销售与收款交易的实质性分析程序

通常,注册会计师在对交易和余额实施细节测试前实施实质性分析程序,符合成本效益原则。具体到销售与收款交易和相关余额,其应用包括。

1. 识别需要运用分析程序的账户余额或交易

就销售与收款交易和相关余额而言,通常需要运用分析程序的是销售交易、收款交易、营业收入项目和应收账款项目。

2. 确定期望值

基于注册会计师对经营活动、市场份额、经济形势和发展历程的了解,与营业额、毛利率和应收账款等的预期相关。

3. 确定可接受的差异额

在确定可接受的差异额时,注册会计师首先应当确定管理层使用的关键业绩指标,并考虑这些指标的适当性和监督过程。

4. 识别需要进一步调查的差异并调查异常数据关系

注册会计师应当计算实际和期望值之间的差异,这涉及一些比率和比较,包括:

(1)观察月度(或每周)的销售记录趋势,与往年或预算或者全行业公司的销售情况相比较。任何异常波动都必须与管理层讨论,如有必要,还应做进一步的调查。

(2)将销售毛利率与以前年度和预算相比较。如果被审计单位各种产品的销售价格是不同的,那么就应当对每个产品或者相近毛利率的产品组进行分类比较。任何重大的差异都需要与管理层沟通。

(3)计算应收账款周转率和存货周转率,并与以前年度相比较。未预期的差异可能由很多因素引起,包括未记录销售、虚构销售记录或截止问题。

(4)检查异常项目的销售,如对大额销售以及未从销售记录过入销售总账的销售应予以调查。对临近年末的异常销售记录更应加以特别关注。

5. 调查重大差异并做出判断

注册会计师在分析上述与预期相联系的指标后,如果认为存在未预期的重大差异,就可能需要对营业收入发生额和应收账款余额实施更加详细的细节测试。

6. 评价分析程序的结果

注册会计师应当就收集的审计证据是否能支持其试图证实的审计目标和认定形成结论。

(二)针对销售交易的细节测试

1. 登记入账的销售交易是真实的

对这一目标,注册会计师一般关心三类错误的可能性:一是未曾发货却已将销售交易登记入账;二是销售交易重复入账;三是向虚构的客户发货,并作为销售交易登记入账。

(1)针对未曾发货却已将销售交易登记入账这类错误的可能性,注册会计师可以从主营业务收入明细账中抽取若干笔分录,追查有无发运凭证及其他佐证,借以查明有无事实上没有发货却已登记入账的销售交易。如果注册会计师对发运凭证等的真实性也有怀疑,就有必要再进一步追查存货的永续盘存记录,测试存货余额有无减少。

(2)针对销售交易重复入账这类错误的可能性,注册会计师可以通过检查企业的销售交易记录清单以确定是否存在重号、缺号。

(3)针对向虚构的客户发货并作为销售交易登记入账这类错误发生的可能性,注册会计师应当检查主营业务收入明细账中与销售分录相应的销货单。以确定销售是否履行赊销批准手续和发货审批手续。

检查上述三类高估销售错误的可能性的另一种有效的方法是追查应收账款明细账中贷方发生额的记录。如果应收账款最终得以收回货款或者由于合理的原因收到退货,则记录入账的销售交易一开始通常是真实的;如果贷方发生额是注销坏账,或者直到审计时所欠货款仍未收回,就必须详细追查相应的发运凭证和客户订货单等,因为这些迹象都说明可能存在虚构的销售交易。

2. 已发生的销售交易均已登记入账

从发货部门的档案中选取部分发运凭证,并追查至有关的销售发票副本和主营业务收入明细账,是测试未开票的发货的一种有效程序。为使这一程序成为一项有意义的测试,注册会计师必须能够确信全部发运凭证均已归档,这一点可以通过检查凭证的编号顺序来查明。

由原始凭证追查至明细账与从明细账追查至原始凭证是有区别的:前者用来测试遗漏的交易("完整性"目标),后者用来测试不真实的交易("发生"目标)。

测试发生目标时,起点是明细账,即从主营业务收入明细账中抽取一个发票号码样本,追查至销售发票存根、发运凭证以及客户订货单;测试完整性目标时,起点应是发货凭证,即从发运凭证中选取样本,追查至销售发票存根和主营业务收入明细账,以测试是否存在遗漏事项。

发生目标和完整性目标的审计程序时,确定追查凭证的起点即测试的方向很重要。例如,注册会计师如果关心的是发生目标,但弄错了追查的方向(即由发运凭证追查至明细账),就属于严重的审计缺陷。

在测试其他目标时,方向一般无关紧要。例如,测试交易业务计价的准确性时,可以由销售发票追查发运凭证,也可以反向追查。

3. 登记入账的销售交易均经正确计价

销售交易计价的准确性包括:按订货数量发货,按发货数量准确地开具账单以及将账单上的数额准确地记入会计账簿。对这三个方面,每次审计中一般都要实施实质性程序,以确保其准确无误。

典型的实质性程序包括复算会计记录中的数据。通常的做法是,以主营业务收入明细账中的会计分录为起点,将所选择的交易业务的合计数与应收账款明细账和销售发票存根进行比较核对。销售发票存根上所列的单价,通常还要与经过批准的商品价目表进行比较核对,其金额小计和合计数也要进行复算。发票中列出的商品的规格、数量和客户代号等,则应与发运凭证进行比较核对。另外,往往还要审核客户订货单和销售单中的同类数据。

4. 登记入账的销售交易分类恰当

销售分类恰当的测试一般可与计价准确性测试一并进行。

5. 销售交易的记录及时

发货后应尽快开具账单并登记入账,以防止无意漏记销货业务,确保它们记入正确的会计期间。在执行计价准确性实质性测试程序的同时,一般要将所选取的提货单或其他发运凭证的日期与相应的销售发票存根、主营业务收入明细账和应收账款明细账上的日期做比较。如有重大差异,就可能存在销售截止期限上的错误。

6. 销售交易已经正确地记入明细账并经正确汇总

应收账款明细账的记录若不正确,将影响被审计单位收回应收账款,因此,将全部赊销业务正确地记入应收账款明细账极为重要。同理,为保证财务报表准确,主营业务收入明细账必须正确地加总并过入总账。在多数审计中,通常都要加总主营业务收入明细账,并将加总数和一些具体内容分别追查至主营业务收入总账和应收账款明细账或库存现金、银行存款日记账,以检查在销售过程中是否存在有意或无意的错报问题。不过这一测试的样本量要受内部控制的影响。从主营业务收入明细账追查至应收账款明细账,一般与为实现其他审计目标所实施的测试一并进行;而将主营业务收入明细账加总,并追查、核对加总数至其总账,则应作为一项单独的测试程序来执行。

二、营业收入的审计目标

营业收入项目核算企业在销售商品、提供劳务等主营业务活动中所产生的收入,以及企业确认的除主营业务活动以外的其他经营活动实现的收入,包括出租固定资产、出租无形资产、出租包装物和商品、销售材料等实现的收入。营业收入包括主营业务收入和其他业务收入。

营业收入的审计目标一般包括:确定利润表中记录的营业收入是否已发生,且与被审计单位有关(发生认定);确定所有应当记录的营业收入是否均已记录(完整性认定);确定与营业收入有关的金额及其他数据是否已恰当记录,包括对销售退回、销售折扣与折让的处理是否适当(准确性认定);确定营业收入是否已记录于正确的会计期间(截止认定);确定营业收入是否已按照企业会计准则的规定在财务报表中做出恰当的列报。

三、主营业务收入的审计程序

(一)获取主营业务收入明细表,并执行以下工作

1. 复核加计是否正确,并与总账数和明细账合计数核对是否相符。
2. 检查以非记账本位币结算的主营业务收入使用的折算汇率及折算是否正确。

(二)实施实质性分析程序

1. 针对已识别需要运用分析程序的有关项目,并基于对被审计单位及其环境的了解,通过进行以下比较,同时考虑有关数据间关系的影响,以建立有关数据的期望值:

(1)将账面销售收入、销售清单和销售增值税销项清单进行核对;

(2)将本期销售收入金额与以前可比期间的对应数据或预算数进行比较;

(3)分析月度或季度销售量、销售单价、销售收入金额、毛利率变动趋势;

(4)将销售收入变动幅度与销售商品及提供劳务收到的现金、应收账款/合同资产、存货、税金等项目的变动幅度进行比较;

(5)将销售毛利率、应收账款/合同资产周转率、存货周转率等关键财务指标与可比期间数据、预算数或同行业其他企业数据进行比较;

(6)分析销售收入等财务信息与投入产出率、劳动生产率、产能、水电能耗、运输数量等非财务信息之间的关系;

(7)分析销售收入与销售费用之间的关系,包括销售人员的人均业绩指标、销售人员薪酬、广告费、差旅费,以及销售机构的设置、规模、数量、分布等。

2. 确定可接受的差异额。
3. 将实际金额与期望值相比较,计算差异。
4. 如果差异额超过确定的可接受差异额,调查并获取充分的解释和恰当的、佐证性质的审计证据(如通过检查相关的凭证等)。需要注意的是,如果差异超过可接受差异额,注册会计师需对差异额的全额进行调查证实,而非仅针对超出可接受差异额的部分。
5. 评估实质性分析程序的结果。

小提示:

(1)注意使用分析程序。有效的分析程序可以帮助注册会计师发现审计线索,提高审计效率。例如,执行分析程序发现主营业务收入与生产能力比例严重失调,可能意味着企业虚构主营业务收入。

(2)注意主营业务收入和主营业务成本的配比关系。注册会计师可以通过编制主营业务收入和主营业务成本配比情况检查表,确定主营业务收入和主营业务成本的配比关系是否正常。

(3)注意主营业务收入和应收账款的对应关系。不实的主营业务收入往往伴随着应收账款的虚构。例如,通过计提坏账准备方式冲销虚增收入形成的应收账款,或者在未满足收入确认的情况下,提前确认收入,形成无法收回的应收账款。

(4)注意主营业务收入的高估风险。被审计单位特别是上市公司可能通过虚构销售来粉饰其财务状况和经营成果,以达到上市、增加贷款等目的。

(三)检查主营业务收入确认方法是否符合《企业会计准则》的规定

根据《企业会计准则第14号——收入》(财会〔2017〕22号)的规定,企业应当在履行了合同中的履约义务,即在客户取得相关商品控制权时确认收入。取得相关商品控制权,是指能够主导该商品的使用并从中获得几乎全部的经济利益。

当企业与客户之间的合同同时满足下列条件时,企业应当在客户取得相关商品控制权时确认收入:

1. 合同各方已批准该合同并承诺将履行各自义务;
2. 该合同明确了合同各方与所转让商品或提供劳务(以下简称"转让商品")相关的权利和义务;
3. 该合同有明确的与所转让商品相关的支付条款;
4. 该合同具有商业实质,即履行该合同将改变企业未来现金流量的风险、时间分布或金额;
5. 企业因向客户转让商品而有权取得的对价很可能收回。

《企业会计准则》分别对"在某一时段内履行的履约义务"和"在某一时点履行的履约义务"的收入确认做出了规定。

对于在某一时段内履行的履约义务,企业应当在该段时间内按照履约进度确认收入。当履约进度能够合理确定时,采用产出法或投入法确定恰当的履约进度。当履约进度不能合理确定时,企业已经发生的成本预计能够得到补偿的,应当按照已经发生的成本金额确认收入,直到履约进度能够合理确定为止。

对于在某一时点履行的履约义务,企业应当在客户取得相关商品的控制权时确认收入。在判断客户是否已取得商品控制权时,企业应当考虑下列迹象:

1. 企业就该商品享有现时收款权利,即客户就该商品负有现时付款义务;
2. 企业已将该商品的法定所有权转移给客户,即客户已拥有该商品的法定所有权;
3. 企业已将该商品实物转移给客户,即客户已占有该商品实物;
4. 企业已将该商品所有权上的主要风险和报酬转移给客户,即客户已取得该商品所有权上的主要风险和报酬;
5. 客户已接受该商品;
6. 其他表明客户已取得商品控制权的迹象。

因此,注册会计师需要基于对被审计单位商业模式和日常经营活动的了解,判断被审计单位的合同履约义务是在某一时段内履行还是某一时点履行的,据以评估被审计单位确认产品销售收入的会计政策是否符合《企业会计准则》,并测试被审计单位是否按照其既定的会计政策确认产品销售收入。

注册会计师通常对所选取的交易进行追查，追查至原始的销售合同及与履行合同相关的单据和文件记录，以评价收入确认方法是否符合《企业会计准则》的规定。本章假定被审计单位在某一时点履行履约义务，在商品发运至客户并签收时确认收入（客户在该时点取得对商品的控制权）。

（四）核对收入交易的原始凭证与会计分录

以主营业务收入明细账中的会计分录为起点，检查相关原始凭证，如订购单、销售单、发运凭证、发票等，以评价已入账的营业收入是否真实发生。检查订购单和销售单，用以确认存在真实的客户购买要求，销售交易是否已经过适当的授权批准。销售发票存根上所列的单价，通常还要与经过批准的商品价目表进行比较核对，对其金额小计和合计数也要进行复算。发票中列出的商品的规格、数量和客户代码等，则应与发运凭证进行比较核对，尤其是由客户签收商品的一联，确定已按合同约定履行了履约义务，可以确认收入。同时，还要检查原始凭证中的交易日期（客户取得商品控制权的日期），以确认收入记入了正确的会计期间。

（五）从发运凭证（客户签收联）中选取样本，追查至主营业务收入明细账，以确定是否存在遗漏事项（完整性认定）

如果注册会计师测试收入的“完整”这一目标，起点应是发运凭证。为使这一程序成为一项有意义的测试，注册会计师需要确认全部发运凭证均已归档，这一点一般可以通过检查发运凭证的顺序编号来查明。

（六）结合对应收账款实施的函证程序，选择主要客户函证本期销售额

企业应收账款发生的数量较大，注册会计师在对应收账款进行函证时，可根据函证的方式，选择主要或重要客户函证本期销售额，以证实应收账款余额的正确性和真实性。

（七）实施销售截止测试

对销售实施截止测试，其目的主要在于确定被审计单位主营业务收入的会计记录归属期是否正确：应计入本期或下期的主营业务收入是否被推延至下期或提前至本期。

注册会计师对销售交易实施的截止测试可能包括以下程序：

1. 选取资产负债表日前后若干天的发运凭证，与应收账款和收入明细账进行核对；同时，从应收账款和收入明细账选取在资产负债表日前后若干天的凭证，与发运凭证核对，以确定销售是否存在跨期现象。

2. 复核资产负债表日前后销售和发货水平，确定业务活动水平是否异常，并考虑是否有必要追加实施截止测试程序。

3. 取得资产负债表日后所有的销售退回记录，检查是否存在提前确认收入的情况。

4. 结合对资产负债表日应收账款的函证程序，检查有无未取得对方认可的销售。

实施截止测试的前提是注册会计师充分了解被审计单位的收入确认会计实务，并识别能够证明某笔销售符合收入确认条件的关键单据。例如，货物出库时，与货物所有权相关的主要风险和报酬可能尚未转移，即客户尚未取得对商品的控制权，不符合收入确认的条件，因此，仓储部门留存的发运凭证可能不是实现收入的充分证据，注册会计师需要检查有

客户签署的那一联发运凭证。销售发票与收入相关，但是发票开具日期不一定与收入实现的日期一致。实务中由于增值税发票涉及企业的纳税和抵扣问题，开票日期滞后于收入可确认日期的情况并不少见，因此，通常不能将开票日期作为收入确认的日期。

假定某一般制造型企业在货物送达客户并由客户签收时确认收入，注册会计师可以考虑选择两条审计路径实施主营业务收入的截止测试。

一是以账簿记录为起点。从资产负债表日前后若干天的账簿记录追查至记账凭证和客户签收的发运凭证，目的是证实已入账收入是否在同一期间已发货并由客户签收，有无多记收入。这种方法的优点是比较直观，容易追查至相关凭证记录，以确定其是否应在本期确认收入，特别是在连续审计两个以上会计期间时，检查跨期收入十分便捷，可以提高审计效率。缺点是缺乏全面性和连贯性，只能查多记，无法查漏记，尤其是当本期漏记收入延至下期而审计时被审计单位尚未及时登账时，不易发现应记入而未记入报告期收入的情况。因此，使用这种方法主要是为了防止多记收入。

二是以发运凭证为起点。从资产负债表日前后若干天的已经客户签收的发运凭证查至账簿记录，确定主营业务收入是否已记入恰当的会计期间。

上述两条审计路径在实务中均被广泛采用，它们并不是孤立的，注册会计师可以考虑在同一主营业务收入科目审计中并用这两条路径。实际上，由于被审计单位的具体情况各异，管理层意图各不相同，有的为了完成利润目标、承包指标，更多地享受税收等优惠政策，便于筹资等目的，可能会多记收入；有的则为了以丰补歉、留有余地、推迟缴税时间等目的而少计收入。因此，为注册会计师需要凭借专业经验和所掌握的信息进行风险评估，做出正确判断，选择适当的审计路径实施有效的收入截止测试。

（八）存在销货退回的，检查相关手续是否符合规定，结合原始销售凭证检查其会计处理是否正确，结合存货项目审计关注其真实性

企业销售退回有多种原因，无论何种形式的销售退回，注册会计师都应注意检查销售退回手续是否符合规定，销售退回业务的会计处理是否正确，退回的商品是否办理了相关的入库手续等。

（九）检查销售折扣与折让

企业在销售交易中，往往会因各种原因向客户提供销售折扣与折让。销售折扣与折让直接影响收入的计量。注册会计师针对销售折扣与折让的实质性程序可能包括：

1. 获取折扣与折让明细表，复核加计正确，并与明细账合计数核对相符；

2. 了解被审计单位有关折扣与折让的政策和程序，抽查折扣与折让的授权批准情况，与实际执行情况进行核对；

3. 检查折扣与折让的会计处理是否正确。

（十）检查主营业务收入在财务报表中的列报和披露是否符合企业会计准则的规定

注册会计师应在对主营业务收入项目审计时，检查主营业务审计在财务报表中的列报是否符合企业会计准则的规定，同时应检查主营业务收入在表外的披露是否符合会计准则的要求。

（十一）主营业务收入的特别审计程序

除了上述较为常规的审计程序外，注册会计师还要根据被审计单位的特定情况和收入的重大错报风险程度，考虑是否有必要实施一些特别的审计程序。

1. 附有销售退回条件的商品销售，评估对退货部分的估计是否合理，确定其是否按估计不会退货部分确认收入。

2. 售后回购，了解回购安排属于远期安排还是近期安排、企业拥有回购选择权还是客户拥有回售选择权，确定企业是否根据不同的安排进行了恰当的会计处理。

3. 以旧换新销售，确定销售的商品是否按照商品销售的方法确认收入，回收的商品是否作为购进商品处理。

4. 出口销售，根据交易的定价和成交方式（离岸价格、到岸价格或成本加运费价格等），并结合合同（包括购销合同和运输合同）中有关货物运输途中风险承担的条款，确定收入确认的时点和金额。

如果识别出被审计单位收入真实性存在重大异常情况，且通过常规审计程序无法获取充分、适当的审计证据，注册会计师需要考虑实施“延伸检查”程序，即对检查范围进行合理延伸，以应对识别出的舞弊风险。例如，对所销售产品或服务及其所涉及资金的来源和去向进行追踪，对交易参与方（含代为收付款方）的最终控制人或其真实身份进行查询。

注册会计师在判断是否需要实施“延伸检查”程序及如何实施时，应当根据审计准则的规定，并考虑有经验的专业人士在该场景下通常会做出的合理职业判断。《中国注册会计师审计准则第 1131 号——审计工作底稿》对“有经验的专业人士”进行了定义。此外，实施“延伸检查”程序的可行性和效果受诸多因素影响，注册会计师设计的具体“延伸检查”程序的性质、时间安排和范围，应当针对被审计单位的具体情况，与评估的舞弊风险相称，并体现重要性原则。例如，被审计单位所处行业的下游产业链较长，如果对下游产业链的某个或某几个环节实施“延伸检查”程序获取审计证据，可以应对与收入确认相关的舞弊风险，则“延伸检查”程序无须覆盖所有环节。再者，相对于常规年度财务报表审计而言，在首次公开发行股票并上市审计（IPO 审计）中，由于存在监管要求和相关方的配合，注册会计师实施“延伸检查”程序通常相对可行。

实务中，注册会计师可以实施的“延伸检查”程序举例如下。

1. 在获取被审计单位配合的前提下，对相关供应商、客户进行实地走访，针对相关采购、销售交易的真实性获取进一步的审计证据。在实施实地走访程序时，注册会计师通常需要关注以下事项：

（1）被访谈对象身份的真实性和适当性；

（2）相关供应商、客户是否与被审计单位存在关联方关系或“隐性”关联方关系；

（3）观察相关供应商、客户的生产经营场地，判断其与被审计单位之间的交易规模是否与其生产经营规模匹配；

（4）相关客户向被审计单位进行采购的商业理由；

（5）相关客户采购被审计单位商品的用途和去向，是否存在销售给被审计单位指定单位的情况；

（6）相关客户从被审计单位采购的商品的库存情况，必要时进行实地察看；

（7）是否存在“抽屉协议”，如退货条款、价格保护机制等；

（8）相关供应商向被审计单位销售的产品是否来自被审计单位的指定单位；

（9）相关供应商、客户与被审计单位是否存在除购销交易以外的资金往来，如有，应了解资金往来的性质。

注册会计师应当充分考虑被审计单位与被访谈对象串通舞弊的可能性，根据实际情况仔细设计访谈计划和访谈提纲，并对在访谈过程中注意到的可疑迹象保持警觉。注册会计师在访谈前应注意对访谈提纲保密，必要时，选择两名不同层级的被访谈人员访谈相同或类似问题，进行相互印证。

2. 利用企业信息查询工具，查询主要供应商和客户的股东至其最终控制人，以识别相关供应商和客户与被审计单位是否存在关联方关系。

3. 在采用经销模式的情况下，检查经销商的最终销售实现情况。

4. 当注意到存在关联方（如被审计单位控股股东、实际控制人、关键管理人员）配合被审计单位虚构收入的迹象时，获取并检查相关关联方的银行账户资金流水，关注是否存在与被审计单位相关供应商或客户的异常资金往来。

如果识别出收入舞弊或获取的信息表明可能存在舞弊，注册会计师可与被审计单位治理层沟通，并要求治理层就舞弊事项进行调查。

审计程序的性质、时间安排和范围应当能够应对评估的由于舞弊导致的认定层次重大错报风险。如果注册会计师认为“延伸检查”程序是必要的，但受条件限制无法实施，或实施“延伸检查”程序后仍不足以获取充分、适当的审计证据，注册会计师应当考虑审计范围是否受限，并考虑对审计报告意见类型的影响或解除业务约定。

四、其他业务收入的审计程序

其他业务收入是指企业为完成其经营目标所从事的与经常性活动相关的活动实现的收入。不同行业企业的其他业务收入所包括的内容不同，工业企业的其他业务收入包括对外销售材料、对外出租固定资产、包装物或商品、对外转让无形资产使用权、对外进行权益性投资（取得现金股利）或债权性投资（取得利息）、提供非工业性劳务等实现的收入。其他业务收入的审计程序与主营业务收入的审计程序基本相同，以下仅就部分内容的审计予以简要说明。

（一）材料销售收入的审计程序

1. 审查材料销售的原因是否正常，是否属于超储积压物资或边角废料，有无倒卖国家控购物资的情况。

2. 审查材料销售的手续是否健全，是否按规定签订销售合同、开具销售发票、填制出库单。

3. 审查材料销售价格是否合理，有无擅自削价、价格偏低、个人从中吃回扣、贪污作弊等情况。

4. 审查材料销售账务处理是否合理，有无收款不入账，当作“小金库”的收入或虽然收款入账，却列入“营业外收入”账户等情况。

（二）固定资产出租收入的审计程序

1. 审查固定资产出租合同，检查固定资产出租是否签订了租赁合同，合同的内容是否合法，合同中约定的租金是否合理，有无借出租之名，低租优厚亲友，或专利于关系单位等情况。

2. 审查出租固定资产是否属于企业不需用的固定资产，通过出租固定资产，能否增加企业的经济效益。

3. 审查出租固定资产的手续是否健全，是否有专人负责和登记管理，是否经过审批并办理移交手续，是否在会计记录上从“不需用固定资产”转入“出租固定资产”。

4. 审查“其他业务收入”明细记录，检查租金收入是否与合同相符，是否全部入账，其账务处理是否正确。

5. 审查到期的出租固定资产是否收回或办理了续租合同。

【例2-2】 审计人员在审查某企业时发现，该企业于2018年7月1日出租一台生产使用的机床，该机床账面原值为50 000元，预计使用年限10年，累计折旧为10 000元。租赁合同规定，租期3年，月租金200元，租金每年支付一次。该企业于当年12月31日未做相应账务处理。

问：该企业出租的固定资产业务可能存在哪些问题？并提出改进建议。

【分析要点】 对于这项固定资产出租业务，审计人员认为可能存在以下问题：

(1)出租原因可能不正常。因为本企业生产所需的固定资产一般不应出租。

(2)租金过低。因为从固定资产的账面资料可以计算现今固定资产的折旧额为5 000元，而合同中的月租金为200元，一年2 400元，大大低于年折旧额。

(3)当年年末对本年应收未收的租金未做相应的账务处理。

因此，审计人员应进一步审查，面询签订固定资产出租合同的负责人，询问出租的原因及租金的约定事项，以查明此项业务的合规性、合法性。同时，对于年末未收到的租金，应建议企业补做如下账务处理：

借：其他应收款　　　1 200

　贷：其他业务收入　　　1 200

(三)包装物出租收入的审计程序

审查“其他业务收入”明细账及有关的收入原始凭证，查明企业收取的租金收入是否合理，有无低租转用包装物的情况，有无租金收入不入账、少入账而形成账外“小金库”等情况。

(四)无形资产出租收入的审计程序

审查出租无形资产的租赁合同和有关的账务处理资料，查明转让的无形资产是否属于企业经营范围的技术，有无擅自出卖企业保密技术，或侵犯他人知识产权等行为；资产转让收入的作价是否符合国家有关政策；收到的款项是否及时入账，账务处理是否正确、合规。有无收款不入账而形成账外“小金库”的情况；有无收款后直接冲减费用，或列入“营业外收入”账户等情况。

(五)运输劳务的审计程序

审查企业提供的运输劳务量与收入额是否相对应，有无少计或多计，以及收入不入账而形成账外“小金库”或被私吞的情况。

五、营业外收入的审计程序

营业外收入是指企业发生的与其日常活动无直接关系的各项利得。营业外收入并不是企业经营资金耗费所产生的,不需要企业付出代价,实际上是经济利益的净流入,不可能也不需要与有关的费用进行配比。营业外收入主要包括非流动资产处置利得、非货币性资产交换利得、债务重组利得、政府补助、盘盈利得、罚没利得、捐赠利得、确实无法支付而按规定程序经批准转作营业外收入的应付款项等。具体审计程序如下:

1. 获取或编制营业外收入明细表,复核加计正确,并与报表数、总账数及明细账合计数核对是否相符。

2. 检查营业外收入核算内容是否符合会计准则的规定。

3. 抽查营业外收入中金额较大或性质特殊的项目,审核其内容的真实性和依据的充分性。

4. 对营业外收入中各项目的相关账户记录进行核对,并追查至相关原始凭证。

5. 检查营业外收入的披露是否恰当。

第四节　应收账款审计

应收账款余额一般包括应收账款账面余额和相应的坏账准备两部分。

应收账款指企业因销售商品、提供劳务而形成的现时收款权利,即由于企业销售商品、提供劳务等原因,应向购货客户或接受劳务的客户收取的款项。

坏账是指企业无法收回或收回可能性极小的应收款项(包括应收票据、应收账款、预付款项、其他应收款和长期应收款等)。由于发生坏账而产生的损失称为坏账损失。企业通常应采用备抵法按期估计坏账损失。企业通常应当于资产负债表日评估应收款项的信用风险,合理预计各项应收款项可能发生的坏账,相应计提坏账准备。

企业的应收账款是在销售交易或提供劳务过程中产生的。因此,应收账款的审计需要结合销售交易的审计来进行。一方面,收入的"发生"认定直接影响应收账款的"存在"认定;另一方面,由于应收账款代表了尚未收回货款的收入,通过审计应收账款获取的审计证据也能够为收入提供审计证据。

一、应收账款的审计目标

应收账款的审计目标一般包括:确定资产负债表中记录的应收账款是否存在(存在认定);确定所有应当记录的应收账款是否均已记录(完整性认定);确定记录的应收账款是否由被审计单位拥有或控制(权利和义务认定);确定应收账款是否可收回,坏账准备的计提方法和比例是否恰当,计提是否充分(计价和分摊认定);确定应收账款及其坏账准备是否已按照企业会计准则的规定在财务报表中做出恰当列报。

二、应收账款的审计程序

(一)取得或编制应收账款明细表

1. 复核加计正确,并与总账数和明细账合计数核对是否相符;结合坏账准备科目与报表数核对相符。

2. 检查非记账本位币应收账款的折算汇率及折算是否正确。注册会计师应检查被审计单位外币应收账款的增减变动是否采用交易发生日的即期汇率将外币金额折算为记账本位币金额,或者采用按照系统合理的方法确定的、与交易发生日即期汇率近似的汇率折算,选择采用汇率的方法前后各期是否一致。

3. 分析有贷方余额的项目。查明原因,必要时,建议做重分类调整。

4. 结合其他应收款、预收款项等往来项目的明细余额,调查有无同一客户多处挂账、异常余额或与销售无关的其他款项(如代销账户、关联方账户或员工账户)。如有,应做记录,必要时提出调整建议。

(二)检查涉及应收账款的相关财务指标

1. 复核应收账款借方累计发生额与主营业务收入是否合理,并将当期应收账款借方发生额占销售收入净额的百分比与管理层考核指标和被审计相关赊销政策比较,如存在异常应查明原因。

2. 计算应收账款周转率、应收账款周转天数等指标,并与被审计单位相关赊销政策、被审计单位以前年度指标、同行业同期相关指标对比分析,检查是否存在重大异常。

(三)检查应收账款账龄分析是否正确

1. 取得或编制应收账款账龄分析表。

注册会计师可以通过获取或编制应收账款账龄分析表来分析应收账款账龄,以便了解应收账款的可收回性。简单的应收账款账龄分析表如表2－1所示。

表2－1　应收账款账龄分析表

年　　月　　日　　　　　　　　　　货币单位:元

顾客名称	期末余额	账龄			
		1年以内	1～2年	2～3年	3年以上
合计					

应收账款账龄是指资产负债表中的应收账款从销售实现、产生应收账款之日起,至资产负债表日止所经历的时间。编制应收账款账龄分析表时,可以考虑选择重要的客户及其余额列示,而将不重要的或余额较小的汇总列示。应收账款账龄分析表的合计数减去已计提的相应坏账准备后的净额,应该等于资产负债表中的应收账款项目余额。

2. 测试应收账款账龄分析表计算的准确性,将应收账款账龄分析表中的合计数与应收账款总分类账余额相比较,并调查重大调节项目。

3. 检查原始凭证,如销售发票、运输记录等,测试账龄核算的准确性。

(四)对应收账款实施函证程序

函证应收账款的目的在于证实应收账款账户余额是否真实准确。通过第三方提供的函证回复,可以比较有效地证明被询证者的存在和被审计单位记录的可靠性。

注册会计师根据被审计单位的经营环境、内部控制的有效性、应收账款账户的性质、被询证者处理询证函的习惯做法及回函的可能性等，确定应收账款函证的范围、对象、方式和时间。

1. 函证决策。除非有充分证据表明应收账款对被审计单位财务报表而言是不重要的，或者函证很可能是无效的，否则，注册会计师应当对应收账款进行函证。如果注册会计师不对应收账款进行函证，应当在审计工作底稿中说明理由。如果认为函证很可能是无效的，注册会计师应当实施替代审计程序，获取相关、可靠的审计证据。

2. 函证的范围和对象。函证范围是由诸多因素决定的，主要有：

（1）应收账款在全部资产中的重要程度。若应收账款在全部资产中所占的比重较大，则函证的范围应相应大一些。

（2）被审计单位内部控制的有效性。若相关内部控制有效，则可以相应减少函证范围；反之，则扩大函证范围。

（3）以前期间的函证结果。若以前期间函证中发现过重大差异，或欠款纠纷较多，则函证范围应相应扩大一些。

注册会计师选择函证项目时，除了考虑金额较大的项目，也需要考虑风险较高的项目，例如：账龄较长的项目；与债务人发生纠纷的项目；重大关联方项目；主要客户（包括关系密切的客户）项目；新增客户项目；交易频繁但期末余额较小甚至余额为零的项目；可能产生重大错报或舞弊的非正常项目。这种基于一定的标准选取样本的方法具有针对性，比较适用于应收账款余额和性质差异较大的情况。如果应收账款余额由大量金额较小且性质类似的项目构成，则注册会计师通常采用抽样技术选取函证样本。

3. 函证的方式。注册会计师可采用积极的或消极的函证方式实施函证，也可将两种方式结合使用。由于应收账款通常存在高估风险，且与之相关的收入确认存在舞弊风险假定，因此，实务中通常对应收账款采用积极的函证方式。

财政部、中国人民银行制定的肯定式询证函参考格式如下。

参考格式2－1：积极式询证函

企业询证函

编号：

××（公司）：

本公司聘请的××会计师事务所正在对本公司××年度财务报表进行审计，按照中国注册会计师审计准则的要求，应当询证本公司与贵公司的往来账项等事项。下列数据出自本公司账簿记录，如与贵公司记录相符，请在本函下端“信息证明无误”处签章证明；如有不符，请在“信息不符”处列明不符金额。回函请直接寄至××会计师事务所。

回函地址：

邮编：　　电话：　　传真：　　联系人：

1. 本公司与贵公司的往来账项列示如下：

单位：元

截止日期	贵公司欠	欠贵公司	备注

2. 其他事项。

本函仅为复核账目之用,并非催款结算。若款项在上述日期之后已经付清,仍请及时函复为盼。

(公司盖章)
年 月 日

结论:1. 信息证明无误。

(公司盖章)
年 月 日
经办人:

2. 信息不符,请列明不符的详细情况:

(公司盖章)
年 月 日
经办人:

参考格式2-2:积极式询证函

企业询证函

编号:

××(公司):

本公司聘请的××会计师事务所正在对本公司××年度财务报表进行审计,按照中国注册会计师审计准则的要求,应当询证本公司与贵公司的往来账项等事项。请列示截止××年×月×日贵公司与本公司往来款项余额。回函请直接寄至××会计师事务所。

回函地址:

邮编: 电话: 传真: 联系人:

本函仅为复核账目之用,并非催款结算。若款项在上述日期之后已经付清,仍请及时函复为盼。

(公司盖章)
年 月 日

1. 贵公司与本公司的往来账项列示如下:

单位:元

截止日期	贵公司欠	欠贵公司	备 注

2. 其他事项。

(公司盖章)
年 月 日
经办人:

参考格式2-3:消极式询证函

企业询证函

编号:

××(公司):

本公司聘请的××会计师事务所正在对本公司××年度财务报表进行审计,按照中国注册会计师审计准则的要求,应当询证本公司与贵公司的往来账项等事项。下列数据出自本公司账簿记录,如与贵公司记录相符,则无须回复;如有不符,请直接通知会计师事务所,并请在空白处列明贵公司认为是正确的信息。回函请直接寄至××会计师事务所。

回函地址:

邮编: 电话: 传真: 联系人:

1. 本公司与贵公司的往来账项列示如下:

单位:元

截止日期	贵公司欠	欠贵公司	备注

2. 其他事项。

本函仅为复核账目之用,并非催款结算。若款项在上述日期之后已经付清,仍请及时核对为盼。

(公司盖章)

年 月 日

××会计师事务所:

上面的信息不正确,差异如下:

(公司盖章)

年 月 日

经办人:

4. 函证时间的选择。为了充分发挥函证的作用,应恰当选择函证的实施时间。注册会计师通常以资产负债表日为截止日,在资产负债表日后适当时间内实施函证。如果重大错报风险评估为低水平,注册会计师可选择资产负债表日前适当日期为截止日实施函证,并对所函证项目自该截止日起至资产负债表日止发生的变动实施实质性程序。

5. 函证的控制。注册会计师通常利用被审计单位提供的应收账款明细账户名称及客户地址等资料据以编制询证函,但注册会计师应当对确定需要确认或填列的信息、选择被询证者、设计询证函以及发出和跟进(包括收回)询证函保持控制。

注册会计师可通过函证结果汇总表的方式对询证函的收回情况加以控制。应收账款函证结果汇总表如表2-2所示。

表 2-2 应收账款函证结果汇总表

被审计单位名称： 制表： 日期：
结账日： 年 月 日 复核： 日期：

询证函编号	债务人名称	债务人地址及联系方式	账面金额	函证方式	函证日期		回函日期	替代程序	确认余额	差异金额及说明	备注
					第一次	第二次					
		合计									

6. 对不符事项的处理。对回函中出现的不符事项，注册会计师需要调查核实原因，确定其是否构成错报。注册会计师不能仅通过询问被审计单位相关人员对不符事项的性质和原因得出结论，而是要在询问原因的基础上，检查相关的原始凭证和文件资料予以证实。必要时与被询证方联系，获取相关信息和解释。对应收账款而言，登记入账的时间不同而产生的不符事项主要表现为：

（1）客户已经付款，被审计单位尚未收到货款；

（2）被审计单位的货物已经发出并已做销售记录，但货物仍在途中，客户尚未收到货物；

（3）客户由于某种原因将货物退回，而被审计单位尚未收到；

（4）客户对收到的货物的数量、质量及价格等方面有异议而全部或部分拒付货款等。

7. 对函证结果的总结和评价。注册会计师对函证结果可进行如下评价：

（1）重新考虑对内部控制的原有评价是否适当；控制测试的结果是否适当；分析程序的结果是否适当；相关的风险评价是否适当等。

（2）如果函证结果表明没有审计差异，则注册会计师可以合理地推论，全部应收账款总体是正确的。

（3）如果函证结果表明存在审计差异，注册会计师则应当估算应收账款总额中可能出现的累计差错是多少，估算未被选中进行函证的应收账款的累计差错是多少。为取得对应收账款累计差错更加准确的估计，也可以进一步扩大函证范围。

小提示：注册会计师对函证实施过程进行控制的措施

（1）将被询问者的名称、地址与被审计单位有关记录核对。

（2）将询证函中列示的账户余额或其他信息与被审计单位有关资料核对。

（3）在询证函中指明直接向接受审计业务委托的会计师事务所回函。

（4）询证函经被审计单位盖章后，由注册会计师直接发出。

（5）将发出询证函的情况形成审计工作记录。

（6）将收到的回函形成审计工作记录，并汇总统计函证结果。

【例2－3】 开富公司于2018年10月委托立新会计师事务所审计该公司2018年度财务报表。注册会计师在决算日前实施某些审计程序，对截至2018年11月30日的应收账款进行函证。复函中有6家客户提出了以下意见：

（1）本公司资料处理系统无法复核贵公司的对账单。

（2）所欠余额10 000元已于2018年11月30日付讫。

（3）大体一致。

（4）经查贵公司11月30日的第25050号发票（金额7 500元）系目的地交货，本公司收货日期为12月5日。因此，函证所称11月30日欠贵公司账款之事与事实不符。

（5）本公司曾于10月份预付货款2 500元，足以抵付对账单中所列两张发票的金额1 500元。

（6）所购货物从未收到。

请问：针对客户复函中提出的这些意见，注册会计师应采取何种步骤进行处理。

【分析要点】

（1）此种情况下应采取替代程序，主要是审查顾客订货单、购销合同、发票副本、运货文件、收款凭证等资料，验证构成应收账款的销售交易是否确实发生。

（2）这种情况可能是由时间差异造成的，注册会计师应审查收款凭证，看货款是否收到及收到的日期。如果货款函证日之前已收到，则可能是记账错误，即收到货款时贷记另一客户的明细账户，注册会计师应审查账户记录并对贷记的账户进行函证。

（3）该顾客的回答很不清楚，注册会计师应重新函证，要求对方具体准确答复。

（4）此种情况很有可能是客户在货物所有权尚未转移前就认定为销售实现。注册会计师应审查销货发票的副本和有关的购销合同或协议。

（5）注册会计师应查明预收货款是否确实收到并已入账，如查明确能抵付，应提请客户进行相应的账务处理。

（6）审核货运文件等资料，以查明货物是否确已运出。如确已运出，应将货运文件影印件送顾客重新查证；如确未运出，应提请客户做调账处理。

（五）对未回函项目实施替代程序

如果未收到被询证方的回函，注册会计师应当实施替代审计程序，例如：

1. 检查资产负债表日后收回的货款，值得注意的是，注册会计师不能仅查看应收账款的贷方发生额，而是要查看相关的收款单据，以证实付款方确为该客户且确与资产负债表日的应收账款相关。

2. 检查相关的销售合同、销售单、发运凭证等文件。注册会计师需要根据被审计单位的收入确认条件和时点，确定能够证明收入发生的凭证。

3. 检查被审计单位与客户之间的往来邮件，如有关发货、对账、催款等事宜邮件。

在某些情况下，注册会计师可能认为取得积极式函证回函是获取充分、适当的审计证据的必要程序，尤其是识别出有关收入确认的舞弊风险，导致注册会计师不能信赖从被审计单位取得的审计证据，则替代程序不能提供注册会计师需要的审计证据。在这种情况下，如果未获取回函，注册会计师应当确定其对审计工作和审计意见的影响。

需要指出的是，注册会计师应当将询证函回函作为审计证据，纳入审计工作底稿管理，询证函回函的所有权归属所在会计师事务所。

【例2-4】 ABC会计师事务所负责审计甲公司2018年度财务报表，审计项目组确定的财务报表整体的重要性为200万元，实际执行的重要性为100万元，明显微小错报的临界值为10万元，审计工作底稿中与函证程序相关的部分内容摘录如下：

(1)审计项目组要求甲公司提供其所有开户银行的明细清单，审计项目组对银行账户明细清单中的每一开户银行实施函证。

(2)审计项目组根据对甲公司的了解，以及往年度函证发现甲公司客户回函率较高等特点，针对单笔金额100万元以上的应收账款全部实施积极式函证，单笔金额在10万元至100万元之间的作为子总体采用审计抽样的方法选取样本函证，单笔金额低于10万元的采用消极式函证。

(3)针对甲公司与其母公司重大关联方交易合同，审计项目组采取积极式函证方式函证本年度与乙公司发生的每一笔应收账款交易金额，回函结果均相符，审计项目组对此结果满意。

(4)审计项目组针对银行函证结果与甲公司账面记录不一致的舞弊现象，询问甲公司财务负责人，财务负责人解释是一笔未达账款导致，审计项目组在审计工作底稿中记录了这一结果，消除了对甲公司银行存款、借款等事项中存在舞弊现象的疑虑。

(5)审计项目组邮寄询证函时，在核实由甲公司提供的被询证者的联系方式后，未使用甲公司的邮寄设施，而是直接在邮局投递询证函。

要求：针对上述第(1)至(5)项，逐项指出审计组的做法是否恰当，并简要说明理由。

【分析要点】

(1)不恰当。如果有充分证据表明某一银行存款、借款及与金融机构往来的其他重要信息对财务报表不重要且与之相关的重大错报风险很低，可以不实施函证。

(2)恰当。注册会计师可以根据应收账款账面金额的重大与否，设计不同的选取测试项目的方法，并将积极式函证结合实施函证。

(3)不恰当。针对重大关联方式交易合同，审计项目组应当考虑对交易或合同的条款实施函证，以确定是否存在重大口头协议，乙公司是否有自由退货的权利，付款方式是否有特殊安排等。

(4)不恰当。审计项目组针对银行函证结果与甲公司账面记录不一致的舞弊迹象，不应仅询问甲财务负责人，还应采取诸如从该银行获取甲公司的信用记录，查看是否加盖该银行公章，并与甲公司会计记录相核对等方式，以证实是否存在甲公司没有记录的贷款、担保、开立银行承兑汇票、信用证、保函等审计程序。

(5)恰当。注册会计师通过邮寄方式发出询证函时应当采取诸如在核实由被审计单位提供的被询证者的联系方式后独立寄发询证函的控制措施。

(六)对应收账款余额实施函证以外的细节测试

在未实施应收账款函证的情况下(例如，由于实施函证不可行)，注册会计师需要实施其他审计程序获取有关应收账款的审计证据。这种程序通常与上述未收到回函情况下实施的替代程序相似。

(七)检查坏账的冲销和转回

首先，注册会计师检查有无债务人破产或者死亡的，以及破产或以遗产清偿后仍无法收回的,或者债务人长期未履行清偿义务的应收账款;其次,检查被审计单位坏账的处理是否经授权批准,有关会计处理是否正确。

(八)确定应收账款的列报是否恰当

除了企业会计准则要求的披露之外,如果被审计单位为上市公司,注册会计师还要评价其披露是否符合证券监管部门的特别规定。

三、坏账准备的审计程序

(一)取得或编制坏账准备明细表,复核加计是否正确,与坏账准备总账数、明细账合计数核对是否相符

注册会计师应取得企业针对应收账款所计提的坏账准备明细表,详细复核企业所计提的坏账准备是否正确,特别是合计数是否正确,与坏账准备的总账数、明细账合计数进行核对,看三者是否相符。如果不符,说明坏账准备存在问题。

(二)将应收账款坏账准备本期计提数与资产减值损失相应明细项目的发生额核对相符

应收账款所计提的坏账准备是企业资产减值损失的一部分,注册会计师应将应收账款坏账准备本期计提数与资产减值损失相应明细项日的发生额进行核对,核对二者是否相符。

(三)检查应收账款坏账准备计提和核销的批准程序,评价坏账准备所依据的资料、假设及计提方法

1. 企业应根据所持应收账款的实际可收回情况,合理计提坏账准备,不得多提或少提,否则应视为滥用会计估计,按照重大会计差错更正的方法进行会计处理。

2. 对于单项金额重大的应收账款,企业应当单独进行减值测试,如有客观证据证明其已发生减值,则应当计提坏账准备。对于单项金额不重大的应收账款,可以单独进行减值测试,或包括在具有类似信用风险特征的应收账款组合中(如账龄分析)进行减值测试。此外,单独测试未发生减值的应收账款,应当包括在具有类似信用风险特征的应收账款组合中(例如账龄分析)再进行减值测试。

3. 采用账龄分析法时,收到债务单位当期偿还的部分债务后,剩余的应收账款不应改变其账龄,仍应按原账龄加上本期应增加的账龄确定;存在多笔应收账款且各笔应收账款账龄不同的情况下,收到债务单位当期偿还的部分债务,应当逐笔认定收到的是哪一笔应收账款;如果确实无法认定的,按照先发生先收回的原则确定,剩余应收账款的账龄按上述同一原则确定。

4. 在确定坏账准备的计提比例时,企业应当在综合考虑以往的经验、债务单位的实际财务状况和预计未来现金流量(不包括尚未发生的未来信用损失)等因素,以及其他相关信息的基础上做出合理估计。

企业应合理预计信用损失并计提坏账准备,不得多提或少提,否则应视为滥用会计估计,按照前期差错更正的方法进行会计处理。

（四）实际发生坏账损失的，检查转销依据是否符合有关规定，会计处理是否正确

对于被审计单位在被审期间内发生的坏账损失，注册会计师应检查其原因是否清楚，是否符合有关规定，有无授权批准，有无已做坏账处理后又重新收回的应收账款，相应的会计处理是否正确。

对有确凿证据表明确实无法收回的应收账款，如债务单位已撤销、破产、资不抵债、现金流量严重不足等，企业应根据管理权限，经股东（大）会或董事会，或经理（厂长）办公会或类似机构批准作为坏账损失，冲销提取的坏账准备。

（五）检查函证结果

对债务人回函中反映的例外事项及存在争议的余额，注册会计师应查明原因并做记录。必要时，应建议被审计单位考虑是否存在坏账可能以及是否需要做相应的调整。

（六）实施分析程序

通过计算坏账准备余额占应收账款余额的比例并和以前期间的相关比例比较，评价应收账款坏账准备计提的合理性。

（七）确定应收账款坏账准备的披露是否恰当

【例2－5】 美亚公司2018年11月30日应收账款总账余额为20 000万元，其所属明细账中借方余额的合计数为21 000万元，贷方余额的合计数为1 000万元；其他应收款总账为3 000万元，该公司采用余额百分比计提坏账准备，计提比例为1%，计提金额为230万元。坏账准备的账户记录详见下表。

坏账准备明细账（简式） 单位：万元

日期	凭证字号	摘要	借方	贷方	余额
1月1日		上年结转			100（贷方）
6月5日	转字37	核销坏账	50		50（贷方）
11月8日	转字87	核销坏账	60		－10（借方）
12月31日	转字98	计提本年的坏账准备		230	220（贷方）

要求：根据上述资料，指出坏账准备计提中存在的问题并进行纠正。

【分析要点】 一是该公司没有将应收账款区分为单向金额重大的应收账款和单向金额不重大的应收账款，并据以确定应计提的坏账准备。二是该公司坏账准备的计提金额有误。首先，对于应收账款明细账中有贷方余额的不应计提坏账准备，因其相当于预收账款，应该对其进行重新分类，归入负债方。年末计提坏账准备的基数为

$$21\,000+3\,000=24\,000（万元）$$

$$\text{当期应提取的坏账准备} = \text{当期按应收款项总计应提取的坏账准备金额} - \text{坏账准备科目的贷方余额}$$

$$= 24\ 000 \times 1\% - (-10) = 250(\text{万元})$$

该公司少提20万元(250－230),建议做出调整。调整分录为:

借:管理费用——计提坏账准备　　200 000

　贷:坏账准备　　200 000

第五节　其他相关账户审计

一、应收票据的审计程序

如果企业销售实现时没有收到现款,而是收到了客户的商业汇票,包括商业承兑汇票和银行承兑汇票,便产生了应收票据。应收票据是以书面形式表现的债权资产,其款项具有一定的保证,经持有人背书后可以提交银行贴现,具有较大的灵活性。应收票据的审计程序主要有:

(一)获取或编制应收票据明细表,复核加计正确,并核对其期末余额合计数与报表数、总账数和明细账合计数是否相符

应收票据明细表通常包括出票人姓名、出票日、到期日、金额和利率等资料。在复核加计正确及与上述有关数额核对相符的基础上,注册会计师应抽查部分票据,并追查至相关文件资料,判断其内容是否正确,有无应转应收账款的逾期应收票据,以及虽未逾期但有确凿证据表明不能够收回或收回可能性不大的应收票据。

请被审计单位协助,在应收票据明细表上标出至外勤审计时已兑现或已贴现的应收票据,核对收款凭证等资料,以确认其资产负债表日的真实性。

(二)监盘库存票据

注意票据的种类、号数、签收的日期、到期日、票面金额、合同交易号、付款人、承兑人、背书人姓名或单位名称,以及利率、贴现率、收款日期、收回金额等是否与应收票据登记簿的记录相符,是否存在已作质押的票据和银行退回的票据。

(三)函证应收票据

必要时,抽取部分票据向出票人函证,证实其存在性和可收回性,编制函证结果汇总表。

(四)检查应收票据的利息收入是否正确入账,注意逾期应收票据是否已按规定停止计提利息

如果注册会计师计算的应计利息金额与账面所列金额不符,则应加以分析,特别要对"财务费用——利息收入"账户中那些与应收票据账户中所列任何票据均不相关的贷方金额加以注意,因为这些贷项可能代表据以收取利息的票据未曾入账。

（五）审查已贴现的应收票据

对于已贴现的应收票据，注册会计师应检查其贴现额与利息额的计算是否正确，会计处理方法是否适当，复核、统计已贴现以及已转让但未到期的应收票据的金额。

（六）确定应收票据的披露是否恰当

注册会计师应检查被审计单位资产负债表中应收票据项目的数额是否与审定数相符，是否剔除了有关的风险和报酬业已转移的已贴现票据。如果被审计单位是一般企业，其已贴现的商业承兑汇票应在报表下端补充资料内的“已贴现的商业承兑汇票”项目中加以反映；如果被审计单位是上市公司，其财务报表附注通常应披露贴现或用作抵押的应收票据的情况和原因说明，以及持有其5%以上（含5%）股份的股东单位欠款情况。

二、预收账款的审计程序

预收账款是在企业销售业务成立以前，预先收取的部分货款，由于预收账款是随着企业销货业务的发生而发生的，注册会计师应结合企业销货业务对预收账款进行审计。预收账款的审计程序一般包括：

（一）获取或编制预收账款明细表，复核加计正确，并核对其期末余额合计数与报表数、总账数和明细账合计数是否相符

注册会计师应获取企业预收账款明细表，逐笔复核每笔预收账款的来源、金额、总金额是否正确，在此基础上核对预收账款期末余额合计数与报表数、总账数和明细账合计数是否相符。

（二）请被审计单位协助，在预收账款明细表上标出截止审计日已转销的预收账款，对已转销金额较大的预收账款进行检查，核对记账凭证、仓库发运凭证、销售发票等，并注意这些凭证发生日期的合理性

预收账款是企业预先收取的货款，相当于定金，应在一定的时间内发货给债权人，及时转销预收账款。注册会计师在审计预收账款时，应请被审计单位协助，对已转销金额较大的预收账款进行重点检查，核对记账凭证、仓库发运凭证、销售发票等，并注意这些原始凭证发生日期的合理性。防止被审计单位利用预收账款账户挪用资金等行为发生。

（三）抽查与预收账款有关的销售合同、仓库发运凭证、收款凭证，检查已实现销售的商品是否及时转销预收账款，确保预收账款期末余额的正确性和合理性

注册会计师在审计预收账款时，对大额且发生频繁的预收账款应抽查与预收账款有关的销售合同、仓库发运凭证、收款凭证，检查已实现销售的商品是否及时转销预收账款，确保预收账款期末余额的正确性和合理性。

(四)选择预收账款的若干重大项目函证,根据回函情况编制函证结果汇总表

注册会计师应选择预收账款的若干重大项目向债权人进行函证,根据债权人回函情况编制回函结果汇总表,便于更好地了解预收账款的真实性。

(五)检查预收账款是否存在借方余额,是否决定建议做重分类调整

预收账款是企业负债,一般是贷方余额,注册会计师应检查企业预收账款是否存在借方余额,如果存在借方余额,应建议企业做重分类调整,调整计入应收账款。

(六)检查预收账款长期挂账的原因,并做出记录,必要时提请被审计单位予以调整

预收账款属于流动负债,一般应在一年内结清,如果预收账款超过一年还没有结清,注册会计师应检查预收账款长期挂账的原因,并作出记录,必要时提请被审计单位予以调整。

(七)检查预收账款是否已在资产负债表上做恰当披露

注册会计师应检查预收账款是否已在资产负债表上做出恰当、合理的披露。

本章小结

1. 销售与收款循环是审计实务中的重要内容,包括控制测试和实质性程序两个方面。本循环重要的审计项目有主营业务收入、应收账款、应收票据等项目的审计。

2. 对于主营业务收入的审计,重点是收入的确认、分析程序及销售的截止测试。

3. 对于应收账款的审计,重点是函证、分析程序、替代程序及对坏账准备的测试。

4. 对于其他业务收入的审计,重点是掌握其他业务收入的种类、会计处理等内容。

练　习　题

一、单项选择题

1. 为验证收入记录是否真实发生,注册会计师应采用的最有效的审计程序是(　　)。

A. 从收入明细账追查至发运凭证和销售发票

B. 从发运凭证追查至收入明细账

C. 从发运凭证追查至存货永续盘存记录

D. 从销售发票追查至收入明细账

2. 对无法函证的应收账款,注册会计师可以实施的最为有效的审计程序是(　　)。

A. 执行分析程序　　B. 扩大控制测试范围

C. 审查与销售有关的凭证　　D. 进行销售业务的截止测试

3. 下列情况中可以采用消极式函证的有(　　)。

A. 账龄较长的债务人　　B. 欠款金额较大的债务人

C. 可能存在争议的债务人　　D. 欠款金额较小的债务人

4. 注册会计师对被审计单位实施销售截止测试，主要目的是检查(　　)。

A. 年末应收账款的真实性　　B. 是否存在过多的销售折扣

C. 销售业务的入账时间是否正确　　D. 售后退回是否得到批准

5. 应收账款的函证回函应当(　　)。

A. 直接寄给客户　　B. 直接寄给会计师事务所

C. 直接寄给客户和会计师事务所　　D. 直接寄给客户转交会计师事务所

二、多项选择题

1. 注册会计师在确定企业往来询证函样本量时，应考虑(　　)。

A. 函证方式　　B. 以前年度函证的结果

C. 函证发送时间　　D. 全部应收账款占资产比重

2. 在对主营业务收入进行截止测试时，注册会计师应重点关注的与被审计单位主营业务收入确认有密切关系的日期包括(　　)。

A. 销售截止测试实施日期　　B. 发票开具日期或者收款日期

C. 记账日期　　D. 发货日期或提供劳务日期

3. 下列(　　)情况下，注册会计师在选择函证方式时不宜选择消极式。

A. 相关内部控制是有效的　　B. 相关内部控制是无效的

C. 某些债务人欠款金额很小　　D. 某些债务人欠款金额很大

4. 下列收入不能列入其他业务收入的是(　　)。

A. 出租无形资产取得的收入　　B. 出售无形资产取得的收入

C. 处置固定资产发生的净收入　　D. 销售原材料取得的收入

5. 在审计实务中，注册会计师实施销售截止测试的路线有(　　)。

A. 以报表为起点　　B. 以账簿记录为起点

C. 以销售发票为起点　　D. 以发运凭证为起点

三、判断题

1. 注册会计师在对某年度主营业务收入实施截止测试时，应当以该年度的销售发票为起点，以检查是否高估主营业务收入。(　　)

2. 对于大额应收账款余额，注册会计师一般采用积极式函证予以证实。(　　)

3. 应收账款的重要性水平越高，所需要的函证数量越大。(　　)

4. 应收账款、预付账款、主营业务收入、销售费用等项目均属于销售与收款循环涉及的财务报表项目。(　　)

5. 应收账款余额明细表可以由注册会计师自己编制，也可以由被审计单位提供。(　　)

四、简答题

1. 在对营业收入实施审计程序时，X 注册会计师拟实施实质性分析程序，请列出对营业收入进行实质性分析程序的内容。

2. 对于未函证的应收账款，注册会计师应当执行的最有效的审计程序为什么是“抽查有关原始凭证”而不是“审查资产负债表日后的收款情况”？

3. 确定应收账款函证样本量时应考虑哪些因素?

4. 注册会计师在审查应收账款时,可能未得到被审计单位个别债务人对积极式询证函的答复,请回答:

(1)未得到询证函的可能原因有哪些?

(2)若第二次询证函仍未得到答复,注册会计师应如何进一步审计?

5. 应收账款函证结果与被审计单位会计记录不一致的主要原因有哪些?注册会计师应相应实施哪些必要的审计程序?

五、分析题

1. A 和 B 注册会计师对 XYZ 股份有限公司 2018 年度财务报表进行审计。该公司 2018 年度未发生购并、分立和债务重组行为,供产销形势与上年相当。该公司提供的未经审计的 2018 年度合并财务报表附注的部分内容如下(单位:万元):

主营业务收入/主营业务成本　　2018 年年度发生额:61 020/52 819

品名	主营业务收入		主营业务成本	
	2017 年发生额	2018 年发生额	2017 年发生额	2018 年发生额
X 产品	40 000	41 000	38 000	33 800
Y 产品	20 000	20 020	19 000	19 019
合　计	60 000	61 020	57 000	52 819

要求:假定上述附注内容中的年初数和上年比较数均已审定无误,你作为 A 和 B 注册会计师,在计划审计工作阶段,请运用专业判断,必要时运用分析性程序,分别指出上述附注内容中存在或可能存在的不合理之处,并简要说明理由。

2. 甲公司主要从事汽车轮胎的生产和销售,其销售收入主要来源于国内销售和出口销售。ABC 会计师事务所负责甲公司 2018 年度财务报表审计,并委派 A 注册会计师担任项目负债人。

资料一:

(1)甲公司的收入确认政策为:对于国内销售,在将产品交付客户并取得客户签字的收货确认单时确认收入;对于出口销售,在相关产品装船并取得装船单时确认收入。

(2)在甲公司的会计信息系统中,国内客户和国外客户的编号分别以 D 和 E 开头。

(3)2018 年 12 月 31 日,中国人民银行公布的人民币对美元汇率为 1 美元 =6.8 元人民币。

资料二:

2018 年 12 月 31 日账龄分析

客户类别	原币/万元	人民币/万元	其中:			
			1 年以内	1~2 年	2~3 年	3 年以上
国内客户		41 158	28 183	7 434	4 341	1 200
国外客户	美元 2 046	15 345	10 981	2 164	2 200	0
合计		56 503	39 164	9 598	6 541	1 200

2017 年 12 月 31 日账龄分析						
客户类别	原币/万元	人民币/万元	其中：			
			1 年以内	1～2 年	2～3 年	3 年以来
国内客户		31 982	23 953	4 169	3 860	0
国外客户	美元 2 006	14 046	11 337	2 539	170	0
合计		46 028	35 290	6 708	4 030	0

资料三：

A 注册会计师选取 4 个应收账款明细账户，对截至 2018 年 12 月 31 日的余额实施函证，并根据回函结果编制了应收账款函证结果汇总表。有关内容摘录如下。

客户编号	客户名称	甲公司账面金额 原币/万元	回函金额 原币/万元	差异金额 原币/万元	回函方式	审计说明
D1	A 公司	人民币 7 616	5 000	2 616	原件	(1)
D2	B 公司	人民币 9 054	6 054	3 000	原件	(2)
D3	C 公司	人民币 7 618	7 618	0	传真件	(3)
E1	E 公司	美元 1 448	未回函	不适用	未回函	(4)

审计说明：

(1) 回函直接寄回本所。经询问甲公司财务经理得知，回函差异是由于 A 公司的回函金额已扣除其在 2018 年 12 月 31 日以电汇的方式向甲公司支付的一笔 2 616 万元的货款。甲公司于 2019 年 1 月 4 日实际收到该笔款项，并记入 2019 年应收账款明细账中。该回函差异不构成错报，无须实施进一步的审计程序。

(2) 回函直接寄回本所。经询问甲公司财务经理得知，回函差异是由于甲公司在 2018 年 12 月 31 日向 B 公司发出一批产品（合同价款 3 000 万元），同时确认了应收账款 3 000 万元及相应的销售收入。B 公司于 2019 年 1 月 5 日收到这批产品。其回函未将该 3 000 万元款项包括在回函金额中，经检查相关的销售合同、销售发票、出库单以及相关记账凭证，没有发现异常。该回函差异不构成错报，无须实施进一步的审计程序。

(3) 回函由 C 公司直接传真至本所。回函没有差异，无须实施进一步的审计程序。

(4) 未收到回函。执行替代测试程序：从应收账款借方发生额选取样本，检查相关的销售合同、销售发票、出库单以及相关记账凭证，并确认这些文件中的记录是一致的。没有发现异常，无须实施进一步的审计程序。

要求：

1. 针对资料二，结合资料一，假定不考虑其他条件，指出资料二中应收账款账龄分析表存在哪些不当之处，并简单说明理由。

2. 针对资料三中的审计说明(1)至(4)项，结合资料一，假定不考虑其他条件，逐项指出 A 注册会计师实施的审计程序及其结论是否存在不当之处。如果存在，简要说明理由并提出改进建议并将答案直接填入下表内。

审计说明序号	实施的审计程序及其结论是否存在不当之处(是/否)	理由	改进建议
(1)			
(2)			
(3)			
(4)			

3. 甲注册会计师接受东方会计师事务所的委托,担任宇宙集团股份有限公司(以下简称"宇宙公司")2017 年度财务报表审计业务的项目合伙人。全部审计工作于 2018 年 2 月 28 日完成,宇宙公司管理层将于 2018 年 3 月 15 日对外公布财务报表与审计报告。在审计工作底稿记载了与期初余额审计相关的信息和集团项目组针对本期财务报表审计的审计计划。部分内容摘录如下。

资料一:

(1)宇宙公司将 2016 年 12 月支付的 2017 年度产品广告费 120 万元全部作为支付当月费用处理,导致前任注册会计师对 2016 年度财务报表出具了保留意见审计报告。

(2)甲注册会计师除了对宇宙公司合并报表及宇宙公司具有财务重要性组成部分的财务报表实施审计外,还参与由组成部分注册会计师对其他重要组成部分实施的风险评估程序,以识别导致集团财务报表发生重大报错的特别风险。

(3)甲注册会计师选取 2015 年度宇宙公司总部签订的若干份大额销售合同实施检查程序,并追查到发运凭证、销售发票与应收账款明细账,以获取与应收账款相关的各项认定的审计证据。

要求:针对资料中的事项(3),假定不考虑其他条件,就下表列示的与应收账款相关的认定,逐项指出甲注册会计师实施的审计程序是否可以获取充分、适当的审计证据;如果不能获取充分、适当的审计证据,指出针对这些认定应当实施的一项主要实质性程序和审计路径起点。

相关认定	是否可以获取充分、适当的审计证据(是/否)	主要实质性程序	审计路径起点
存在			
完整性			
权利和义务			
计价和分摊			

第三章　购货与付款循环审计

学习目标

1. 熟悉采购与付款循环的主要业务活动、所涉及的主要凭证与会计记录。
2. 理解采购与付款循环控制测试的内容及程序。
3. 掌握应付账款的审计程序。
4. 掌握固定资产与累计折旧的审计程序。

重要概念

函证;观察;累计折旧;固定资产减值准备

第一节　采购与付款循环概述

采购与付款循环概述主要介绍三个部分的内容:一是本循环所涉及的主要业务活动;二是本循环所涉及的主要凭证和会计记录;三是本循环所涉及的主要报表项目。

一、采购与付款循环涉及的主要业务活动

下面以一般制造业的商品采购为例,简要介绍采购与付款循环通常涉及的主要业务活动。

(一)制订采购计划

基于企业的生产经营计划,生产、仓库等部门定期编制采购计划,经部门负责人等适当的管理人员审批后提交采购部门,具体安排商品及服务采购。

(二)供应商认证及信息维护

企业通常对合作的供应商事先进行资质等审核,将通过审核的供应商信息录入系统,形成完整的供应商清单,并及时对其信息变更进行更新。采购部门只能向通过审核的供应商进行采购。

(三)请购商品和劳务

生产部门根据采购计划,对需要购买的已列入存货清单的原材料等项目填写请购单,其他部门也可以对所需要购买的商品或劳务编制请购单。大多数企业对正常经营所需物资的购买均作一般授权,例如,生产部门在现有库存达到再订购点时就可提出采购申请,其他部门也可为正常的维修工作和类似工作直接申请采购有关物品。请购单可由手工或计算机编制。由于企业内不少部门都可以填列请购单,所以部门可以分别设置请购单的连续

编号,每张请购单必须经过对这类支出预算负责的主管人员签字批准。

请购单是证明有关采购交易的"发生"认定的凭据之一,也是采购交易轨迹的起点。

(四)编制订购单

采购部门在收到请购单后,只能对经过恰当批准的请购单发出订购单。对每张订购单,采购部门应确定最佳的供应来源。对一些大额、重要的采购项目,应采取竞价方式来确定供应商,以保证供货的质量、及时性和低成本。

订购单应正确填写所需要的商品品名、数量、价格、厂商名称和地址等,预先予以顺序编号并经过被授权的采购人员签名。其正联应送交供应商,副联则送至企业内部的验收部门、应付凭单部门和编制请购单的部门。随后,应独立检查订购单的处理,以确定是否确实收到商品并正确入账。这项检查与采购交易的"完整性"和"发生"认定有关。

(五)验收商品

有效的订购单代表企业已授权验收部门接受供应商发运来的商品。验收部门首先应比较所收商品与订购单上的要求是否相符,如商品的品名、摘要、数量、到货时间等,然后再盘点商品并检查商品有无损坏。

验收后,验收部门应对已收货的每张订购单编制一式多联、预先按顺序编号的验收单,作为验收和检验商品的依据。验收人员将商品送交仓库或其他请购部门时,应取得经过签字的收据,或要求其在验收单的副联上签收,以确立他们对所采购的资产应负的保管责任。验收人员还应将其中的一联验收单送交应付凭单部门。

验收单是支持资产以及与采购有关的负债的"存在或发生"认定的重要凭据。定期独立检查验收单的顺序以确定每笔采购交易都已编制凭单,则与采购交易的"完整性"认定有关。

(六)储存已验收的商品

将已验收商品的保管与采购的其他职责相分离,可减少未经授权的采购和盗用商品的风险。存放商品的仓储区应相对独立,限制无关人员接近。这些控制与商品的"存在"认定有关。

(七)编制付款凭单

记录采购交易之前,应付凭单部门应核对订购单、验收单和卖方发票的一致性并编制付款凭单。这项控制的功能包括:

1. 确定供应商发票的内容与相关的验收单、订购单的一致性。

2. 确定供应商发票计算的正确性。

3. 编制有预先顺序编号的付款凭单,并附上支持性凭证(如订购单、验收单和供应商发票等)。这些支持性凭证的种类因交易对象的不同而不同。

4. 独立检查付款凭单计算的正确性。

5. 在付款凭单上填入应借记的资产或费用账户名称。

6. 由被授权人员在凭单上签字,以示批准照此凭单要求付款。所有未付凭单的副联应保存在未付凭单档案中,以待日后付款。经适当批准和有预先编号的凭单为记录采购交易提供了依据,因此,这些控制与“存在”“发生”“完整性”“权利和义务”和“计价和分摊”等认定有关。

(八)确认与记录负债

正确确认已验收货物和已接受劳务的债务,对企业财务报表和实际现金支出具有重大影响。与应付账款确认和记录相关的部门一般有责任核查购置的财产,并在应付凭单登记簿或应付账款明细账中加以记录。在收到供应商发票时,应付账款部门应将发票上所记载的品名、规格、价格、数量、条件及运费与订购单上的有关资料核对,如有可能,还应与验收单上的资料进行比较。

应付账款确认与记录的一项重要控制是要求记录现金支出的人员不得经手现金、有价证券和其他资产。恰当的凭证、记录与记账手续,对业绩的独立考核和应付账款职能而言是必不可少的控制。

在手工系统下,应将已批准的未付款凭单送达会计部门,据以编制有关记账凭证和登记有关账簿。会计主管应监督为采购交易而编制的记账凭证中账户分类的适当性;通过定期核对编制记账凭证的日期与凭单副联的日期,监督入账的及时性。而独立检查会计人员则应核对所记录的凭单总数与应付凭单部门送来的每日凭单汇总表是否一致,并定期独立检查应付账款总账余额与应付凭单部门未付款凭单档案中的总金额是否一致。

对于每月末尚未收到供应商发票的情况,则需根据验收单和订购单暂估相关的负债。

(九)办理付款

通常是由应付凭单部门负责确定未付凭单在到期日付款。企业有多种款项结算方式,以支票结算方式为例,编制和签署支票的有关控制包括:

1. 独立检查已签发支票的总额与所处理付款凭单的总额的一致性。

2. 应由被授权的财务部门的人员负责签署支票。

3. 被授权签署支票的人员应确定每张支票都附有一张已经适当批准的未付款凭单,并确定支票收款人姓名和金额与凭单内容的一致。

4. 支票一经签署就应在其凭单和支持性凭证上用加盖印戳或打洞等方式将其注销,以免重复付款。

5. 支票签署人不应签发无记名甚至空白的支票。

6. 支票应预先顺序编号,保证支出支票存根的完整性和作废支票处理的恰当性。

7. 应确保只有被授权的人员才能接近未经使用的空白支票。

(十)记录现金、银行存款支出

仍以支票结算方式为例,在手工系统下,会计部门应根据已签发的支票编制付款记账凭证,并据以登记银行存款日记账及其他相关账簿。以记录银行存款支出为例,有关控制包括:

1. 会计主管应独立检查记入银行存款日记账和应付账款明细账的金额的一致性,以及与支票汇总记录的一致性。

2. 通过定期比较银行存款日记账记录的日期与支票副本的日期,独立检查入账的及时性。

3. 独立编制银行存款余额调节表。

二、采购与付款循环涉及的主要凭证和会计记录

采购与付款交易通常要经过请购—订货—验收—付款这样的程序,同销售与收款交易一样,在内部控制比较健全的企业,处理采购与付款交易通常需要使用很多单据与会计记录。以一般制造业为例,其典型的采购与付款循环所涉及的主要单据与会计记录有以下几种(不同被审计单位的单据名称可能不同):

(一)采购计划

企业以销售和生产计划为基础,考虑供需关系及市场计划变化等因素,制订采购计划,并经适当的管理层审批后执行。

(二)供应商清单

企业通过文件审核及实地考察等方式对合作的供应商进行认证,将通过认证的供应商信息进行手工或系统维护,并及时进行更新。

(三)请购单

请购单是由生产、仓库等相关部门的有关人员填写,送交采购部门,是申请购买商品、劳务或其他资产的书面凭据。

(四)订购单

订购单是由采购部门填写,经适当的管理层审核后发送供应商,是向供应商购买订购单上所指定的商品和劳务的书面凭据。

(五)验收及入库单

验收单是收到商品时所编制的凭据,列示通过质量检验的、从供应商处收到的商品的种类和数量等内容。入库单是由仓库管理人员填写的验收合格品入库的凭证。

(六)卖方发票

卖方发票(供应商发票)是供应商开具的,交给买方以载明发运的货物或提供的劳务、应付款金额和付款条件等事项的凭证。

(七)付款凭单

付款凭单是采购方企业的应付凭单部门编制的,载明已收到的商品、资产或接受的劳务、应付款金额和付款日期的凭证。付款凭单是采购方企业内部记录和支付负债的授权证明文件。

(八)转账凭证

转账凭证是指记录转账交易的记账凭证,它是根据有关转账交易(即不涉及库存现金、银行存款收付的各项交易)的原始凭证编制的。

(九)付款凭证

付款凭证包括现金付款凭证和银行存款付款凭证,是指用来记录库存现金和银行存款支出交易的记账凭证。

(十)应付账款明细账

应付账款明细账是企业根据应付账款相关原始凭证和记账凭证而编制的。

(十一)库存现金日记账和银行存款日记账

库存现金日记账和银行存款日记账是企业根据库存现金、银行存款收付款凭证而编制的。

(十二)供应商对账单

实务中,对采购及应付账款的定期对账通常由供应商发起。供应商对账单是由供应商编制的、用于核对与采购企业往来款项的凭据,通常标明期初余额、本期购买、本期支付给供应商的款项和期末余额等信息。供应商对账单是供应商对有关交易的陈述,如果不考虑买卖双方在收发货物上可能存在的时间差等因素,其期末余额通常应与采购方相应的应付账款期末余额一致。

三、采购与付款循环涉及的主要报表项目

根据财务报表项目与业务循环的相关程度,采购与付款循环涉及的资产负债表项目主要包括预付款项、待售资产、固定资产、在建工程、生产性生物资产、油气资产、无形资产、开发支出、长期待摊费用、应付票据及应付账款、待售负债、租赁负债、长期应付款等。所涉及的利润表项目主要是销售费用、管理费用、研发费用、其他收益等。

第二节 采购与付款循环的内部控制及其测试

一、采购交易的内部控制

(一)适当的职责分离

适当的职责分离有助于防止各种有意或无意的错误。与销售和收款交易一样,采购与付款交易也需要适当的职责分离。企业应当建立采购与付款交易的岗位责任制,明确相关部门和岗位的职责、权限,确保办理采购与付款交易的不相容岗位相互分离、制约和监督。采购与付款交易不相容岗位至少包括:请购与审批;询价与确定供应商;采购合同的订立与审批;采购与验收;采购、验收与相关会计记录;付款审批与付款执行。这些都是对企业提出的有关采购与付款交易相关职责适当分离的基本要求,以确保办理采购与付款交易的不相容岗位相互分离、制约和监督。

(二)恰当的授权审批

付款需要由经授权的人员审批,审批人员在审批前需检查相关支持文件,并对其发现

的例外事项进行跟进处理。

（三）凭证的预先编号及对例外报告的跟进处理

通过对入库单的预先编号以及对例外情况的汇总处理，被审计单位可以应对存货和负债记录方面的完整性风险。如果该控制是人工执行的，被审计单位可以安排入库单编制人员以外的独立复核人员定期检查已经进行会计处理的入库单记录，确认是否存在遗漏或重复记录的入库单，并对例外情况予以跟进。如果在IT环境下，则系统可以定期生成列明跳号或重号的入库单统计例外报告，由经授权的人员对例外报告进行复核和跟进，可以确认所有入库单都进行了处理，且没有重复处理。

（四）实物控制

1. 加强对已验收入库的商品的实物控制，限制非授权人员接近存货。

验收部门人员应独立于仓库保管人员，同时加强对发生的退货的实物控制，货物的退回要有经审批的合法凭证。

2. 限制非授权人员接近各种记录和文件，防止伪造和篡改会计资料。

尤其应注意加强对支票的实物控制，不得让核准或处理付款的人接触；对未签发的支票应确保保管安全；作废的支票予以注销或另加控制，防止重复开具支票。企业签发支票的有关控制包括：独立检查已签发支票的总额与所处理的付款凭单总额的一致性；应由被授权的财会部门的人员负责签发支票；被授权签发支票的人员应确定每张支票都附有一张已经适当批准的未付款凭单，并确定支票收款人姓名和金额与凭单内容的一致性；支票一经签发就应在其凭单和支持性凭证上用加盖印戳或打洞等方式将其注销，以免重复付款；支票签发人不应签发无记名甚至空白的支票；支票应预先顺序编号，以保证支出支票存根的完整性和作废支票处理的恰当性；应确保只有被授权的人员才能接近未经使用的空白支票。

二、付款交易的内部控制

采购与付款循环包括购货和付款两个方面。在内部控制健全的企业，与采购相关的付款交易即支出交易同样有其内部控制。由于采购和付款交易同属一个交易循环，联系紧密，因此，对付款交易的部分测试可与测试采购交易一并实施。当然，另一些付款交易测试仍需单独实施。

需要指出的是，对于每个企业而言，由于性质、所处行业、规模以及内部控制健全程度等不同，与付款交易相关的内部控制内容可能有所不同，但以下与付款交易相关的内部控制内容通常是应当共同遵循的：

1. 企业应当按照《现金管理暂行条例》《支付结算办法》等有关货币资金内部会计控制的规定办理购货付款交易。

2. 企业财会部门在办理付款交易时，应当对购货发票、结算凭证、验收证明等相关凭证的真实性、完整性、合法性及合规性进行严格审核。

3. 企业应当建立预付账款和定金的授权批准制度，加强预付账款和定金的管理。

4. 企业应当加强应付账款和应付票据的管理，由专人按照约定的付款日期、折扣条件等管理应付款项。已到期的应付款项需经有关授权人员审批后方可办理结算与支付。

5. 企业应当建立退货管理制度，对退货条件、退货手续、货物出库、退货货款回收等做出明确规定，及时收回退货款。

6. 企业应当定期与供应商核对应付账款、应付票据、预付款项等往来款项。如有不符，应查明原因，及时处理。

三、固定资产的内部控制

在业务循环划分中，固定资产可以归属于购货与付款循环，固定资产与一般的商品在内部控制问题上固然有许多共性的地方，但固定资产还具有一定的特殊性，有必要对其单独加以阐述。以产品制造企业为例，固定资产在其资产总额中占有很大的比重，固定资产的购建会影响其现金流量，而固定资产的折旧、维修等费用则是影响其利润的重要因素。固定资产管理一旦失控，所造成的损失将远远超过一般的商品存货等流动资产。所以，为了确保固定资产的真实、完整、安全和有效利用，产品制造企业应当建立和健全固定资产的内部控制。

（一）预算制度

预算制度是固定资产内部控制中最重要的部分。通常，大中型企业应编制旨在预测与控制固定资产增减和合理运用资金的年度预算；小规模企业即使没有正规的预算，对固定资产的购建也要事先加以计划，以便于及时筹集所需的资金等。

（二）授权批准制度

完善的授权批准制度包括：企业的资本性预算只有经过董事会等高层管理机构批准方可生效；所有固定资产的取得和处置均需经企业管理层的书面认可。

（三）账簿记录制度

除固定资产总账外，被审计单位还需设置固定资产明细分类账和固定资产登记卡，按固定资产类别、使用部门和每项固定资产进行明细分类核算。固定资产的增减变化均应有充分的原始凭证。

（四）职责分工制度

对固定资产的取得、记录、保管、使用、维修、处置等，均应明确划分责任，由专门部门和专人负责。

（五）资本性支出和收益性支出的区分制度

企业应制定区分资本性支出和收益性支出的书面标准。通常需明确资本性支出的范围和最低金额，凡不属于资本性支出的范围、金额低于下限的任何支出，均应列作费用并抵减当期收益。

（六）处置制度

固定资产的处置，包括投资转出、报废、出售等，均要有一定的申请报批程序。

(七)定期盘点制度

对固定资产的定期盘点,是验证账面各项固定资产是否真实存在、了解固定资产放置地点和使用状况以及发现是否存在未入账固定资产的必要手段。

(八)维护保养制度

固定资产应有严密的维护保养制度,以防止其因各种自然和人为的因素而遭受损失,并应建立日常维护和定期检修制度,以延长其使用寿命。

严格地讲,固定资产的保险不属于企业固定资产的内部控制范围,但它作为一项针对企业重要资产的特别保障,往往对企业非常重要。

作为与固定资产密切相关的一个项目,在建工程项目有其特殊性。在建工程的内部控制通常包括以下内容。

1. 岗位分工与授权批准

(1)企业应当建立工程项目业务的岗位责任制,明确相关部门和岗位的职责、权限,确保办理工程项目业务的不相容岗位相互分离、制约和监督。工程项目业务不相容岗位一般包括:项目建议、可行性研究与项目决策;概预算编制与审核;项目实施与价款支付;竣工决算与竣工审计。

(2)企业应当对工程项目相关业务建立严格的授权批准制度,明确审批人的授权批准方式、权限、程序、责任及相关控制措施,规定经办人的职责范围和工作要求。审批人应当根据工程项目相关业务授权批准制度的规定,在授权范围内进行审批,不得超越审批权限。经办人应当在职责范围内,按照审批人的批准意见办理工程项目业务。对于审批人超越授权范围审批的工程项目业务,经办人有权拒绝办理,并及时向审批人的上级授权部门报告。

(3)企业应当制定工程项目业务流程,明确项目决策、概预算编制、价款支付、竣工决算等环节的控制要求,并设置相应的记录或凭证,如实记载各环节业务的开展情况,确保工程项目全过程得到有效控制。

2. 项目决策控制

企业应当建立工程项目决策环节的控制制度,对项目建议书和可行性研究报告的编制、项目决策程序等做出明确规定,确保项目决策科学、合理。

3. 概预算控制

企业应当建立工程项目概预算环节的控制制度,对概预算的编制、审核等做出明确规定,确保概预算编制科学、合理。

4. 价款支付控制

企业应当建立工程进度价款支付环节的控制制度,对价款支付的条件、方式以及会计核算程序做出明确规定,确保价款支付及时、正确。

5. 竣工决算控制

企业应当建立竣工决算环节的控制制度,对竣工清理、竣工决算、竣工审计、竣工验收等做出明确规定,确保竣工决算真实、完整、及时。

6. 监督检查

企业应当建立对工程项目内部控制的监督检查制度,明确监督检查机构或人员的职责权限,定期或不定期地进行检查。检查内容主要包括:

(1)工程项目业务相关岗位及人员的设置情况;
(2)工程项目业务授权批准制度的执行情况;
(3)工程项目决策责任制的建立及执行情况;
(4)概预算控制制度的执行情况;
(5)各类款项支付制度的执行情况;
(6)竣工决算制度的执行情况。

四、控制测试

(一)采购循环的控制测试

通常,根据内部控制的性质,审计人员能够比较容易确定有针对性的控制测试。例如,如果要检查所发生的采购交易是否均已记录,则控制测试需检查订购单、验收单及应付凭单连续编号是否完整。具体来说,审计人员通过检查关于物资采购、仓库保管、付款等方面的制度文件,走访并实地了解采购部门、仓库、验收部门和财会部门等,了解企业采购与付款管理的各方面制度是否健全、手续是否完备,观察验收职责是否独立于仓库保管和记账职责,观察采购职责是否与批准购货部门、验收货物部门分离,有无分级授权购货制度,主要控制环节是否有效。一种健全有效的内部控制应该能够确保所有的采购都经过批准,能够密切跟踪长期合同,监督过度的请购并确认潜在的损失;由独立的人员检查存货请购的设计和维护;确认企业是否存在检查资产减值的程序等。在此基础上,审计人员可以抽查部分采购业务,以测试采购循环的内部控制,检查采购循环控制环节的设置与执行情况。

在经济生活中,有些企业虚构供应商,为从来没有收到的商品付款,从而将资金转移到企业外部,为个人或小集团牟取非法利益。因此,审计人员必须详细了解被审计单位与其供货方之间的关系,并抽查发货数量、时间和质量标准的重要合同。抽查的范围应根据重要性原则确定,而抽查的方法则是从采购业务档案中抽取订购单样本,重点审查采购物品较重要或金额较大的采购业务。

审计人员索取采购业务的各种文件资料,依照采购业务的正常程序追踪,进行相关的检查与验证。其检查与验证的内容包括:

1. 核对请购单与订购单是否一致,请购单是否经过适当的授权人批准,订购单是否连续编号;

2. 核对采购合同上确定的价格、付款日期与财会部门核准的支付条件是否一致;

3. 检查合同是否经过有关部门审查,核对卖方发票上所购物品的数量、规格、品种与合同是否一致;

4. 抽验部分付款凭单,检查其是否附有请购单、订购单、验收单,付款凭单和验收单是否连续编号,验证验收环节的有效性和计算的正确性;

5. 核对采购合同、卖方发票、验收单与入库单是否一致;

6. 检查购入材料的计价是否正确,当被审计单位采用永续盘存制核算时,则应复核计价的正确性。

(二)付款循环的控制测试

审计人员在了解付款循环的基础上,可以抽查部分付款业务,以测试付款循环的内部控制，检查付款循环控制环节的设置与执行情况。通过抽查应付款项偿付业务，审计人员可以查明其付款的依据是否正确无误，付款及记录、过账是否及时，对应账户是否正确，有关现金折扣的处理是否符合规定。具体来说，付款循环的控制测试主要包括下列几点：

1. 了解应付款项记录、付款业务是否分开，了解有关凭证的传递过程；应付款项总账与明细账是否由不同人员记录；应付款项的记录人员与出纳员的职责是否分开。

2. 抽查应付款项明细账，检查应付款项各明细账向银行存款（或现金）日记账和向总分类账的过账情况，证实应付款项会计记录内部控制的有效性；检查抽取的明细账过账时所附的原始凭证，如订购单、卖方发票、验收单和已付支票，检查原始凭证的合法性、正确性以及核对原始凭证记载的金额与相关明细账的一致性，证实各有关部门内部控制的有效性。

3. 审核货款结算手续，检查应付款项明细账上金额与订购单、验收单、卖方发票是否完全一致。

4. 抽取部分支票，检查签发的支票是否有被授权人的签字，支票中各个项目与卖方发票是否一致。

5. 追查材料采购账簿、原材料账簿与银行存款日记账或应付款项账户的过账是否正确。

6. 审查现金折扣的合理性。若企业采购时的现金折扣单独记账，审计人员则可通过计算当期获得的现金折扣与进货总额的比率，并将该比率与以前各期相比较，以确定现金折扣的合理性。如果现金折扣比率显著下降，其原因可能有进货条件变更、未取得折扣或有关人员舞弊等，审计人员应对此给予应有的关注。

7. 检查应付票据内部控制。审计人员可以走访观察应付票据记录与业务经办是否独立，职责分工是否合理。签发支票、记录、付款有无只由一人负责的情况。如果票据只由一人签发或名义上由两人共同签发，而实际上签发票据的印章出现由一人掌管的情况，审计人员应对此特别关注。审计人员也可以抽查部分作废的、退回的票据，查明是否予以注销，是否编号保存。审计人员还可以了解应付票据总账与明细账是否定期核对，并与从收款方获得的相关记录相核对。

（三）固定资产的控制测试

1. 审计人员应检查固定资产投资预算及可行性项目论证报告，查明是否编制预算并进行论证，以及是否经适当层次审批；对实际支出与预算之间的差异以及未列入预算的特殊事项，应检查其是否履行了特别的审批手续。

2. 审计人员应检查固定资产的职责分工制度，查明有无明确的职责分工制度，防止错误与舞弊，降低审计风险。

3. 除了应检查被审计单位固定资产授权批准制度是否完善，审计人员还应检查固定资产请购单及相关购货合同，查明是否得到适当审批和签署以及授权批准制度是否切实得到执行。

4. 审计人员应检查固定资产的账簿记录制度，查明是否设置一套完善的固定资产明细分类账和固定资产卡片，便于分析固定资产的取得和处置、复核折旧费用和修理支出的列支等。

5. 审计人员应检查企业是否遵循会计准则的要求合理区分资本性支出与收益性支出，这种区分是否适应被审计单位的行业特点和经营规模，并抽查实际发生与固定资产相关的支出时是否按照该种区分进行恰当的会计处理。

6. 审计人员应关注被审计单位是否建立了有关固定资产处置的分级申请报批程序；抽取固定资产盘点明细表，检查账实之间的差异是否经审批后及时处理；抽取固定资产报废单，检查报废是否经适当批准和处理；抽取固定资产内部调拨单，检查调入、调出是否已进行适当处理；抽取固定资产增减变动情况分析报告，检查是否经复核。

7. 审计人员应了解和评价企业的固定资产定期盘点制度，并应注意查询盘盈、盘亏固定资产的处理情况。

8. 审计人员应抽取固定资产保险单盘点表，检查是否已办理有关保险及其合理性。

企业的在建工程与固定资产密切相关，对在建工程项目实施控制测试时，审计人员应进行的工作主要包括：

1. 审计人员应检查工程项目业务相关岗位及人员的设置情况，查明是否存在不相容职务混岗的现象。

2. 审计人员应检查工程项目业务授权批准制度的执行情况，查明重要业务的授权批准手续是否健全，是否存在越权审批的行为。

3. 审计人员应检查工程项目决策责任制的建立及执行情况，查明责任制度是否健全，奖惩措施是否落实到位。

4. 审计人员应检查工程项目概预算控制制度的执行情况，查明概预算编制的依据是否真实，是否按规定审核概预算。

5. 审计人员应检查与工程项目有关的各类款项支付制度的执行情况，查明工程项目款、材料设备款及其他费用的支付是否符合相关法规、制度及合同的要求。

6. 审计人员应检查工程项目竣工决算制度的执行情况，查明是否按规定办理竣工决算、实施决算审计。

在上述控制测试的基础上，审计人员应收集到相应的控制测试证据，从而支持或修正对相关认定的重大错报风险的评估水平，进一步支持或修正购货和付款循环的相关实质性程序计划。

第三节 应付账款审计

应付账款是企业在正常经营过程中，因购买材料、商品和接受劳务供应等经营活动而应付给供应商的款项。注册会计师应结合赊购交易进行应付账款的审计。对于一般以营利为导向的企业而言，采购与付款交易的重大错报风险常见的情况是通过低估费用和应付账款，高估利润、粉饰财务状况。但某些企业可能为平滑各年度利润，在经营情况和预算完成情况较好的年度倾向于高估费用，则高估费用和负债可能是其相关年度审计时需要应对的重大错报风险。

一、应付账款的审计目标

应付账款的审计目标一般包括：确定资产负债表中记录的应付账款是否存在（存在认定）；确定所有应当记录的应付账款是否均已记录（完整性认定）；确定资产负债表中记录的应付账款是否为被审计单位应当履行的现时义务；确定应付账款是否以恰当的金额包括在财务报表中，与之相关的计价调整是否已恰当记录（计价认定）；确定应付账款是否已按照企业会计准则的规定在财务报表中做出恰当的列报。

二、应付账款的审计程序

(一)获取或编制应付账款明细表

1. 复核加计是否正确,并与报表数、总账数和明细账合计数核对是否相符。

2. 检查非记账本位币应付账款的折算汇率及折算是否正确。

3. 分析出现借方余额的项目,查明原因,必要时,建议做重分类调整。

4. 结合预付账款、其他应付款等往来项目的明细余额,调查有无同挂的项目、异常余额或与购货无关的其他款项(如关联方账户或雇员账户),如有应做出记录,必要时建议做调整。

(二)执行实质性分析程序

1. 将期末应付账款余额与期初余额进行比较,分析波动原因。

2. 分析长期挂账的应付账款,要求被审计单位做出解释,判断被审计单位是否缺乏偿债能力或利用应付账款隐瞒收入和利润,并注意其是否可能无须支付。对确实无须支付的应付款的会计处理是否正确,依据是否充分;关注账龄超过3年的大额应付账款在资产负债表日后是否偿付,检查偿付记录、单据及披露情况。

3. 计算应付账款与存货的比率,应付账款与流动负债的比率,并与以前年度相关比率对比分析,评价应付账款整体的合理性。

4. 分析存货和营业成本等项目的增减变动,判断应付账款增减变动的合理性。

(三)函证应付账款

一般情况下,并非必须函证应付账款,这是因为函证不能保证查出所有未记录的应付账款,况且注册会计师能够取得购货发票等外部凭证来证实应付账款的余额。但如果控制风险较高,某应付账款明细账金额较大,则应考虑进行应付账款的函证。

获取适当的供应商相关清单,如本期采购量清单、所有现存供应商名单或应付账款明细账。询问该清单是否完整并考虑该清单是否应包括预期负债等附加项目。选取样本进行测试并执行如下程序:

1. 向债权人发送询证函。注册会计师应根据审计准则的规定对询证函保持控制,包括确定需要确认或填列的信息、选择适当的被询证者、设计询证函,包括正确填列被询证者的姓名和地址,以及被询证者直接向注册会计师回函的地址等信息,必要时再次向被询证者寄发询证函等。

2. 将询证函回函确认的余额与已记录金额相比较,如存在差异,检查支持性文件。评价已记录金额是否适当。

3. 对于未做回复的函证实施替代程序:如检查至付款文件(如现金支出、电汇凭证和支票复印件)、相关的采购文件(如采购订单、验收单、发票和合同)或其他适当文件。

4. 如果认为回函不可靠,评价对评估的重大错报风险以及其他审计程序的性质、时间安排和范围的影响。

小提示：

是否必须函证应付账款？

一般情况下无须函证应付账款，函证不能保证查出未记录的应付账款，况且注册会计师能够取得购货发票等外部凭证来证实应付账款的余额。如果控制风险较高，某应付账款明细账户金额较大或被审计单位处于财务困难阶段，则应进行应付账款的函证。如果存在未回函的重大项目，注册会计师应采用替代审计程序。比如，可以检查决算日后应付账款明细账及库存现金和银行存款日记账，核实其是否已支付，同时检查该笔债务的相关凭证资料，核实交易事项的真实性。

（四）检查应付账款是否计入了正确的会计期间，是否存在未入账的应付账款

1. 对本期发生的应付账款增减变动，检查至相关支持性文件，确认会计处理是否正确。

2. 检查资产负债表日后应付账款明细账贷方发生额的相应凭证，关注其验收单、购货发票的日期，确认其入账时间是否合理。

3. 获取并检查被审计单位与其供应商之间的对账单以及被审计单位编制的差异调节表，确定应付账款金额的准确性。

4. 针对资产负债表日后付款项目，检查银行对账单及有关付款凭证（如银行汇款通知、供应商收据等），询问被审计单位内部或外部的知情人员，查找有无未及时入账的应付账款。

5. 结合存货监盘程序，检查被审计单位在资产负债表日前后的存货入库资料（验收报告或入库单），检查相关负债是否计入了正确的会计期间。

如果注册会计师通过这些审计程序发现某些未入账的应付账款，应将有关情况详细记入审计工作底稿，并根据其重要性确定是否需建议被审计单位进行相应的调整。

（五）寻找未入账负债的测试

获取期后收取、记录或支付的发票明细，包括获取支票登记簿、电汇报告、银行对账单（根据被审计单位情况不同）以及入账的发票和未入账的发票。从中选取项目（尽量接近审计报告日）进行测试并实施以下程序：

1. 检查支持性文件，如相关的发票、采购合同、申请、收货文件以及接受劳务明细，以确定收到商品、接受劳务的日期及应在期末之前入账的日期；

2. 追踪已选取项目至应付账款明细账、货到票未到的暂估入账或预提费用明细表，并关注费用所计入的会计期间，调查并跟进所有已识别的差异；

3. 评价费用是否被记录于正确的会计期间，并相应确定是否存在期末未入账负债。

（六）检查应付账款长期挂账的原因并做出记录，对确实无须支付的应付账款的会计处理是否正确

应付账款属于流动负债，一般应在一年内结清，如果应付账款超过一年还没有结清，注册会计师应检查应付账款长期挂账的原因，并做出记录，必要时提请被审计单位予以调整。同时应检查对确实无需支付的应付账款的会计处理是否正确。

（七）针对应付关联方的款项应注意审计

1. 了解交易的商业理由。
2. 检查证实交易的支持性文件（如发票、合同、协议及入库和运输单据等相关文件）。
3. 检查被审计单位与关联方的对账记录或向关联方函证。

（八）检查应付账款是否已按照企业会计准则的规定在财务报表中做出恰当列报和披露

注册会计师应检查应付账款是否已按照企业会计准则的规定在财务报表中做出恰当列报，在表外作出恰当的披露。

第四节　固定资产审计

固定资产是指同时具备以下两个特征的有形资产：(1)为生产产品、提供劳务、出租或经营管理而持有的；(2)使用寿命超过一个会计年度。固定资产的两个确认条件：(1)与固定资产有关的经济利益很可能流入企业；(2)该固定资产的成本能够可靠计量。

固定资产科目余额反映企业所有固定资产原价，累计折旧科目余额反映企业固定资产的累计折旧数额，固定资产减值准备科目余额反映企业对固定资产计提的减值准备数额。固定资产项目余额由固定资产科目余额扣除累计折旧科目余额和固定资产减值准备科目余额构成，这三项无疑属于固定资产和累计折旧的审计范围。除此之外，由于固定资产的增加包括购置、自行建造、投资者投入、融资租入、更新改造、以非现金资产抵偿债务方式取得或以应收债权换入、以非货币性资产交换方式换入、经批准无偿调入、接受捐赠和盘盈等多种途径，相应涉及货币资金、应付账款、预付款项、在建工程、股本、资本公积、长期应付款、递延所得税负债等项目；企业的固定资产又因出售、报废、投资转出、捐赠转出、抵债转出、以非货币性资产交换方式换出、无偿调出、毁损和盘亏等原因而减少，与固定资产清理、其他应收款、营业外收入和营业外支出等项目有关；另外，企业按月计提固定资产折旧，这又与制造费用、销售费用、管理费用等项目联系在一起。因此，在进行固定资产与累计折旧审计时，应当关注这些相关项目。广义的固定资产与累计折旧审计范围，自然也包括这些相关项目在内。

一、固定资产和累计折旧的审计目标

固定资产和累计折旧的审计目标一般包括：确定资产负债表中记录的固定资产是否存在；确定所有应记录的固定资产是否均已记录；确定记录的固定资产是否由被审计单位拥有或控制；确定固定资产以恰当的金额包括在财务报表中，与之相关的计价或分摊已恰当记录；确定固定资产原价、累计折旧和固定资产减值准备是否已按照企业会计准则的规定在财务报表中做出恰当列报。

二、固定资产——账面余额的审计程序

（一）获取或编制固定资产和累计折旧分类汇总表

检查固定资产的分类是否正确并与总账数和明细账合计数核对是否相符，结合累计折

旧、固定资产减值准备科目与报表数核对是否相符。固定资产和累计折旧分类汇总表又称一览表或综合分析表，是审计固定资产和累计折旧的重要工作底稿，其参考格式如表3－1所示。

表3－1　固定资产和累计折旧分类汇总表

年　　月　　日

被审计单位：__________

固定资产类别	固定资产				累计折旧					
	期初余额	本期增加	本期减少	期末余额	折旧方法	折旧率	期初余额	本期增加	本期减少	期末余额
合计										

汇总表包括固定资产与累计折旧两部分，应按照固定资产类别分别填列。需要解释的是期初余额栏，注册会计师对其审计应分三种情况：

1. 在连续审计情况下，应注意与上期审计工作底稿中的固定资产和累计折旧的期末余额审定数核对相符。

2. 在变更会计师事务所时，后任注册会计师应考虑查阅前任注册会计师有关审计工作底稿。

3. 如果被审计单位以往未经注册会计师审计，即在首次接受审计情况下，注册会计师应对期初余额进行较全面的审计，尤其是当被审计单位的固定资产数量多、价值高、占资产总额比重大时，最理想的方法是全面审计被审计单位设立以来延续至期初的“固定资产”和“累计折旧”账户中的所有重要的借贷记录。这样，既可核实期初余额的真实性，又可从中加深对被审计单位固定资产管理和会计核算工作的了解。

（二）对固定资产实施实质性分析程序

1. 基于对被审计单位及其环境的了解，通过进行以下比较，并考虑有关数据间关系的影响，建立有关数据的期望值。

（1）分类计算本期计提折旧额与固定资产原值的比率，并与上期比较。

（2）计算固定资产修理及维护费用占固定资产原值的比例，并进行本期各月、本期与以前各期的比较。

2. 确定可接受的差异额。

3. 将实际情况与期望值相比较，识别需要进一步调查的差异。

4. 如果其差额超过可接受的差异额，调查并获取充分的解释和恰当的佐证审计证据，如检查相关的凭证。

5. 评估实质性分析程序的测试结果。

（三）实地检查重要固定资产

确定重要固定资产是否存在，关注是否存在已报废但仍未核销的固定资产。

实施实地检查审计程序时，注册会计师可以固定资产明细分类账为起点，进行实地追查，以证明会计记录中所列固定资产确实存在，并了解其目前的使用状况；也应考虑以实地为起点，追查至固定资产明细分类账，以获取实际存在的固定资产均已入账的证据。

当然，注册会计师实地检查的重点是本期新增加的重要固定资产，有时观察范围也会扩展到以前期间增加的重要固定资产。观察范围的确定需要依据被审计单位内部控制的强弱、固定资产的重要性和注册会计师的经验来判断。如为首次接受审计，则应适当扩大检查范围。

（四）检查固定资产的所有权或控制权

对各类固定资产，注册会计师应获取、收集不同的证据以确定其是否确归被审计单位所有：对外购的机器设备等固定资产，通常经审核购货发票、购货合同等予以确定；对于房地产类固定资产，需查阅有关的合同、产权证明、财产税单、抵押借款的还款凭据、保险单等书面文件；对融资租入的固定资产，应验证有关融资租赁合同，证实其并非经营租赁；对汽车等运输设备，应验证有关运营证件等；对受留置权限制的固定资产，通常还应审核被审计单位的有关负债项目等予以证实。

（五）检查本期固定资产的增加

被审计单位如果不正确核算固定资产的增加，将对资产负债表和利润表产生长期的影响。因此，审计固定资产的增加，是固定资产实质性程序中的重要内容。固定资产的增加有多种途径，审计中应注意：

1. 询问管理层当年固定资产的增加情况，并与获取或编制的固定资产明细表进行核对。

2. 检查本年度增加固定资产的计价是否正确，手续是否齐备，会计处理是否正确。

（1）对于外购固定资产，通过核对购货合同、发票、保险单、发运凭证等资料，抽查测试其入账价值是否正确，授权批准手续是否齐备，会计处理是否正确；如果购买的是房屋建筑物，还应检查契税的会计处理是否正确；检查分期付款购买固定资产的入账价值及会计处理是否正确。

（2）对于在建工程转入的固定资产，应检查在建工程转入固定资产的时点是否符合会计准则的规定，入账价值与在建工程的相关记录是否核对相符，是否与竣工决算、验收和移交报告等一致；对已经达到预定可使用状态，但尚未办理竣工决算手续的固定资产，检查其是否已按估计价值入账，相关估价是否合理，并按规定计提折旧。

（3）对于投资者投入的固定资产，检查投资者投入的固定资产是否按投资各方确认的价值入账，并检查确认价值是否公允，交接手续是否齐全；涉及国有资产的，是否有评估报告并经国有资产管理部门评审备案或核准确认。

（4）对于更新改造增加的固定资产，检查通过更新改造而增加的固定资产，增加的原值是否符合资本化条件，是否真实，会计处理是否正确；重新确定的剩余折旧年限是否恰当。

（5）对于融资租赁增加的固定资产，获取融资租入固定资产的相关证明文件，检查融资租赁合同的主要内容，并结合长期应付款、未确认融资费用科目检查相关的会计处理是否正确。

（6）对于企业合并、债务重组和非货币性资产交换增加的固定资产，检查产权过户手续是否齐备，检查固定资产入账价值及确认的损益和负债是否符合规定。

(7)如果被审计单位为外商投资企业，检查其采购国产设备退还增值税的会计处理是否正确。

(8)对于通过其他途径增加的固定资产，应检查增加固定资产的原始凭证，核对其计价及会计处理是否正确，法律手续是否齐全。

3. 检查固定资产是否存在弃置费用，如果存在弃置费用，检查弃置费用的估计方法和弃置费用现值的计算是否合理，会计处理是否正确。

(六)检查本期固定资产的减少

固定资产的减少主要包括出售、向其他单位投资转出、向债权人抵债转出、报废、毁损、盘亏等。有的被审计单位在全面清查固定资产时，常常会出现固定资产与实际不符的现象，这可能是由固定资产管理或使用部门不了解报废固定资产与会计核算两者间的关系，擅自报废固定资产而未及时通知财务部门作相应的会计核算所致，这样势必造成财务报表反映失真。审计固定资产减少的主要目的就在于查明业已减少的固定资产是否已做适当的会计处理。其审计要点如下：

1. 结合固定资产清理科目，抽查固定资产账面转销额是否正确；
2. 检查出售、盘亏、转让、报废或毁损的固定资产是否经授权批准，会计处理是否正确；
3. 检查因修理、更新改造而停止使用的固定资产的会计处理是否正确；
4. 检查投资转出固定资产的会计处理是否正确；
5. 检查债务重组或非货币性资产交换转出固定资产的会计处理是否正确；
6. 检查转出的投资性房地产账面价值及会计处理是否正确；
7. 检查其他减少固定资产的会计处理是否正确；
8. 检查本期固定资产的后续支出。

检查固定资产的后续支出，确定固定资产有关的后续支出是否满足资产确认条件；如不满足，该支出是否在该后续支出发生时计入当期损益。

(七)检查固定资产的租赁

企业在生产经营过程中，有时可能有闲置的固定资产供其他单位租用；有时由于生产经营的需要，又需租用固定资产。租赁一般分为经营租赁和融资租赁两种。

在经营租赁中，租入固定资产的企业按合同规定的时间，交付一定的租金，享有固定资产的使用权，而固定资产的所有权仍属出租单位。因此，租入固定资产企业的固定资产价值并未因此而增加，企业对以经营性租赁方式租入的固定资产，不在“固定资产”账户内核算，只是另设备查簿进行登记。而租出固定资产的企业，仍继续提取折旧，同时取得租金收入。检查经营性租赁时，应查明：

1. 固定资产的租赁是否签订了合同、租约，手续是否完备，合同内容是否符合国家规定，是否经相关管理部门的审批。

2. 租入的固定资产是否确属企业必需，或出租的固定资产是否确属企业多余、闲置不用的，双方是否认真履行合同，是否存在不正当交易。

3. 租金收取是否在合同中明确规定，有无多收、少收现象。

4. 租入固定资产有无久占不用、浪费损坏的现象；租出的固定资产有无长期不收租金、无人过问,是否有变相馈送、转让等情况。

5. 租入固定资产是否已登入备查簿。

6. 必要时,向出租人函证租赁合同及执行情况。

7. 租入固定资产改良支出的核算是否符合规定。

在融资租赁中,租入企业在租赁期间,对融资租入的固定资产应按企业自有固定资产一样管理,并计提折旧、进行维修。如果被审计单位的固定资产中融资租赁占有相当大的比例,应当复核租赁协议,确定租赁是否符合融资租赁的条件,结合长期应付款、未确认融资费用等科目检查相关的会计处理是否正确(资产的入账价值、折旧、相关负债)。在审计融资租赁固定资产时,除可参照经营租赁固定资产检查要点以外,还应补充实施以下审计程序:

1. 复核租赁的折现率是否合理;

2. 检查租赁相关税费、保险费、维修费等费用的会计处理是否符合企业会计准则的规定;

3. 检查融资租入固定资产的折旧计提方法是否合理;

4. 检查租赁费用付款情况;

5. 检查租入固定资产的成新程度;

6. 检查融资租入固定资产发生的固定资产后续支出,其会计处理是否遵循自有固定资产发生的后续支出的处理原则。

(八)检查闲置固定资产

获取暂时闲置固定资产的相关证明文件,并观察其实际状况,检查是否已按规定计提折旧,相关的会计处理是否正确。

(九)检查已提足折旧仍继续使用固定资产

获取已提足折旧仍继续使用固定资产的相关证明文件,并做相应记录。

(十)检查待售固定资产

获取持有待售固定资产的相关证明文件,并做相应记录,检查对其预计净残值调整是否正确,会计处理是否正确。

(十一)检查固定资产保险情况

检查固定资产保险情况,复核保险范围是否足够。

(十二)检查有无与关联方的固定资产购售活动

检查有无与关联方的固定资产购售活动,是否经适当授权,交易价格是否公允。对于合并范围内的购售活动,记录应予合并抵销的金额。

(十三)检查应计入固定资产的借款费用

对应计入固定资产的借款费用,应根据企业会计准则的规定,结合长短期借款、应付债券或长期应付款的审计,检查借款费用(借款利息、折溢价摊销、汇兑差额、辅助费用)资本化的计算方法和资本化金额，以及会计处理是否正确。

（十四）检查与购置固定资产资本性支出有关的财务承诺

检查企业是否存在与购置固定资产资本性支出有关的财务承诺。

（十五）检查固定资产的抵押、担保

结合对银行借款等的检查，了解固定资产是否存在重大的抵押、担保情况。如存在，应取证，并做相应的记录，同时提请被审计单位做恰当披露。

（十六）确定固定资产是否已按照企业会计准则恰当列报

如果被审计单位是上市公司，则通常应在其财务报表附注中按类别分项列示固定资产期初余额、本期增加额、本期减少额及期末余额；说明固定资产中存在的在建工程转入、出售、置换、抵押或担保等情况；披露通过融资租赁租入固定资产每类租入资产的账面原值、累计折旧、账面净值；披露通过经营租赁租出固定资产每类租出资产的账面价值。

三、固定资产——累计折旧的审计程序

固定资产可以长期参加生产经营而仍保持其原有实物形态，但其价值将随着固定资产的使用而逐渐转移到生产的产品中或构成经营成本或费用。这部分在固定资产使用寿命内，按照确定的方法对应计折旧额进行的系统分摊就是固定资产的折旧。

在不考虑固定资产减值准备的前提下，影响折旧的因素有折旧的基数（一般指固定资产的账面原价）、固定资产的残余价值和使用寿命三个方面。在考虑固定资产减值准备的前提下，影响折旧的因素则包括折旧的基数、累计折旧、固定资产减值准备、固定资产预计净残值和固定资产尚可使用年限五个方面。在计算折旧时，对固定资产的残余价值和清理费用只能人为估计；对固定资产的使用寿命，由于固定资产的有形和无形损耗难以准确计算，因而也只能估计；同样，对固定资产减值准备的计提也带有估计的成分。因此，固定资产折旧主要取决于企业根据其固定资产特点制定的折旧政策，在一定程度上具有主观性。

累计折旧通常实施以下审计程序：

（一）取或编制累计折旧分类汇总表

取或编制累计折旧分类汇总表，复核加计是否正确，并与总账数和明细账合计数核对是否相符。

（二）检查折旧政策和方法

检查被审计单位制定的折旧政策和方法是否符合相关会计准则的规定，确定其所采用的折旧方法能否在固定资产预计使用寿命内合理分摊其成本，前后期是否一致，预计使用寿命和预计净残值是否合理。

（三）复核本期折旧费用的计提和分配

1. 了解被审计单位的折旧政策是否符合规定，计提折旧的范围是否正确，确定的使用寿命、预计净残值和折旧方法是否合理；如采用加速折旧法，是否取得批准文件。

2. 检查被审计单位折旧政策前后期是否一致。如果折旧政策或者相关会计估计(如使用寿命、预计净残值)有变更,变更理由是否合理;如果没有变更,是否存在需要提请被审计单位关注的对折旧政策或者会计估计产生重大影响的事项(如重大技术更新或者设备使用环境的恶化等)。

3. 复核本期折旧费用的计提是否正确。

(1)已计提部分减值准备的固定资产,计提的折旧是否正确。按照《企业会计准则第4号——固定资产》的规定,已计提减值准备的固定资产的应计折旧额应当扣除已计提的固定资产减值准备累计金额,按照该固定资产的账面价值以及尚可使用寿命重新计算确定折旧率和折旧额。

(2)已全额计提减值准备的固定资产,是否已停止计提折旧。

(3)因更新改造而停止使用的固定资产是否已停止计提折旧,因大修理而停止使用的固定资产是否照提折旧。

(4)对按规定予以资本化的固定资产装修费用是否在两次装修期间与固定资产尚可使用年限两者中较短的期间内,采用合理的方法单独计提折旧,并在下次装修时将该项固定资产装修余额一次全部计入了当期营业外支出。

(5)对融资租入固定资产发生的、按规定可予以资本化的固定资产装修费用,是否在两次装修期间、剩余租赁期与固定资产尚可使用年限三者中较短的期间内,采用合理的方法单独计提折旧。

(6)对采用经营租赁方式租入的固定资产发生的改良支出,是否在剩余租赁期与租赁资产尚可使用年限两者中较短的期间内,采用合理的方法单独计提折旧。

(7)未使用、不需用和暂时闲置的固定资产是否按规定计提折旧。

(8)持有待售的固定资产折旧计提是否符合规定。

4. 检查折旧费用的分配方法是否合理,是否与上期一致;分配计入各项目的金额占本期全部折旧计提额的比例与上期比较是否有重大差异。

5. 注意固定资产增减变动时,有关折旧的会计处理是否符合规定,查明通过更新改造、接受捐赠或融资租入而增加的固定资产的折旧费用计算是否正确。

(四)复核折旧费用的摊销

将"累计折旧"账户贷方的本期计提折旧额与相应的成本费用中的折旧费用明细账户的借方相比较,以查明所计提折旧金额是否已全部摊入本期产品成本或费用。若存在差异,应追查原因,并考虑是否应建议做适当调整。

(五)检查累计折旧的减少

检查累计折旧的减少是否合理,会计处理是否正确。

(六)确定累计折旧的披露是否恰当

如果被审计单位是上市公司,通常应在其财务报表附注中按固定资产类别分项列示累计折旧期初余额、本期计提额、本期减少额及期末余额。

【例3-1】 亚太会计师事务所注册会计师李峰审计美亚股份有限公司2018年度固定资产和累计折旧项目时发现下列情况:

(1)“未使用固定资产”中固定资产Y设备已于本年度5月投入使用,该公司未按规定转入“使用固定资产”和计提折旧;

(2)对所有的空调器,按其实际使用的时间(5~9月)计提折旧;

(3)公司有融资租入的设备4台,租赁期为5年,尚可使用时间为6年,该公司确定的折旧期为6年。

(4)对已提足折旧继续使用的甲设备,仍计提折旧;

(5)8月初购入吊车2辆,价值650万元,当月已投入使用并开始计提折旧;

(6)该公司采用平均年限法计提折旧,但于本年度9月改为工作量法,这一改变已经董事会批准,未在财务报表附注中予以说明。

要求:请代注册会计师李峰指出上述各项中存在的问题,并提出改进建议。

【分析要点】

注册会计师李峰对此提出以下问题和建议:

(1)根据企业会计准则规定,房屋、建筑物以外的未使用、不需要的固定资产不计提折旧,但如根据生产经营的需要重新投入使用,则应自投入使用的次月开始计提折旧。该公司应把Y设备及时转入“使用固定资产”,并自6月开始计提折旧。

(2)固定资产使用年限是指固定资产的实际使用寿命,作为一种具有特殊性质的空调车,其性质属于“季节性使用的固定资产”,按照制度规定,停用期间应照常计提折旧;如果停用期间不提折旧,则使用期间所计提的折旧应当是折旧年限应提折旧金额。因此,该公司计提折旧的方法应是或按月份平均计提年折旧额的1/12,后按实际使用月份平均分摊计提年折旧额。

(3)融资租入固定资产的折旧年限应根据不同情况确定。若能合理确定租赁期届满时将取得租赁资产的所有权,则应在租赁资产尚可使用年限内计提折旧;若无法合理确定租赁届满时能否取得租赁资产的所有,则应在租赁期与租赁资产尚可使用年限二者中较短的期间内计提折旧。该公司应区别不同情况,确定融资租赁固定资产的折旧期,而不应不分情况一律在租赁资产尚可使用年限内计提折旧。

(4)根据企业会计准则规定,已提足折旧继续使用的固定资产,不再计提折旧。该公司对其继续计提,造成多提折旧,应对多提的折旧进行冲回。

(5)根据企业会计准则规定,当月增加的固定资产从下月开始计提折旧。该公司价值650万元的吊车应从9月开始计提折旧,而不是8月。

(6)《企业会计准则》规定,固定资产折旧方法一经确定,不得随意变更;如需要变更,应经董事会批准,并应在财务报表中予以披露。该公司变更折旧方法后,未按规定程序披露,应加以纠正。

四、固定资产——固定资产减值准备的审计程序

(一)获取或编制固定资产减值准备明细表

获取或编制固定资产减值准备明细表,复核加计正确,并与总账数和明细账合计数核对相符。

(二)检查固定资产减值准备计提和核销

检查固定资产减值准备计提和核销的批准程序,取得书面报告等证明文件。

(三)检查固定资产的减值准备

检查资产组的认定是否恰当;检查固定资产减值准备计提的依据是否充分及会计处理是否正确;检查被审计单位处置固定资产时原计提的减值准备是否同时结转,会计处理是否正确;检查是否存在转回固定资产减值准备的情况,按照企业会计准则规定,固定资产减值损失一经确认,在以后会计期间不得转回。

(四)实施分析程序

计算本期末固定资产减值准备占期末固定资产原值的比率,并与期初数比较,分析固定资产的质量状况。

(五)确定固定资产减值准备的披露是否恰当

如果企业计提了固定资产减值准备,应当在财务报表附注中披露:

1. 当期确认的固定资产减值损失金额;
2. 企业提取的固定资产减值准备累计金额。

五、固定资产——固定资产清理的审计程序

(一)获取或编制固定资产清理明细表

获取或编制固定资产清理明细表,复核加计正确,并与报表数、总账数和明细账合计数核对相符。

(二)检查固定资产清理的发生

检查固定资产清理的发生是否有正当理由,是否经有关技术部门鉴定,固定资产清理的发生和转销是否经授权批准,相应的会计处理是否正确。

1. 结合固定资产等账项的审计,检查固定资产、累计折旧等的账面转入额是否正确。
2. 检查固定资产清理收入和清理费用的发生是否真实、准确,清理结果(净损益)的计算是否正确。与施工有关的成本是否计入工程成本;属于筹建期间的,是否计入长期待摊费用;属于生产经营期间的,是否计入营业外收支;属于清算期间的,是否计入清算损益。

(三)检查固定资产清理是否长期挂账

如有固定资产清理长期挂账,应进行记录,必要时建议做适当调整。

(四)检查固定资产清理是否已在资产负债表上恰当披露

固定资产是企业重要的资产,金额较大,注册会计师应注意,检查固定资产清理是否符合制度规定,会计处理是否恰当,清理的固定资产是否已在资产负债表上恰当得以披露。

小提示：

固定资产项目需要重点审计固定资产、累计折旧及固定资产减值准备三个科目。由于固定资产有其自身的特点，其增加包括购置、自行建造、投资者投入、融资租入、更新改造、以非现金资产抵偿债务方式取得或以应收债权换入、以非货币性资产换入、经批准无偿拨入、接受捐赠和盘盈等多种途径；其减少亦包括多种途径。这就为固定资产项目的审计增加了难度。

第五节 投资性房地产审计

投资性房地产是指为赚取租金或资本增值，或者两者兼有而持有的房地产。投资性房地产的范围包括已出租的土地使用权、持有并准备增值后转让的土地使用权以及已出租的建筑物。

一、投资性房地产的审计目标

投资性房地产的审计目标一般包括：确定资产负债表中记录的投资性房地产是否存在；确定所有应记录的投资性房地产是否均已记录；确定记录的投资性房地产是否由被审计单位拥有或控制；确定投资性房地产是否以恰当的金额包括在财务报表中；确定投资性房地产、投资性房地产累计折旧和投资性房地产减值准备是否已按照企业会计准则的规定在财务报表中做出恰当列报。

二、投资性房地产的审计程序

（一）获取或编制投资性房地产明细表

获取或编制投资性房地产明细表，复核加计正确，并与总账数和明细账合计数核对相符；结合投资性房地产累计折旧、投资性房地产减值准备科目与报表数核对相符。

（二）检查纳入投资性房地产的范围

检查纳入投资性房地产范围的建筑物和土地使用权是否符合企业会计准则的规定。投资性房地产的范围是否为已出租的土地使用权、持有并准备增值后转让的土地使用权以及已出租的建筑物。

（三）检查投资性房地产后续计量

检查投资性房地产后续计量模式选用的依据是否充分。与上年会计政策进行比较，确定后续计量模式的一致性。确定投资性房地产后续计量选用公允价值模式的政策是否恰当，计算复核期末计价是否正确。如投资性房地产后续计量选用成本计量模式，确定投资性房地产累计摊销折旧政策是否恰当，计算复核本年度折旧的计提是否正确。

（四）检查按照公允价值计量的投资性房地产的期末减值

期末对公允价值计量的投资性房地产进行如下逐项检查，以确定投资性房地产是否已经发生减值。

1. 核对投资性房地产减值准备本期与以前年度计提方法是否一致，如有差异，查明政策调整的原因，并确定政策改变对本期损益的影响，提请被审计单位做适当披露。

2. 确有出现导致其可收回金额低于账面价值的情况，将可收回金额低于账面价值的差额作为投资性房地产减值准备予以计提，并与投资性房地产中的减值准备本期增加数相核对，如有差异，查明原因。

3. 将本期减值准备计提金额与利润表中资产减值损失中的相应数字进行核对。

4. 检查投资性房地产减值准备是否按单项资产（或资产组）计提，计提依据是否充分，是否得到适当批准，减值损失是否转回。

（五）确定投资性房地产后续计量模式的转换是否恰当

1. 检查董事会等决议文件，确定后续计量模式改变的适当性及会计处理的正确性，并提请被审计单位进行充分披露。

2. 审查投资性房地产成本计量模式转为公允价值计量模式是否作为会计政策变更进行追溯调整期初留存收益处理；采用公允价值计量模式的投资性房地产不得从公允价值计量模式转为成本计量模式。

（六）检查投资性房地产与其他资产发生的相互转换

如果被审计单位投资性房地产与其他资产发生相互转换，应审查转换依据是否充分，是否经过有效批准，转换基准日投资性房地产成本计量是否正确，会计处理是否正确。

（七）确定投资性房地产已恰当列报

结合银行借款等项目的审计，了解建筑物、土地使用权是否存在抵押、担保情况。如有，则应详细记录，并提请被审计单位进行充分披露。

【例3-2】 注册会计师李华审计美亚公司2018年度财务报表，该公司是从事房地产经营开发的企业。2018年8月，美亚公司与东方公司签订租赁协议，约定将美亚公司开发的一栋精装修的写字楼于开发完成的同时开始租赁给东方公司使用，租赁期为10年。当年10月1日，该写字楼开发完成并开始起租，写字楼的造价为9 000万元。2018年12月31日，该写字楼的公允价值为9 200万元。美亚公司采用公允价值计量模式。

美亚公司的账务处理如下：

借：投资性房地产——成本　　92 000 000

　贷：生产成本　　92 000 000

要求：请代注册会计师李华指出上述账务处理存在的问题，并提出调整建议。

【分析要点】 上述财务处理是错误的，应对投资性房地产完工交付使用和资产负债表日公允价值变动分别进行处理。

（1）2018年10月1日，美亚公司开发完成写字楼并出租。

借：投资性房地产——成本　　90 000 000

　贷：生产成本　　90 000 000

（2）2018年12月31日，以公允价值为基础调整其账面价值，公允价值与原账面价值之间的差额计入当期损益。

借:投资性房地产——公允价值变动　　2 000 000
　贷:公允价值变动损益　　2 000 000

第六节　其他相关项目审计

在采购与付款循环中,除涉及以上介绍的财务报表项目外,还涉及预付账款、应付票据、工程物资、在建工程等项目。对这些项目审计的阐述,一般直接列示其相应的实质性程序。

一、预付账款的审计程序

预付账款是企业按购货合同的规定,预先支付给供货单位的货款,会计上通过"预付账款"或"应付账款"科目(借方)进行核算。预付账款是企业的一种流动资产,但它是企业在购货环节中产生的,因此,预付账款的审计应结合购货与付款循环的审计进行。

注册会计师对预付账款的审计程序主要有:

(一)获取或编制预付账款明细表

获取或编制预付账款明细表复核加计正确,并与报表数、总账数和明细账合计数核对相符,同时请被审计单位协助,在预付账款明细表上标出截至审计日已收到货物并冲销预付账款的项目。

(二)函证预付账款

选择大额或异常的预付账款重要项目(包括零账户),函证其余额是否正确,并根据回函情况编制函证结果汇总表。对回函金额不相符的,要查明原因,做出记录或建议进行适当调整;对未回函的,可再次复函,也可采用替代方法进行检查,如检查该笔债权的相关凭证资料,或抽查报表日后预付账款明细账及存货明细账,核实是否已收到货物并转销,并根据替代程序检查结果判断其债权的真实性或出现坏账的可能性。对未发询证函的预付账款,应抽查有关原始凭证。

(三)抽查入库记录

抽查入库记录,审核有无重复付款或将同一笔已付清的账款在预付账款和应付账款这两个账户同时挂账的情况。

(四)分析预付账款明细账余额

对于出现预付账款贷方余额的项目,应查明原因,必要时建议做重分类调整。

(五)确定预付账款是否已在资产负债表上恰当披露

预付账款是企业的一项资产,性质较为特殊,注册会计师应注意检查预付账款是否已在资产负债表中恰当披露。

【例3-3】　2018年2月,注册会计师李华对三丰电器公司预付款进行审计时,发现该公司预付账款明细账2017年1月1日借方余额是500 000元,2017年借、贷方均无发生额,

2018 年 1 月借方余额仍为 500 000 元。据查，此预付款无购销合同，但有口头协议，实际为履行协议，客户单位为南山电机厂，业务为购销电机。

要求：分析此项预付账款可能存在的问题，并提出处理意见。

【分析要点】

这笔预付账款可能存在的问题如下：

(1) 购销业务有分歧。如购销双方在电机价格、质量等方面存在分歧，故虽预付了部分款项，但实际业务并未成交。

(2) 此预付账款纯属虚构。经办人员可能虚构预付账款，从而达到挪用此款的目的。

(3) 此款被诈骗。可能不存在南山电机厂，后虽有南山电机厂，但无供货能力。

(4) 可能是记账错误，也可能是该预付已收回，但未销账。

针对上述情况，注册会计师李华认为无购货合同而预付货款，这是不合规的，应派人或去函到南山电机厂了解真实情况。若是双方因价格、质量方面的问题出现争执。应希望双方共同协商解决，如难以成交，应退回预付款；若是记账有错误，则应要求立即更正，未销账应立即销账；若是虚构预付款，则要严肃处理，追究舞弊人员的责任，并及时调整有关账目；若是被诈骗，应依法追究经办人员的责任，并追回预付的账款，调整有关账簿记录。

二、应付票据的审计程序

应付票据是企业为购买材料、商品和接受劳务供应等而开出、承兑的商业汇票，包括银行承兑汇票和商业承兑汇票。注册会计师对应付票据主要实施以下审计程序：

（一）获取或编制应付票据明细表

随着商业活动的票据化，企业票据业务将越来越多，为了确定被审计单位应付票据账户、金额是否正确无误，本期应付利息是否正确，注册会计师在对应付票据账户进行审计时，应首先取得或编制应付票据明细表，并同有关明细账及总分类账进行核对。一般来说，应付票据明细表应列示票据类别及编号、出票日期、面额、到期日、收款人名称、利息率、付息条件、抵押品名称、数量、金额等。在进行核对时，注册会计师应注意被审计单位有无漏报或错报票据，有无漏列作为抵押的资产，有无属于应付账款的票据，有无漏计、多计或少计应付利息费用等情况。

（二）函证应付票据

进行函证时，注册会计师可分票据种类进行。对于应付银行的重要票据，应结合银行存款余额一起函证。凡是本年度与客户单位有往来的银行均应成为函证的对象，因为可能某一银行的存款虽已结清，但开给客户的应付票据仍未销案。询证函也要求银行列示借款抵押券，如用有价证券、应收账款及其他资产做担保时，应在询证函中详细列明这些项目。应付其他债权人的重要票据，应以客户单位名义，由注册会计师直接向债权人发函。函证时，询证函应包括出票日、到期日、票面金额、未付金额、已付息期间、利息率以及票据的抵押担保品等项内容。

（三）检查逾期未付票据

注册会计师应审查有关会计记录和原始凭证，检查被审计单位有关到期仍未偿付的应付票据。如有逾期未付票据,应查明原因,如系有抵押的票据,应做出记录,并提请审计单位进行必要的披露。

三、工程物资的审计程序

工程物资是企业为核算基建工程、更新改造工程和大修理工程准备的各种物资,注册会计师应实施以下审计程序:

(一)获取或编制工程物资明细表

获取或编制工程物资明细表对有关数字进行复核,并将其与报表数、总账数和明细账合计数进行核对,若不相符,应查明原因并进行调整。

(二)实施监盘

对工程物资实施监盘,确定其是否存在,账实是否相符,并观察有无呆滞、积压的工程物资。

(三)抽查工程物资的购货

抽查采购工程物资的合同、发票、货物验收单等原始凭证,检查其内容是否齐全,有无得到授权批准,会计处理是否正确。

(四)检查工程物资的领用

检查工程物资的领用手续是否齐全,使用是否合理,会计处理是否正确。

(五)检查工程完工后剩余工程物资的处理

工程完工后,如将剩余工程物资转入存货的,检查是否将其所含增值税进项税额进行了正确的分离;对外销售的,是否先结转其进项税额,待出售时再结转相应成本。

(六)检查对工程物资的定期盘点

检查被审计单位对工程物资的定期盘点表,对盘盈、盘亏、报废、毁损的,是否将减去保险公司和过失人的赔偿部分后的净额,正确地冲减了在建工程成本或计入营业外支出。

四、在建工程的审计程序

在建工程是企业进行基建工程、安装工程、技术改造工程、大修理工程等发生的实际支出,注册会计师应实施以下审计程序:

(一)获取或编制在建工程明细表

获取或编制在建工程明细表,对有关数字进行复核,并将其与报表数、总账数和明细账合计数进行核对,若不相符,应查明原因并进行适当处理。由于在建工程报表数是根据“在建工程”科目的期末余额减去“在建工程减值准备”科目的期末余额后的金额填列的,因此,其报表数应同在建工程总账数(各明细账合计数)减去相应的在建工程减值准备总账数(各明细账合计数）后的余额核对相符。

（二）检查在建工程的增减数额是否正确

例如：对于借款费用、工程管理费用资本化问题，应检查资本化的起止日的界定、计算方法、计算过程、会计处理等是否合理与正确；对于完工转销的在建工程，应检查转销额的计算是否正确，是否存在将已交付使用的固定资产仍挂在在建工程账上的问题等。

（三）检查在建工程项目期末余额的构成内容

查明在建工程项目期末余额的构成内容，并实地观察工程现场，确定在建工程是否存在，了解工程项目的实际完工进度，对在建工程累计发生额进行技术测定，并将其与账簿记录数进行核对，检查其是否差距较大，判断其有无多计、虚计或少计、漏计工程费用的问题。

（四）检查在建工程减值准备的计提

主要应查明在建工程减值准备的计提方法是否符合企业会计准则规定，计提的数额是否正确，相关会计处理是否正确。如对长期停建并预计在未来 3 年内不会重新开工的在建工程，所建项目无论在性能上还是在技术上已经落后，并且给企业带来的经济利益具有很大不确定性的在建工程，其他足以证明已经发生减值的在建工程等，是否计提了减值准备。已计提减值准备的在建工程价值得以恢复时，是否又做相应转回处理。

（五）确定在建工程在资产负债表上的披露是否恰当

注册会计师应检查在建工程项目是否已按照企业会计准则的规定在资产负债表上进行恰当披露。

本章小结

1. 应付账款函证对象应选择较大金额的债权人，以及那些在资产负债表日金额不大，甚至为零，但为被审计单位重要供应商的债权人。

2. 应付账款函证最好采用积极函证方式，提高审计证据的质量。注册会计师必须对函证的过程进行控制。

3. 如果存在未回函的重大项目，注册会计师应采用替代审计程序。比如，可以检查决算日后应付账款明细账及库存现金和银行存款日记账，核实其是否已支付，同时检查该笔债务的相关凭证资料，如合同、发票、验收单，核实应付账款的真实性。

4. 固定资产项目审计范围包括固定资产科目余额、累计折旧科目余额及固定资产减值准备科目余额。

练 习 题

一、单项选择题

1. 以下审计程序中，注册会计师最有可能证实已记录应付账款存在的是（　　）。

A. 从应付账款明细账追查至购货合同、购货发票和入库单等凭证

B. 检查购货文件以确定是否使用预先编号的购货单

C. 抽取购货合同、购货发票和入库单等凭证，追查至应付账款明细账

D. 向供应商函证零余额的应付账款

2. 以下审计程序中，注册会计师最有可能获取固定资产存在的审计证据的是（　　）。

A. 观察经营活动，并将固定资产本期余额与上期余额进行比较

B. 询问被审计单位的管理层和生产部门

C. 以检查固定资产实物为起点，检查固定资产明细账和相关凭证

D. 以检查固定资产明细账为起点，检查固定资产实物和相关凭证

3. 以下审计程序中，注册会计师最有可能获取固定资产存在的审计证据的是（　　）。

A. 观察经营活动，并将固定资产本期余额与上期余额进行比较

B. 询问被审计单位的管理当局和生产部门

C. 以检查固定资产实物为起点，检查固定资产明细账和相关凭证

D. 以检查固定资产明细账为起点，检查固定资产实物和相关凭证

4. A 注册会计师负责对丙公司 2018 年度财务报表进行审计，在对固定资产进行审计时，A 注册会计师遇到以下事项，请代为做出正确的专业判断。

（1）在查找已提前报废但尚未做出会计处理的固定资产时，以下审计程序中，A 注册会计师最有可能实施的是（　　）。

A. 以检查固定资产实物为起点，检查固定资产的明细账和投保情况

B. 以检查固定资产明细账为起点，检查固定资产实物和投保情况

C. 以分析折旧费用为起点，检查固定资产实物

D. 以检查固定资产实物为起点，分析固定资产维修和保养费用

（2）以下审计程序中，A 注册会计师最有可能获取固定资产存在的审计证据的是（　　）。

A. 观察经营活动，并将固定资产本期余额与上期余额进行比较

B. 询问被审计单位的管理当局和生产部门

C. 以检查固定资产实物为起点，检查固定资产明细账和相关凭证

D. 以检查固定资产明细账为起点，检查固定资产实物和相关凭证

（3）A 注册会计师向丙公司生产负责人询问的以下事项中，最有可能获取审计证据的是（　　）。

A. 固定资产的抵押情况　　B. 固定资产的报废或毁损情况

C. 固定资产的投保及其变动情况　　D. 固定资产折旧的计提情况

5. D 注册会计师负责对丁公司 2018 年度财务报表进行审计。在对应付账款进行审计

时,D注册会计师遇到以下事项,请代为做出正确的专业判断。

(1)以下审计程序中,D注册会计师最有可能证实已记录应付账款存在的是(　　)。

A. 从应付账款明细账追查至购货合同、购货发票和入库单等凭证

B. 检查采购文件以确定是否使用预先编号的采购单

C. 抽取购货合同、购货发票和入库单等凭证,追查至应付账款明细账

D. 向供应商函证零余额的应付账款

(2)在验证应付账款余额不存在漏报时,D注册会计师获取的以下审计证据中,证明力最强的是(　　)。

A. 供应商开具的销售发票　　B. 供应商提供的月对账单

C. 丁公司编制的连续编号的验收报告　　D. 丁公司编制的连续编号的订货单

二、多项选择题

1. 关于应付账款函证,下列说法中不正确的有(　　)。

A. 如果存在未回函的重大项目,注册会计师应采用替代审计程序

B. 必须函证应付账款

C. 函证最好采用积极函证方式,并且不说明应付金额

D. 如果控制风险较高,某应付账款明细账户金额较大,则应考虑进行应付账款的函证

2. 在检查本期增加的固定资产时,注册会计师采取的下列措施中正确的有(　　)。

A. 投资者投入的固定资产属于国有资产的,检查是否有评估报告并经国有资产管理部门评审备案或核准确认

B. 结合固定资产清理科目,抽查固定资产账面转销额是否正确

C. 对于融资租赁增加的固定资产,获取融资租入固定资产的相关证明文件,检查融资租赁合同的主要内容,并结合长期应付款、未确认融资费用科目检查相关的会计处理是否正确

D. 对于非货币性资产交换增加的固定资产,检查产权过户手续是否齐备,检查固定资产入账价值及确认的损益和负债是否符合规定

3. 下列固定资产中,需要计提折旧的是(　　)。

A. 已全额计提减值准备的固定资产　　B. 因更新改造而停止使用的固定资产

C. 因日常维修而停止使用的固定资产　　D. 经营租入的固定资产

4. 在对M公司在建工程进行审计时,A注册会计师注意到下列在建工程未结转至固定资产,其中处理不正确的有(　　)。

A. 甲在建工程已经试运行,且已经能够生产合格产品,但产量尚未达到设计生产能力

B. 乙在建工程已经试运行,产量已经达到设计生产能力,但生产的产品中仅有少量合格产品

C. 丙在建工程不需试运行,其实体建造和安装工程全部完成,并已达到预定可使用状态,但尚未办理验收手续

D. 丁在建工程不需试运行，其实体建造和安装工程全部完成，并已达到预定可使用状态，但资产负债表日后尚发生少量的购建支出

5. 应付账款一般不需要函证，但出现(　　)时，注册会计师还应实施函证程序。

A. 被审计单位内部控制薄弱，控制风险较高　　B. 应付账款金额较大

C. 被审计单位财务困难　　D. 被审计单位供货方内部控制薄弱

三、判断题

1. 即使某一应付账款明细账户余额为零，注册会计师仍然可能将其列为函证对象。(　　)

2. 注册会计师对固定资产进行实地观察时，可以固定资产明细账为起点，重点观察本期新增加的重要固定资产。(　　)

3. 从验收单和购货发票分别追查至采购明细账，可以实现真实性目标。(　　)

四、简答题

1. 应收账款函证与应付账款函证有何异同?

2. 什么情况下采用函证方式查证未入账的应付账款最有效?

3. 注册会计师如何查找未入账的应付账款?

五、分析题

1. 甲公司是ABC会计师事务所的常年审计客户。ABC会计师事务所负责甲公司2018年度财务报表审计，并委派A注册会计师担任项目合伙人。A注册会计师在审计过程中，发现如下事项：甲公司的坏账准备按应收款项余额的5%计提。2018年年末未经审计的资产负债表反映的应收账款项目为借方余额5 000万元，其他应收账款项目为借方余额500万元。应付账款项目为贷方余额4 000万元，预收款项项目为贷方余额300万元，坏账准备项目为贷方余额275万元。

其中，A注册会计师选取的部分明细列示如下：

科目名称	金额/万元	科目名称	金额/万元
应付账款－A公司	－1 500	预收账款－C公司	500
应付账款－B公司	2 000	预收账款－D公司	－200

要求：针对上述资料，A注册会计师应提出何种审计调整建议？若提出调整建议，请直接列示审计调整分录(不考虑流转税费、损益结转以及对所得税和净利润的影响)。

2. 注册会计师王某对某公司的应付账款项目进行审计，根据需要，王某决定对下表所示四个明细账户中的两个进行函证。

应付账款项目审计　　单位:元

明细账户	应付账款年末余额	本年进货总额
A公司	43 650	67 100
B公司		1 990 000
C公司	88 000	96 000
D公司	299 000	3 132 000

试问:(1)注册会计师王某应选择哪两位供货人进行函证?为什么?

(2)假定上述四家公司均为该公司的购货人,上表后两栏分别是应收款年末余额和本年销货总额,注册会计师王某应选择哪两家公司进行函证?为什么?

3. A和B注册会计师对X股份有限公司2018年度财务报表进行审计。该公司2018年度未发生购并、分立和债务重组行为,供产销形式与上年相当。X公司未经审计的2018年度财务报表附注的部分内容如下(单位:万元):

(1)

固定资产	年初余额	本年增加额	本年减少额	年末余额
房屋建筑	20 930	2 655	21	23 564
通用设备	8 612	1 158	62	9 708
专用设备	10 008	0	121	9 887
运输工具	1 681	460	574	1 567
土地使用权	472	0	0	472
其他设备	389	150	11	528
合计	42 092	4 423	789	45 726

(2)

累计折旧	年初余额	本年增加额	本年减少额	年末余额
房屋建筑	3 490	898	31	4 357
通用设备	863	865	34	1 694
专用设备	3 080	0	20	3 060
运输工具	992	232	290	934
土地使用权	0	15	0	15
其他设备	115	83	3	195
合计	8 550	2 093	378	10 255

(3)X公司房屋、建筑物的预计使用年限为15～20年,预计残值率为1%;因年初调整生产结构,导致本年专用设备闲置未用;本年减少的其他设备均系正常使用到期而注销的。

要求:假定上述附注内容中的年初数已审定无误,请运用专业判断,必要时运用分析程序,指出上述附注内容中存在或可能存在的不合理之处,并简要说明理由。

4. 甲公司是 ABC 会计师事务所的常年审计客户,甲公司从事小型生产线的生产和销售,产品主要用于出口。ABC 会计师事务所承接了甲公司 2018 年度财务报表审计业务,并委派 A 注册会计师担任审计项目合伙人。

资料一:甲公司应收账款、预收账款、应付账款和预付账款明细表如下(单位:万元):

科目	明细表余额合计	审计说明
应收账款	5 325(借方余额)	(1)
预收账款	521(贷方余额)	(2)
应付账款	621(贷方余额)	(3)
预付账款	123(贷方余额)	(4)

审计说明:

(1)应收账款明细表包括 100 个账户,其中借方账户 99 个,借方余额合计 5 350 万元;贷方账户 1 个,余额 25 万元,系客户 2018 年 2 月偿还以前年度货款时支付的货款。甲公司采用账龄分析法对应收款项计提坏账准备。坏账准备的计提比例如下:账龄 1 年以下、1 ~ 2 年、2 ~ 3 年、3 年以上计提坏账准备的比例分别为 5%、10%、30%、50%。

审计结论:不存在审计差异,无须提出审计处理建议。

(2)预收账款明细表包括 10 个账户,其中借方账户余额 1 个,余额 25 万元,系甲公司于 2018 年 10 月多发出产品所致;贷方账户余额 9 个,贷方余额合计约为 546 万元。

审计结论:建议甲公司调整财务报表。调整分录为:

借:应收账款　　250 000

　贷:预收款项　　250 000

(3)应付账款明细表包括 8 个供应商。其中借方账户余额 1 个,借方余额 100 万元,系甲公司 2018 年 11 月向供应商支付的原材料采购款;贷方账户 7 个,贷方余额 721 万元。审计结论:不存在审计差异,无须提出审计处理建议。

(4)预付账款明细表包括 3 个账户,其中借方账户 2 个,余额 45 万元;贷方账户 1 个,余额 168 万元,系甲公司于 2016 年采购时供应商多发的货。

审计结论:不存在审计差异,无须提出审计处理建议。

资料二:

A 注册会计师在审计时发现,甲公司 2018 年新增大批固定资产,明细情况如下:

(1)外购了一批电脑;

(2)采用分期付款方式,购买了一条生产线;

(3)融资租入一台专用设备。

要求:

(1)针对资料一中所述事项,不考虑其他情况,逐一指出 A 注册会计师形成的审计结论是否存在不当之处。如存在不当之处,请代 A 注册会计师提出正确的审计结论或对 A 注册会计师的审计结论进行必要的更正或补充。如认为需要建议甲公司调整财务报表,请直接列示相关审计调整分录。

(2)针对资料二,逐项指出为证实新增的固定资产的所有权,A 注册会计师应当采取的实质性程序。

第四章　生产与存货循环审计

学习目标

1. 熟悉生产与存货循环的主要业务活动、所涉及的主要凭证和会计记录。
2. 理解生产与存货循环的内部控制及其测试。
3. 掌握存货的审计程序。
4. 掌握应付职工薪酬的审计程序。

重要概念

存货监盘;计价测试;职工薪酬

第一节　生产与存货循环概述

存货是企业的重要资产,存货的采购、使用和销售与企业的经营活动紧密相关,对企业的财务状况和经营成果具有重大而广泛的影响。注册会计师应当确认在财务报表中列示的存货金额是否正确(存在、完整性、计价和分摊认定),是否归被审计单位所有(权利和义务认定),期末计价是否准确(计价和分摊认定),存货的购入和发出交易是否计入正确的会计期间(截止认定)。

原材料的采购入库在采购与付款循环中涉及,产成品的出库销售在销售与收款循环中涉及,本章侧重于原材料入库之后至产成品发出之间的业务活动。

生产与存货循环概述主要包括三方面内容:一是本循环所涉及的主要业务活动;二是本循环所涉及的主要凭证和会计记录;三是本循环所涉及的主要报表项目。

一、生产与存货循环涉及的主要业务活动

生产与存货循环涉及的主要业务活动包括计划和安排生产、发出原材料、生产产品、核算产品成本、产成品入库及储存、发出产成品、存货盘点、计提存货跌价准备等。上述业务活动通常涉及以下部门:生产计划部门、仓储部门、生产部门、人事部门、销售部门、会计部门等。

(一)计划和安排生产

生产计划部门的职责是根据客户订购单或者销售部门对销售预测和产品需求的分析来决定生产授权。如决定授权生产,即签发预先顺序编号的生产通知单。该部门通常应将发出的所有生产通知单顺序编号并加以记录控制。此外,通常该部门还需编制一份材料需求报告,列示所需要的材料和零件及其库存。

（二）发出原材料

仓储部门的责任是根据从生产部门收到的领料单发出原材料。领料单上必须列示所需的材料数量和种类，以及领料部门的名称。领料单可以一料一单，也可以多料一单，通常需一式三联。仓库管理人员发料并签署后，将其中一联连同材料交给领料部门（生产部门存根联），一联留在仓库登记材料明细账（仓库联），一联交会计部门进行材料收发核算和成本核算（财务联）。

（三）生产产品

生产部门在收到生产通知单及领取原材料后，便将生产任务分解到每一个生产工人，并将所领取的原材料交给生产工人，据以执行生产任务。生产工人在完成生产任务后，将完成的产品交生产部门统计人员查点，然后转交检验员验收并办理入库手续；或是将所完成的半成品移交下一个环节，做进一步加工。

（四）核算产品成本

为了正确核算并有效控制产品成本，必须建立健全成本会计制度，将生产控制和成本核算有机结合在一起。一方面，生产过程中的各种记录、生产通知单、领料单、计工单、产量统计记录表、生产统计报告、入库单等文件资料都要汇集到会计部门，由会计部门对其进行检查和核对，了解和控制生产过程中存货的实物流转；另一方面，会计部门要设置相应的会计账户，会同有关部门对生产过程中的成本进行核算和控制。由于核算精细程度的不同，成本会计制度可以非常简单，只是在期末记录存货余额；也可以是完善的标准成本制度，持续地记录所有材料处理、在产品和产成品，并形成对成本差异的分析报告。完善的成本会计制度应该提供原材料转为在产品，在产品转为产成品，以及按成本中心、分批次生产任务通知单或生产周期所消耗的材料、人工和间接费用的分配与归集的详细资料。

（五）产成品入库及储存

产成品入库，须由仓储部门先行点验和检查，然后签收。签收后，将实际入库数量通知会计部门。据此，仓储部门确立了本身应承担的保管责任，并对验收部门的工作进行验证。除此之外，仓储部门还应根据产成品的品质特征分类存放，并填制标签。

（六）发出产成品

产成品的发出须由独立的发运部门进行。装运产成品时必须持有经有关部门核准的发运通知单，并据此编制出库单。出库单一般为一式四联，一联交仓储部门，一联由发运部门留存，一联送交客户，一联作为开具发票的依据。

（七）存货盘点

管理人员编制盘点指令，安排适当人员对存货实物（包括原材料、在产品和产成品等所有存货类别）进行定期盘点，将盘点结果与存货账面数量进行核对，调查差异并进行适当调整。

(八)计提存货跌价准备

财务部门根据存货货龄分析表信息或相关部门提供的有关存货状况的其他信息,结合存货盘点过程中对存货状况的检查结果,对出现损毁、滞销、跌价等降低存货价值的情况进行分析计算,计提存货跌价准备。

二、生产与存货循环涉及的主要凭证与会计记录

以典型制造业为例,在内部控制比较健全的企业,处理生产和存货业务通常需要使用很多单据与会计记录。典型的生产与存货循环所涉及的主要单据与会计记录有以下几种(不同被审计单位的单据名称可能不同):

(一)生产指令

生产指令又称"生产任务通知单"或"生产通知单",是企业下达制造产品等生产任务的书面文件,用以通知供应部门组织材料发放,生产车间组织产品制造,会计部门组织成本计算。广义的生产指令也包括用于指导产品加工的工艺规程,如机械加工企业的"路线图"等。

(二)领发料凭证

领发料凭证是企业为控制材料发出所采用的各种凭证,如材料发出汇总表、领料单、限额领料单、领料登记簿、退料单等。

(三)产量和工时记录

产量和工时记录是登记工人或生产班组在出勤时间内完成产品数量、质量和生产这些产品所耗费工时数量的原始记录。产量和工时记录的内容与格式是多种多样的,在不同的生产企业中,甚至在同一企业的不同生产车间中,由于生产类型不同而采用不同格式的产量和工时记录。常见的产量和工时记录主要有工作通知单、工序进程单、工作班产量报告、产量通知单、产量明细表、废品通知单等。

(四)工薪汇总表及工薪费用分配表

工薪汇总表是为了反映企业全部工薪的结算情况,并据以进行工薪总分类核算和汇总整个企业工薪费用而编制的,它是企业进行工薪费用分配的依据。工薪费用分配表反映了各生产车间各产品应负担的生产工人工薪及福利费。

(五)材料费用分配表

材料费用分配表是用来汇总反映各生产车间各产品所耗费的材料费用的原始记录。

(六)制造费用分配汇总表

制造费用分配汇总表是用来汇总反映各生产车间各产品所应负担的制造费用的原始记录。

（七）成本计算单

成本计算单是用来归集某一成本计算对象所应承担的生产费用，计算该成本计算对象的总成本和单位成本的记录。

（八）产成品入库单和出库单

产成品入库单是产品生产完成并经检验合格后从生产部门转入仓库的凭证。产成品出库单是根据经批准的销售单发出产成品的凭证。

（九）存货明细账

存货明细账是用来反映各种存货增减变动情况和期末库存数量及相关成本信息的会计记录。

（十）存货盘点指令、盘点表及盘点标签

一般制造型企业通常会定期对存货实物进行盘点，将实物盘点数量与账面数量进行核对，对差异进行分析调查，必要时做账务调整，以确保账实相符。在实施存货盘点之前，管理人员通常编制存货盘点指令，对存货盘点的时间、人员、流程及后续处理等方面做出安排。在盘点过程中，通常会使用盘点表记录盘点结果，使用盘点标签对已盘点存货及数量做出标识。

（十一）存货货龄分析表

很多制造型企业通过编制存货货龄分析表，识别流动较慢或滞销的存货，并根据市场情况和经营预测，确定是否需要计提存货跌价准备。这对于管理具有保质期的存货（如食物、药品、化妆品等）尤其重要。

三、生产与存货循环所涉及的主要报表项目

根据财务报表项目与业务循环的相关程度，生产与存货循环所涉及的资产负债表项目主要包括存货、应付职工薪酬等，其中存货又包括材料采购或在途物资、原材料、材料成本差异、库存商品、发出商品、委托加工物资、委托代销商品、受托代销商品、周转材料、生产成本、制造费用、劳务成本、存货跌价准备等。所涉及的利润表项目主要是营业成本等。

第二节 生产与存货循环的内部控制及其测试

一、生产与存货交易的内部控制

如果被审计单位具有健全并且运行良好的生产与存货交易的内部控制，注册会计师就可以做较多的控制测试，这样既可以降低审计风险，又可大大减少报表项目实质性程序的工作量，提高审计效率。

审计人员应当了解内部控制，确认内部控制的关键环节和强点弱点，对控制风险进行初步评估，据以制订计划并进行控制测试，进而实施实质性程序。一般来说，生产与存货循

环的内部控制通常包括存货的内部控制和成本会计制度的内部控制。

生产与存货循环同其他业务循环联系密切,该业务循环审计中的某些测试(如对存货的审计测试),在其他业务循环审计中也有所涉及,因而将其与其他相关业务循环的审计测试同时进行往往更为有效;不同企业对其存货的内部控制虽有所不同,但最终都取决于两个关键因素(即存货的数量和计价)的控制。因此,本章述及生产与存货循环的内部控制和控制测试,除涉及存货的部分内容外,更多关注的是成本会计制度。

通常,企业生产与存货循环的内部控制主要包括以下内容。

(一)适当的职责分离

企业的生产与存货循环也需要适当的职责分离。因此,企业应当建立生产与存货循环的岗位责任制,明确相关部门和岗位的职责、权限,确保办理生产与存货循环的不相容岗位相互分离、相互制约和彼此监督。生产与存货循环的不相容岗位主要包括:货物的采购与验收、保管;存货的存储与生产(或使用);计划的制订与审批;产品的生产与检验;存货的保管、盘点与相关会计记录等。所以,企业必须进行职责分工,主要的职责分工有:

1. 采购部门与验收、保管部门相互分离,防止购入不合格材料;
2. 仓储部门与生产(或使用)部门相互分离,防止多领材料或存货被盗;
3. 生产计划的制订与审批相互分离,防止生产计划不合理;
4. 产成品的生产与检验相互分离,防止不合格产品入库和售出;
5. 存货的保管与会计记录相互分离,防止窜改会计记录,造成财产流失;
6. 存货的盘点与保管相互分离,防止存货盘点虚假或存货流失,也就是说,应由独立于保管之外的其他部门人员定期进行存货盘点,以保证盘点的客观真实和存货的真实完整。

(二)信息传递程序控制

企业应当建立并实施对生产与存货循环内部控制的检查监督制度。建立健全生产与存货循环的内部控制,要求管理层对相关的信息传递程序实施严格有效的控制。这些控制包括:

1. 授权程序。有效的内部控制要求生产与存货循环的各个环节都要经过适当的授权批准,主要有:由被授权的企业领导审批生产计划,经批准下达生产通知单,经批准领料,产品完工经检验入库,产品发出须经核准的发出通知单方可办理,存货报废经专门小组审批,存货盘盈或盘亏的账务处理由被授权人批准,会计方法变更由企业财会主管批准等。

2. 成本控制。企业生产与存货的价值流转控制,主要是由财会部门来执行的。为了正确核算和有效控制生产与存货成本,必须建立健全生产与存货成本管理制度,将生产控制与成本控制有机结合起来,主要有:制订成本计划、费用预算或控制目标,严格审核原始凭证,设置生产与存货总账及明细账并进行核算,选择适当的成本计算方法并正确计算产品成本,进行生产与存货分析,建立成本和费用的归口分级管理控制制度等。

3. 永续盘存制。设置存货明细账,及时反映存货的收发及结存情况,根据有关会计凭证逐日逐笔登记各种存货的收发及结存的数量和金额,并及时反映存货的结存数量和金额;设置存货总分类账,及时汇总和记录存货收发及结存的数量和金额,并据以控制存货明细账;经常核对存货的总分类账与明细账、存货的账面结存数与实际库存数,保证账账、账实相符;应由财会部门而不是仓储部门负责永续盘存记录,做到管物与管账相分离。

4. 实物控制

在生产与存货循环中，存货种类繁多、收发业务频繁，因而必须加强实物控制。其主要措施有：授权控制，即限制未经授权人员接近或接触存货，确保只有被授权的人员才能接近或接触存货；盘点控制，即进行定期盘点，检查存货管理情况；职务控制，即明确验收、保管与记录的业务分工，严格实行职责分离等。

二、生产与存货交易的控制测试

审计人员不仅要调查了解被审计单位生产与存货循环的内部控制，还应分析了解其管理程序。如果认为被审计单位的内部控制可能存在销售成本和存货的重大错报风险，审计人员就必须对已选取的控制活动的运行有效性进行测试，以证实拟信赖认定层次上的控制已经在整个期间内运行。实际上，控制是否适当影响其预防、发现和纠正错报的能力。一般来说，预防性的控制通常在交易初期和记录过程中实施，而检查性控制往往在交易执行和记录过程之后实施。因此，审计人员对已选取的、涉及几项认定的检查性控制（属监督控制）进行测试，通常较测试交易初期的预防性控制更为有效。

审计人员在了解生产与存货循环的内部控制和管理程序的基础上，检查不相容职责的分离，抽查部分存货入库、出库业务并追踪其业务处理，抽查盘点记录，并对产品生产、成本管理制度执行情况，以及成本核算和会计入账环节进行审查，进而评价生产与存货业务的内部控制。具体来说，其控制测试主要包括下列几点：

（一）检查不相容职责的分离

观察、审查生产与存货管理的各个环节，如购货部门与保管部门，计划部门与生产部门，存货的保管与盘点、生产与验收、保管与记录、储存与销售等是否相互独立，并对企业控制环境和会计准则应用进行评价。如果各部门和岗位分工明确，职责严格分离、互相牵制，能使每个控制环节都按照规定的内部控制政策和程序进行，则内部控制风险相对较低。

（二）追踪存货的入库和出库业务处理

抽查部分存货的入库和出库业务，并追踪其业务处理。存货的入库主要是购入材料验收入库和完工产品入库，而存货出库则主要是生产领用和对外销售。审计人员根据重要性原则，抽取部分业务文件，测试各个控制环节的执行情况，以查明授权、审核、计量、记录等各个控制环节是否真正发挥了作用，如销售合同是否由被授权的人签字，产品出库单是否由销售部门主管签字，领料单反应的手续是否完备等，并评价信息与沟通系统的有效性。

（三）抽查盘点记录

通过对存货项目的盘点（如循环盘点、抽查盘点以及独立盘点），定期检查永续盘存制。通常，审计人员应抽查若干月份的盘点记录，审查盘点的范围、组织方式、盘点结果与账面金额是否一致，盘点是否由企业内部审计人员或仓库保管员以外的人员监督执行。

（四）审查从产品生产到会计入账的各个控制环节

采用询问法、实地观察法，审查产品生产、成本管理制度执行情况、成本核算及会计入账的各个控制环节；检查企业是否编制生产计划或进行预算控制，检查生产通知单是否连续编号;检查成本归口分级管理制度的执行情况;同时检查有关原始凭证,以判明其完备性、及时性和正确性;审阅生产与存货循环会计科目是否健全;检查成本会计核算是否合理;抽查料、工、费分配的合理性;抽查成本计算单并检查其记录的正确性;选择若干标准成本与实际成本差异较大的账户,检查其差异调整有无差异分析记录和被授权人批准;观察有无独立人员检查账簿记录的正确性,并对会计准则的应用做出评价。

(五)关注生产与存货循环内部控制的危险信号

在现实经济生活中,有不少危险信号是生产与存货循环所独有的,审计人员应当给予关注并据以进行评价。这些危险信号包括:存货的增长率高于销售增长率;生产费用明显高于(或低于)行业平均水平;各种"准备"明显减少;生产费用账户出现重大的贷方记录;对审计人员建议的必要内部控制缺乏后续措施等。

由此可见,针对生产与存货循环所涉及的各主要业务活动,审计人员可分别实施相应的控制测试。比如,对于计划和安排生产,审计人员应抽取生产通知单,检查其是否与月度生产计划书中内容相一致;对于发出原材料,审计人员应抽取出库单及相关领料单,以检查其是否正确编制并经适当层次复核,还抽取材料盘点明细表,检查是否经适当复核,有无差异以及差异是否得到处理;对于生产产品和核算产品成本,审计人员应抽取原材料领用凭证,检查其是否与生产记录日报表相一致,是否经适当审核,有无差异以及差异是否及时得到处理,同时抽取核对记录,以检查差异是否已得到处理,并抽取生产成本结转凭证并检查其与支持性文件是否一致并经适当复核,必要时应考虑利用计算机专家的工作;对于储存产成品和发出产成品,审计人员应抽取产成品验收单、产成品入库单并检查输入信息是否准确,抽取发运通知单、出库单并检查其是否一致,抽取发运单和相关销售订单并检查其是否一致,抽取销售成本结转凭证检查其与支持性文件是否一致并经适当复核,抽取存货盘点报告并检查是否经适当复核,有无差异以及差异是否已得到处理。

在上述控制测试的基础上,审计人员应收集到相应的控制测试证据,从而支持或修正对相关认定的重大错报风险的评估水平,进一步支持或修正生产与存货循环的相关实质性程序计划。

第三节　存货审计

一、存货审计概述

存货是指企业在日常活动中持有以备出售的产成品或商品、处在生产过程中的在产品、在生产过程或提供劳务过程中耗用的材料和物料等。

在通常情况下,存货对企业经营特点的反映能力强于其他资产项目。存货对于生产制造业、贸易行业一般十分重要。通常,存货的重大错报对于财务状况和经营成果都会产生直接的影响。审计中许多复杂和重大的问题都与存货有关。存货、产品生产和销售成本构成了会计、审计乃至企业管理中最为普遍、重要和复杂的问题。

存货审计,尤其是对年末存货余额的测试,通常是审计中最复杂也最费时的部分。对存货存在性和存货价值的评估常常十分困难。导致存货审计复杂的主要原因包括:

1. 存货通常是资产负债表中的一个主要项目,而且通常是构成营运资本的最大项目。

2. 存货存放于不同的地点，这使得对它的实物控制和盘点都很困难。企业必须将存货置放于便于产品生产和销售的地方，但是这种分散也带来了审计的困难。

3. 存货项目的多样性也给审计带来了困难。例如，化学制品、宝石、电子元件以及其他的高科技产品。

4. 存货本身的陈旧以及存货成本的分配也使得存货的估价存在困难。

5. 不同企业采用的存货计价方法存在多样性。

正是由于存货对于企业的重要性、存货问题的复杂性以及存货与其他项目密切的关联度，要求注册会计师对存货项目的审计予以特别的关注。相应地，要求实施存货项目审计的注册会计师具备较高的专业素质和相关业务知识，分配较多的审计工时，运用多种有针对性的审计程序。

存货审计涉及数量和单价两个方面。针对存货数量的实质性程序主要是存货监盘。此外，还包括对第三方保管的存货实施函证等程序，对在途存货检查相关凭证和期后入库记录等。针对存货单价的实质性程序包括对购买和生产成本的审计程序和对存货可变现净值的审计程序。其中原材料成本的计量较为简单，通常通过对采购成本的审计进行测试；在产品和产成品的成本较为复杂，包括测试原材料成本、人工成本和制造费用的归集和分摊。

审计存货的另一个考虑就是其与采购、销售收入及销售成本间的相互关系，因为就存货认定取得的证据也同时为其对应项目的认定提供了证据。例如，通过存货监盘和对已收存货的截止测试取得的，与外购商品或原材料存货的完整性和存在认定相关的证据，自动为同一期间原材料和商品采购的完整性和发生提供了保证。类似地，销售收入的截止测试也为期末之前的销售成本已经从期末存货中扣除并正确计入销售成本提供了证据。

二、存货的审计目标

存货的审计目标一般包括：账面存货余额对应的实物是否真实存在（存在认定）；属于被审计单位的存货是否均已入账（完整性认定）；存货是否属于被审计单位（权利和义务）；存货单位成本的计量是否准确（计价和分摊认定）；存货的账面价值是否可以实现（计价和分摊认定）。

小提示：

存货审计的重要意义？

存货是指企业在日常活动中持有以备出售的产成品或商品、处在生产过程中的在产品、在生产过程或提供劳务过程中耗用的材料和物料等。在通常情况下，存货对企业经营特点的反映能力强于其他资产项目。存货对于生产制造业、贸易行业一般十分重要。通常，存货的重大错报对于财务状况和经营成果都会产生直接的影响。审计中许多复杂和重大的问题都与存货有关。存货、产品生产和销售成本构成了会计、审计乃至企业管理中最为普遍、重要和复杂的问题。

三、存货的主要审计程序

(一)存货的一般审计程序

获取年末存货余额明细表,并执行以下工作:

1. 复核单项存货金额的计算(单位成本×数量)和明细表的加总计算是否准确;

2. 将本年末存货余额与上年末存货余额进行比较,总体分析变动原因。

(二)存货监盘

1. 存货监盘的作用。

如果存货对财务报表是重要的,注册会计师应当实施下列审计程序,对存货的存在和状况获取充分、适当的审计证据:

(1)在存货盘点现场实施监盘(除非不可行);

(2)对期末存货记录实施审计程序,以确定其是否准确反映实际的存货盘点结果。

在存货盘点现场实施监盘时,注册会计师应当实施下列审计程序:

(1)评价管理层用以记录和控制存货盘点结果的指令和程序;

(2)观察管理层制订的盘点程序的执行情况;

(3)检查存货;

(4)执行抽盘。

存货监盘的相关程序可以用作控制测试或者实质性程序。注册会计师可以根据风险评估结果、审计方案和实施的特定程序做出判断。例如,如果只有少数项目构成了存货的主要部分,注册会计师可能选择将存货监盘用作实质性程序。

需要说明的是,尽管实施存货监盘,获取有关期末存货数量和状况的充分、适当的审计证据是注册会计师的责任,但这并不能取代被审计单位管理层定期盘点存货、合理确定存货的数量和状况的责任。事实上,管理层通常制订程序,对存货每年至少进行一次实物盘点,以作为编制财务报表的基础,并用以确定被审计单位永续盘存制的可靠性(如适用)。

注册会计师监盘存货的目的在于获取有关存货数量和状况的审计证据。因此,存货监盘针对的主要是存货的存在认定,对存货的完整性认定及计价和分摊认定,也能提供部分审计证据。此外,注册会计师还可能在存货监盘中获取有关存货所有权的部分审计证据。例如,如果注册会计师在监盘中注意到某些存货已经被法院查封,需要考虑被审计单位对这些存货的所有权是否受到了限制。但如《〈中国注册会计师审计准则第1311号——对存货、诉讼和索赔、分部信息等特定项目获取审计证据的具体考虑〉应用指南》(2010年11月1日修订)第6段所述,存货监盘本身并不足以供注册会计师确定存货的所有权,注册会计师可能需要执行其他实质性审计程序以应对所有权认定的相关风险。

2. 制订存货监盘计划。

(1)制订存货监盘计划的基本要求。注册会计师应当根据被审计单位存货的特点、盘存制度和存货内部控制的有效性等情况,在评价被审计单位管理层制定的存货盘点程序的基础上,编制存货监盘计划,对存货监盘做出合理安排。

有效的存货监盘需要制订周密、细致的计划。为了避免误解并有助于有效地实施存货监盘,注册会计师通常需要与被审计单位就存货监盘等问题达成一致意见。因此,注册会计师首先应当充分了解被审计单位存货的特点、盘存制度和存货内部控制的有效性等情况，并考虑获取、审阅和评价被审计单位预定的盘点程序。根据计划过程所收集到的信息，有助于注册会计师合理确定参与监盘的地点以及存货监盘的程序。

（2）制订存货监盘计划应考虑的相关事项。在编制存货监盘计划时，注册会计师需要考虑以下事项：

①与存货相关的重大错报风险。存货通常具有较高水平的重大错报风险，影响重大错报风险的因素具体包括：存货的数量和种类、成本归集的难易程度、陈旧过时的速度或易损坏程度、遭受失窃的难易程度。由于制造过程和成本归集制度的差异，制造企业的存货与其他企业（如批发企业）的存货相比往往具有更高的重大错报风险，对于注册会计师审计工作而言则更具复杂性。外部因素也会对重大错报风险产生影响。例如，技术进步可能导致某些产品过时，从而导致存货价值更容易发生高估。以下类别的存货就可能增加审计的复杂性与风险：

——具有漫长制造过程的存货。制造过程漫长的企业（如飞机制造和酒类产品酿造企业）的审计重点包括递延成本、预期发生成本以及未来市场波动可能对当期损益的影响等事项。

——具有固定价格合约的存货。预期发生成本的不确定性是其重大审计问题。

——与时装相关的服装行业。由于服装产品的消费者对服装风格或颜色的偏好容易发生变化，因此，存货是否过时是重要的审计事项。

——鲜活、易腐商品存货。因为物质特性和保质期短暂，此类存货变质的风险很高。

——具有高科技含量的存货。由于技术进步，此类存货容易过时。

——单位价值高昂、容易被盗窃的存货。例如，珠宝存货的错报风险通常高于铁制纽扣之类存货的错报风险。

②与存货相关的内部控制的性质。在制订存货监盘计划时，注册会计师应当了解被审计单位与存货相关的内部控制，并根据内部控制的完善程度确定进一步审计程序的性质、时间安排和范围。与存货相关的内部控制涉及被审计单位供、产、销各个环节，包括采购、验收、仓储、领用、加工、装运出库等方面。需要说明的是，与存货内部控制相关的措施有很多，其有效程度也存在差异。

与采购相关的内部控制的总体目标是所有交易都已获得适当的授权与批准。使用购货订购单是一项基本的内部控制措施。购货订购单应当预先连续编号，事先确定采购价格并获得批准。此外，还应当定期清点购货订购单。

与存货验收相关的内部控制的总体目标是所有收到的商品都已得到记录。使用验收报告单是一项基本的内部控制措施。被审计单位应当设置独立的部门负责验收商品，该部门具有验收存货实物、确定存货数量、编制验收报告、将验收报告传送至会计核算部门以及运送商品至仓库等一系列职能。

与仓储相关的内部控制的总体目标是确保与存货实物的接触必须得到管理层的指示和批准。被审计单位应当采取实物控制措施，使用适当的存储设施，以使存货免受意外损毁、盗窃或破坏。

与领用相关的内部控制的总体目标是所有存货的领用均应得到批准和记录。使用存货领用单是一项基本的内部控制措施。对存货领用单，应当定期进行清点。

与加工（生产）相关的内部控制的总体目标是对所有的生产过程做出适当的记录。使用生产报告是一项基本的内部控制措施。在生产报告中,应当对产品质量缺陷和零部件使用及报废情况及时做出说明。

与装运出库相关的内部控制的总体目标是所有的装运都得到了记录。使用发运凭证是一项基本的内部控制措施。发运凭证应当预先编号,定期进行清点,并作为日后开具收款账单的依据。

被审计单位与存货实地盘点相关的内部控制通常包括:制订合理的存货盘点计划,确定合理的存货盘点程序,配备相应的监督人员,对存货进行独立的内部验证,将盘点结果与永续存货记录进行独立的调节,对盘点表和盘点标签进行充分控制。

③对存货盘点是否制订了适当的程序,并下达了正确的指令。注册会计师一般需要复核或与管理层讨论其存货盘点程序。在复核或与管理层讨论其存货盘点程序时,注册会计师应当考虑下列主要因素,以评价其能否合理地确定存货的数量和状况:盘点的时间安排;存货盘点范围和场所的确定;盘点人员的分工及胜任能力;盘点前的会议及任务布置;存货的整理和排列,对毁损、陈旧、过时、残次及所有权不属于被审计单位的存货的区分;存货的计量工具和计量方法;在产品完工程度的确定方法;存放在外单位的存货的盘点安排;存货收发截止的控制;盘点期间存货移动的控制;盘点表单的设计、使用与控制;盘点结果的汇总以及盘盈或盘亏的分析、调查与处理。

如果认为被审计单位的存货盘点程序存在缺陷,注册会计师应当提请被审计单位调整。

④存货盘点的时间安排。如果存货盘点在财务报表日以外的其他日期进行,注册会计师除实施存货监盘相关审计程序外,还应当实施其他审计程序,以获取审计证据,确定存货盘点日与财务报表日之间的存货变动是否已得到恰当的记录。

⑤被审计单位是否一贯采用永续盘存制。存货数量的盘存制度一般分为实地盘存制和永续盘存制。存货盘存制度不同,注册会计师需要做出的存货监盘安排也不同。如果被审计单位通过实地盘存制确定存货数量,则注册会计师要参加此种盘点。如果被审计单位采用永续盘存制,注册会计师应在年度中一次或多次参加盘点。

⑥存货的存放地点(包括不同存放地点的存货的重要性和重大错报风险),以确定适当的监盘地点。

如果被审计单位的存货存放在多个地点,注册会计师可以要求被审计单位提供一份完整的存货存放地点清单(包括期末库存量为零的仓库、租赁的仓库,以及第三方代被审计单位保管存货的仓库等),并考虑其完整性。根据具体情况下的风险评估结果,注册会计师可以考虑执行以下一项或多项审计程序:

——询问被审计单位除管理层和财务部门以外的其他人员,如营销人员、仓库人员等,以了解有关存货存放地点的情况;

——比较被审计单位不同时期的存货存放地点清单,关注仓库变动情况,以确定是否存在因仓库变动而未将存货纳入盘点范围的情况发生;

——检查被审计单位存货的出、入库单,关注是否存在被审计单位尚未告知注册会计师的仓库(如期末库存量为零的仓库);

——检查费用支出明细账和租赁合同,关注被审计单位是否租赁仓库并支付租金,如果有,该仓库是否已包括在被审计单位提供的仓库清单中;

——检查被审计单位“固定资产——房屋建筑物”明细清单,了解被审计单位可用于存放存货的房屋建筑物。

在获取完整的存货存放地点清单的基础上，注册会计师可以根据不同地点所存放存货的重要性以及对各个地点与存货相关的重大错报风险的评估结果（例如，注册会计师在以往审计中可能注意到某些地点存在存货相关的错报，因此，在本期审计时对其予以特别关注），选择适当的地点进行监盘，并记录选择这些地点的原因。

如果识别出由于舞弊导致的影响存货数量的重大错报风险，注册会计师在检查被审计单位存货记录的基础上，可能决定在不预先通知的情况下对特定存放地点的存货实施监盘，或在同一天对所有存放地点的存货实施监盘。

同时，在连续审计中，注册会计师可以考虑在不同期间的审计中变更所选择实施监盘的地点。

⑦是否需要专家协助。注册会计师可能不具备其他专业领域专长与技能。在确定资产数量或资产实物状况（如矿石堆），或在收集特殊类别存货（如艺术品、稀有玉石、房地产、电子器件、工程设计等）的审计证据时，注册会计师可以考虑利用专家的工作。

当在产品存货金额较大时，可能面临如何评估在产品完工程度的问题。注册会计师可以了解被审计单位的盘点程序，如果有关在产品的完工程度未被明确列出，注册会计师应当考虑采用其他有助于确定完工程度的措施，如获取零部件明细清单、标准成本表以及作业成本表，与工厂的有关人员进行讨论等，并运用职业判断。注册会计师也可以根据存货生产过程的复杂程度考虑利用专家的工作。

（3）存货监盘计划的主要内容。存货监盘计划应当包括以下主要内容：

①存货监盘的目标、范围及时间安排。存货监盘的主要目标包括获取被审计单位资产负债表日有关存货数量和状况以及有关管理层存货盘点程序可靠性的审计证据，检查存货的数量是否真实完整，是否归属被审计单位，存货有无毁损、陈旧、过时、残次和短缺等状况。

存货监盘范围的大小取决于存货的内容、性质以及与存货相关的内部控制的完善程度和重大错报风险的评估结果。

存货监盘的时间，包括实地察看盘点现场的时间、观察存货盘点的时间和对已盘点存货实施检查的时间等，应当与被审计单位实施存货盘点的时间相协调。

②存货监盘的要点及关注事项。存货监盘的要点主要包括注册会计师实施存货监盘程序的方法、步骤，各个环节应注意的问题以及所要解决的问题。注册会计师需要重点关注的事项包括盘点期间的存货移动、存货的状况、存货的截止确认、存货的各个存放地点及金额等。

③参加存货监盘人员的分工。注册会计师应当根据被审计单位参加存货盘点人员分工、分组情况、存货监盘工作量的大小和人员素质情况，确定参加存货监盘的人员组成以及各组成人员的职责和具体的分工情况，并加强督导。

④抽盘存货的范围。注册会计师应当根据对被审计单位存货盘点和对被审计单位内部控制的评价结果确定抽盘存货的范围。在实施观察程序后，如果认为被审计单位内部控制设计良好且得到有效实施，存货盘点组织良好，可以相应缩小实施抽盘的范围。

3. 存货监盘程序

在存货盘点现场实施监盘时，注册会计师应当实施下列审计程序。

（1）评价管理层用以记录和控制存货盘点结果的指令和程序。注册会计师需要考虑这些指令和程序是否包括下列方面：

①适当控制活动的运用，例如，收集已使用的存货盘点记录，清点未使用的存货盘点表单，实施盘点和复盘程序；

②准确认定在产品的完工程度，流动缓慢（呆滞）、过时或毁损的存货项目，以及第三方拥有的存货（如寄存货物）；

③在适用的情况下用于估计存货数量的方法，如可能需要估计煤堆的重量；

④对存货在不同存放地点之间的移动以及截止日前后出入库的控制。

一般而言，被审计单位在盘点过程中停止生产并关闭存货存放地点以确保停止存货的移动，有利于保证盘点的准确性。但特定情况下，被审计单位可能由于实际原因无法停止生产或收发货物。这种情况下，注册会计师可以根据被审计单位的具体情况考虑其无法停止存货移动的原因及其合理性。

同时，注册会计师可以通过询问管理层以及阅读被审计单位的盘点计划等方式，了解被审计单位对存货移动所采取的控制程序和对存货收发截止影响的考虑。例如，如果被审计单位在盘点过程中无法停止生产，可以考虑在仓库内划分出独立的过渡区域，将预计在盘点期间领用的存货移至过渡区域、对盘点期间办理入库手续的存货暂时存放在过渡区域，以此确保相关存货只被盘点一次。

在实施存货监盘程序时，注册会计师需要观察被审计单位有关存货移动的控制程序是否得到执行。同时，注册会计师可以向管理层索取盘点期间存货移动相关的书面记录以及出、入库资料作为执行截止测试的资料，以为监盘结束的后续工作提供证据。

（2）观察管理层制订的盘点程序（如对盘点时及其前后的存货移动的控制程序）的执行情况。这有助于注册会计师获取有关管理层指令和程序是否得到适当设计和执行的审计证据。尽管盘点存货时最好能保持存货不发生移动，但在某些情况下存货的移动是难以避免的。如果在盘点过程中被审计单位的生产经营仍将持续进行，注册会计师应通过实施必要的检查程序，确定被审计单位是否已经对此设置了相应的控制程序，确保在适当的期间内对存货做出了准确记录。

此外，注册会计师可以获取有关截止性信息（如存货移动的具体情况）的复印件，有助于日后对存货移动的会计处理实施审计程序。具体来说，注册会计师一般应当获取盘点日前后存货收发及移动的凭证，检查库存记录与会计记录期末截止是否正确。

注册会计师需要关注，所有在盘点日以前入库的存货项目是否均已包括在盘点范围内，所有已确认为销售但尚未装运出库的商品是否均未包括在盘点范围内。

在途存货和被审计单位直接向顾客发运的存货是否均已得到了适当的会计处理。

注册会计师通常可观察存货的验收入库地点和装运出库地点以执行截止测试。在存货入库和装运过程中采用连续编号的凭证时，注册会计师应当关注盘点日前的最后编号。如果被审计单位没有使用连续编号的凭证，注册会计师应当列出盘点日以前的最后几笔装运和入库记录。如果被审计单位使用运货车厢或拖车进行存储、运输或验收入库，注册会计师应当详细列出存货场地上满载和空载的车厢或拖车，并记录各自的存货状况。

（3）检查存货。在存货监盘过程中检查存货，虽然不一定能确定存货的所有权，但有助于确定存货的存在，以及识别过时、毁损或陈旧的存货。注册会计师应当把所有过时、毁损或陈旧存货的详细情况记录下来，这既便于进一步追查这些存货的处置情况，也能为测试被审计单位存货跌价准备计提的准确性提供证据。

（4）执行抽盘。在对存货盘点结果进行测试时，注册会计师可以从存货盘点记录中选取项目追查至存货实物，以及从存货实物中选取项目追查至盘点记录，以获取有关盘点记录准确性和完整性的审计证据。需要说明的是，注册会计师应尽可能避免让被审计单位事先了解将抽盘的存货项目。除记录注册会计师对存货盘点结果进行的测试情况外，获取管理层完成的存货盘点记录的复印件也有助于注册会计师日后实施审计程序，以确定被审计单位的期末存货记录是否准确地反映了存货的实际盘点结果。

注册会计师在实施抽盘程序时发现差异，很可能表明被审计单位的存货盘点在准确性或完整性方面存在错误。由于检查的内容通常仅仅是已盘点存货中的一部分，所以在检查中发现的错误很可能意味着被审计单位的存货盘点还存在着其他错误。一方面，注册会计师应当查明原因，并及时提请被审计单位更正；另一方面，注册会计师应当考虑错误的潜在范围和重大程度，在可能的情况下，扩大检查范围以减少错误的发生。注册会计师还可要求被审计单位重新盘点。重新盘点的范围可限于某一特殊领域的存货或特定盘点小组。

(5)需要特别关注的情况。

①存货盘点范围。在被审计单位盘点存货前，注册会计师应当观察盘点现场，确定应纳入盘点范围的存货是否已经适当整理和排列，并附有盘点标识，防止遗漏或重复盘点。对未纳入盘点范围的存货，注册会计师应当查明未纳入的原因。

对所有权不属于被审计单位的存货，注册会计师应当取得其规格、数量等有关资料，确定是否已单独存放、标明，且未被纳入盘点范围。在存货监盘过程中，注册会计师应当根据取得的所有权不属于被审计单位的存货的有关资料，观察这些存货的实际存放情况，确保其未被纳入盘点范围。即使在被审计单位声明不存在受托代存存货的情形下，注册会计师在存货监盘时也应当关注是否存在某些存货不属于被审计单位的迹象，以避免盘点范围不当。

②对特殊类型存货的监盘。对某些特殊类型的存货而言，被审计单位通常使用的盘点方法和控制程序并不完全适用。这些存货通常或者没有标签，或者其数量难以估计，或者其质量难以确定，或者盘点人员无法对其移动实施控制。在这些情况下，注册会计师需要运用职业判断，根据存货的实际情况，设计恰当的审计程序，对存货的数量和状况获取审计证据。表4－1列举了被审计单位特殊存货的类型、通常采用的盘点方法与存在的潜在问题，以及可供注册会计师实施的监盘程序。注册会计师在审计实务中，应当根据被审计单位所处行业的特点、存货的类别和特点以及内部控制等具体情况，并在通用的存货监盘程序基础上，设计关于特殊类型存货监盘的具体审计程序。

表4－1　特殊类型存货的监盘程序

存货类型	盘点方法与潜在问题	供实施的审计程序
木材、钢筋盘条、管子	通常无标签，但在盘点时会做上标记或用粉笔标识。 难以确定存货的数量或等级	检查标记或标识。 利用专家或被审计单位内部有经验人员的工作
堆积型存货（如糖、煤、钢废料）	通常既无标签也不做标记。 在估计存货数量时存在困难	运用工程估测、几何计算、高空勘测，并依赖详细的存货记录。 如果堆场中的存货堆不高，可进行实地监盘，或通过旋转存货堆加以估计

表4-1(续)

存货类型	盘点方法与潜在问题	供实施的审计程序
使用磅秤测量的存货	在估计存货数量时存在困难	在监盘前和监盘过程中均应检验磅秤的精确度,并留意磅秤的位置移动与重新调校程序。 将检查和重新称量程序相结合。 检查称量尺度的换算问题
散装物品(如贮窖存货,使用桶、箱、罐、槽等容器储存的液、气体、谷类粮食、流体存货等)	在盘点时通常难以识别和确定。 在估计存货数量时存在困难。 在确定存货质量时存在困难	使用容器进行监盘或通过预先编号的清单列表加以确定。 使用浸蘸、测量棒、工程报告以及依赖永续存货记录。 选择样品进行化验与分析,或利用专家的工作
贵金属、石器、艺术品与收藏品	在存货辨认与质量确定方面存在困难	选择样品进行化验与分析,或利用专家的工作
生产纸浆用木材、牲畜	在存货辨认与数量确定方面存在困难。 可能无法对此类存货的移动实施控制	通过高空摄影以确定其存在性,对不同时点的数量进行比较,并依赖永续存货记录

(6)存货监盘结束时的工作。在被审计单位存货盘点结束前,注册会计师应当:

①再次观察盘点现场,以确定所有应纳入盘点范围的存货是否均已盘点。

②取得并检查已填用、作废及未使用盘点表单的号码记录,确定其是否连续编号,查明已发放的表单是否均已收回,并与存货盘点的汇总记录进行核对。注册会计师应当根据自己在存货监盘过程中获取的信息对被审计单位最终的存货盘点结果汇总记录进行复核,并评估其是否正确地反映了实际盘点结果。

如果存货盘点日不是资产负债表日,注册会计师应当实施适当的审计程序,确定盘点日与资产负债表日之间存货的变动是否已得到恰当的记录。

在实务中,注册会计师可以结合盘点日至财务报表日之间间隔期的长短、相关内部控制的有效性等因素进行风险评估,设计和执行适当的审计程序。在实质性程序方面,注册会计师可以实施的程序示例包括:

①比较盘点日和财务报表日之间的存货信息以识别异常项目,并对其执行适当的审计程序(例如实地查看等);

②对存货周转率或存货销售周转天数等实施实质性分析程序;

③对盘点日至财务报表日之间的存货采购和存货销售分别实施双向检查(例如,对存货采购从入库单查至其相应的永续盘存记录及从永续盘存记录查至其相应的入库单等支持性文件,对存货销售从货运单据查至其相应的永续盘存记录及从永续盘存记录查至其相应的货运单据等支持性文件);

④测试存货销售和采购在盘点日和财务报表日的截止是否正确。

4. 特殊情况的处理。

（1）在存货盘点现场实施存货监盘不可行。在某些情况下，实施存货监盘可能是不可行的。这可能是由存货性质和存放地点等因素造成的，例如，存货存放在对注册会计师的安全有威胁的地点。然而，对注册会计师带来不便的一般因素不足以支持注册会计师做出实施存货监盘不可行的决定。审计中的困难、时间或成本等事项本身，不能作为注册会计师省略不可替代的审计程序或满足于说服力不足的审计证据的正当理由。

如果在存货盘点现场实施存货监盘不可行，注册会计师应当实施替代审计程序（如检查盘点日后出售盘点日之前取得或购买的特定存货的文件记录），以获取有关存货的存在和状况的充分、适当的审计证据。

但在其他一些情况下，如果不能实施替代审计程序，或者实施替代审计程序可能无法获取有关存货的存在和状况的充分、适当的审计证据，注册会计师需要按照《中国注册会计师审计准则第 1502 号——在审计报告中发表非无保留意见》的规定发表非无保留意见。

（2）因不可预见的情况导致无法在存货盘点现场实施监盘。有时，由于不可预见情况而可能导致无法在预定日期实施存货监盘。两种比较典型的情况：一是注册会计师无法亲临现场，即由于不可抗力导致其无法到达存货存放地实施存货监盘；二是气候因素，即由于恶劣的天气导致注册会计师无法实施存货监盘程序，或由于恶劣的天气无法观察存货，如木材被积雪覆盖，如果由于不可预见的情况无法在存货盘点现场实施监盘，注册会计师应当另择日期实施监盘，并对间隔期内发生的交易实施审计程序。

（3）由第三方保管或控制的存货。如果由第三方保管或控制的存货对财务报表是重要的，注册会计师应当实施下列一项或两项审计程序，以获取有关该存货存在和状况的充分、适当的审计证据：

①向持有被审计单位存货的第三方函证存货的数量和状况。

②实施检查或其他适合具体情况的审计程序。根据具体情况（如获取的信息使注册会计师对第三方的诚信和客观性产生疑虑），注册会计师可能认为实施其他审计程序是适当的。其他审计程序可以作为函证的替代程序，也可以作为追加的审计程序。

其他审计程序的示例包括：

第一，实施或安排其他注册会计师实施对第三方的存货监盘（如可行）。

第二，获取其他注册会计师或服务机构注册会计师针对用以保证存货得到恰当盘点和保管的内部控制的适当性而出具的报告。

第三，检查与第三方持有的存货相关的文件记录，如仓储单。

第四，当存货被作为抵押品时，要求其他机构或人员进行确认。

小提示：

存货监盘针对的主要是存货的存在认定、完整性认定以及权利和义务认定，注册会计师监盘存货的目的在于获取有关存货数量和状况的审计证据，以证实被审计单位记录的所有存货确实存在，已经反映了被审计单位拥有的全部存货，并属于被审计单位的合法财产。存货监盘作为存货审计的一项核心审计程序，通常可同时实现上述多项审计目标。

【例4-1】 B注册会计师接受委托,对常年审计客户丙公司2018年度财务报表进行审计。丙公司为玻璃制造企业,存货主要有玻璃、煤炭和烧碱,其中少量玻璃存放于外地公用仓库。另有丁公司部分水泥存放于丙公司的仓库。丙公司拟于2018年12月29日至12月31日盘点存货,以下是B注册会计师撰写的存货监盘计划的部分内容。

存货监盘计划

一、存货监盘的目标

检查丙公司2018年12月31日存货数量是否真实完整。

二、存货监盘范围

2018年12月31日库存的所有存货,包括玻璃、煤炭、烧碱和水泥。

三、监盘时间

存货的观察与检查时间均为2018年12月31日。

四、存货监盘的主要程序

1. 与管理层讨论存货监盘计划。

2. 观察丙公司盘点人员是否按照盘点计划盘点。

3. 检查相关凭证以证实盘点截止日前所有已确认为销售但尚未装运出库的存货均已纳入盘点范围。

4. 对于存放在外地公用仓库的玻璃,主要实施检查货运文件、出库记录等替代程序。

……

要求:

(1)请指出存货监盘计划中目标、范围和时间存在的错误,并简要说明理由;

(2)请判断存货监盘计划中列示的主要程序是否恰当,若不恰当,请予以修改。

【分析要点】

(1)存货监盘的目标不正确,应该是获取丙公司2018年12月31日有关存货数量和状况以及有关管理层存货盘点程序可靠性的审计证据,检查存货的数量是否真实完整,是否归属被审计单位,存货有无毁损、陈旧、残次和短缺等状况。

存货监盘的范围不正确,应该是2018年12月31日库存的玻璃、煤炭和烧碱,并不应该包括其他公司存放在本公司的水泥。

存货监盘的时间不正确,存货监盘的时间应该包括实地察看盘点现场的时间、观察存货盘点的时间和对已盘点存货实施检查的时间等,应当与被审计单位实施存货盘点的时间相协调,所以应为2018年12月29日至12月31日。

(2)程序1:“与管理层讨论存货监盘计划”不恰当,应该是与被审计单位管理层复核或讨论其存货盘点计划。

程序2:“观察丙公司盘点人员是否按照盘点计划盘点”是恰当的。

程序3:“检查相关凭证以证实盘点截止日前所有已确认为销售但尚未装运出库的存货均已纳入盘点范围”是不恰当的,应该是检查所有在截止日前已确认为销售但尚未装运出库的存货均未纳入盘点范围。

程序4:“对于存放在外地公用仓库的玻璃,主要实施检查装运文件、出库记录等替代程序”是不恰当的,应该主要通过函证或利用其他注册会计师工作等替代程序来进行查验。

（二）存货计价测试

存货监盘程序主要是对存货的数量进行测试。为验证财务报表上存货余额的真实性，还应当对存货的计价进行审计。存货计价测试包括两个方面：一是被审计单位所使用的存货单位成本是否正确；二是是否恰当计提了存货跌价损失准备。

在对存货的计价实施细节测试之前，注册会计师通常先要了解被审计单位本年度的存货计价方法与以前年度是否保持一致。如发生变化，变化的理由是否合理，是否经过适当的审批。

1. 存货单位成本测试。

针对原材料的单位成本，注册会计师通常基于企业的原材料计价方法（如先进先出法、加权平均法等），结合原材料的历史购买成本，测试其账面成本是否准确，测试程序包括核对原材料采购的相关凭证（主要是与价格相关的凭证，如合同、采购订单、发票等）以及验证原材料计价方法的运用是否正确。

针对产成品和在产品的单位成本，注册会计师需要对成本核算过程实施测试，包括直接材料成本测试、直接人工成本测试、制造费用测试和生产成本在当期完工产品与在产品之间分配的测试四项内容，具体如下：

（1）直接材料成本测试。对采用定额单耗的企业，可选择某一成本报告期若干种具有代表性的产品成本计算单，获取样本的生产指令或产量统计记录及其直接材料单位消耗定额，根据材料明细账或采购业务测试工作底稿中各种直接材料的单位实际成本，计算直接材料的总消耗量和总成本，与该样本成本计算单中的直接材料成本核对。

对未采用定额单耗的企业，可获取材料费用分配汇总表、材料发出汇总表（或领料单）、材料明细账（或采购业务测试工作底稿）中各种直接材料的单位成本，做如下检查：成本计算单中直接材料成本与材料费用分配汇总表中该产品负担的直接材料费用是否相符，分配标准是否合理；将抽取的材料发出汇总表或领料单中若干种直接材料的发出总量和各种材料的实际单位成本之积，与材料费用分配汇总表中各种材料费用进行比较。

对采用标准成本法的企业，获取样本的生产指令或产量统计记录、直接材料单位标准用量、直接材料标准单价及发出材料汇总表或领料单，检查下列事项：根据生产量、直接材料单位标准用量和标准单价计算的标准成本与成本计算单中的直接材料成本核对是否相符；直接材料成本差异的计算与账务处理是否正确。

（2）直接人工成本测试。对采用计时工资制的企业，获取样本的实际工时统计记录、员工分类表和员工工薪手册（工资率）及人工费用分配汇总表，做如下检查：成本计算单中直接人工成本与人工费用分配汇总表中该样本的直接人工费用核对是否相符；样本的实际工时统计记录与人工费用分配汇总表中该样本的实际工时核对是否相符；抽取生产部门若干天的工时台账与实际工时统计记录核对是否相符；当没有实际工时统计记录时，则可根据员工分类表及员工工薪手册中的工资率，计算复核人工费用分配汇总表中该样本的直接人工费用是否合理。

对采用计件工资制的企业，获取样本的产量统计报告、个人（小组）产量记录和经批准的单位工薪标准或计件工资制度，检查下列事项：根据样本的统计产量和单位工薪标准计算的人工费用与成本计算单中直接人工成本核对是否相符；抽取若干个直接人工（小组）的产量记录，检查是否被汇总记入产量统计报告。

对采用标准成本法的企业,获取样本的生产指令或产量统计报告、工时统计报告和经批准的单位标准工时、标准工时工资率、直接人工的工薪汇总表等资料,检查下列事项:根据产量和单位标准工时计算的标准工时总量与标准工时工资率之积同成本计算单中直接人工成本核对是否相符;直接人工成本差异的计算与账务处理是否正确,并注意直接人工的标准成本在当年内有无重大变更。

(3)制造费用测试。获取样本的制造费用分配汇总表、按项目分列的制造费用明细账、与制造费用分配标准有关的统计报告及其相关原始记录,做如下检查:制造费用分配汇总表中,样本分担的制造费用与成本计算单中的制造费用核对是否相符;制造费用分配汇总表中的合计数与样本所属成本报告期的制造费用明细账总计数核对是否相符;制造费用分配汇总表选择的分配标准(机器工时数、直接人工工资、直接人工工时数、产量等)与相关的统计报告或原始记录核对是否相符,并对费用分配标准的合理性做出评估;如果企业采用预计费用分配率分配制造费用,则应针对制造费用分配过多或过少的差额,检查其是否做了适当的账务处理;如果企业采用标准成本法,则应检查样本中标准制造费用的确定是否合理,计入成本计算单的数额是否正确,制造费用差异的计算与账务处理是否正确,并注意标准制造费用在当年度内有无重大变更。

(4)生产成本在当期完工产品与在产品之间分配的测试。检查成本计算单中在产品数量与生产统计报告或在产品盘存表中的数量是否一致;检查在产品约当产量计算或其他分配标准是否合理;计算复核样本的总成本和单位成本。

2. 存货跌价损失准备的测试。

注册会计师在测试存货跌价损失准备时,需要从以下两个方面进行测试:

(1)识别需要计提跌价损失准备的存货项目。

注册会计师可以通过询问管理层和相关部门(生产、仓储、财务、销售等)员工,了解被审计单位如何收集有关滞销、过时、陈旧、毁损、残次存货的信息并为之计提必要的跌价损失准备。如被审计单位编制存货货龄分析表,则可以通过审阅分析表识别滞销或陈旧的存货。此外,注册会计师还要结合存货监盘过程中检查存货状况而获取的信息,来判断被审计单位的存货跌价损失准备计算表是否有遗漏。

(2)检查可变现净值的计量是否合理。

在存货计价审计中,由于被审计单位对期末存货采用成本与可变现净值孰低的方法计价,所以注册会计师应充分关注其对存货可变现净值的确定及存货跌价准备的计提。

可变现净值是指企业在日常活动中,存货的估计售价减去至完工时估计将要发生的成本、估计的销售费用以及相关税费后的金额。企业确定存货的可变现净值,应当以取得的确凿证据为基础,并且考虑持有存货的目的以及资产负债表日后事项的影响等因素。注册会计师应抽样检查可变现净值确定的依据,相关计算是否正确。

第四节　应付职工薪酬审计

职工薪酬是企业支付给员工的劳动报酬,其主要核算方式有计时制和计件制两种。职工薪酬常采用现金的形式支付,因而相对于其他业务更容易发生错误或舞弊行为,例如虚报冒领和贪污等。同时,职工薪酬是构成企业成本费用的重要项目,所以在审计中显得十分重要。

一、应付职工薪酬的审计目标

应付职工薪酬的审计目标一般包括:确定期末应付职工薪酬是否存在;确定应付职工薪酬计提和支出依据是否合理,记录是否完整;确定期末应付职工薪酬是否是被审计单位应履行的现实支付义务;确定应付职工薪酬期末余额是否正确;确定应付职工薪酬是否做出恰当的列报。

二、应付职工薪酬的审计程序

(一)获取或编制应付职工薪酬明细表

获取或编制应付职工薪酬明细表,复核加计正确,并与报表数、总账数和明细账合计数核对相符。

(二)对本期职工薪酬实行分析程序

1. 针对已识别需要运用分析程序的有关项目,并基于对被审计单位及其环境的了解,通过进行以下比较,同时考虑有关数据间关系的影响,以建立有关数据的期望值。

(1)比较被审计单位员工人数的变动情况,检查被审计单位各部门各月工薪费用的发生额是否有异常波动,若有,则查明波动原因是否合理;

(2)比较本期与上期工薪费用总额以及预期的工薪费用总额,要求被审计单位解释其增减变动或差异原因,或取得公司管理层关于员工工薪标准的决议;

(3)比较社会保险费(包括医疗、养老、失业、工伤、生育保险费)、住房公积金、工会经费和辞退福利等项目的本期实际计提数与按照相关规定独立计算的预期计提数,要求被审计单位解释其增减变动或差异原因;

(4)核对下列相互独立部门的相关数据:工薪部门记录的工薪支出与出纳记录的工薪支付数,工薪部门记录的工时与生产部门记录的工时;

(5)比较本期应付职工薪酬余额与上期应付职工薪酬余额,判断是否有异常变动。

2. 确定可接受的差异额。

3. 将实际的情况与期望值相比较,识别需要进一步调查的差异。

4. 如果其差额超过可接受的差异额,调查并获取充分的解释和恰当的佐证审计证据(如通过检查相关的凭证)。

5. 评估实质性分析程序的测试结果。

(三)检查工薪、奖金、津贴和补贴

1. 计提是否正确,依据是否充分。将执行的工薪标准与有关规定核对,并对工薪总额进行测试;被审计单位如果实行工效挂钩的,应取得有关主管部门确认的效益工薪发放额认定证明,结合有关合同文件和实际完成的指标,检查其计提额是否正确,是否应做纳税调整;结合员工社保缴纳情况,明确被审计单位员工范围,检查是否与关联公司员工工薪混淆列支。

2. 检查分配方法与上年是否一致。除因解除与职工的劳动关系给予的补偿直接计入管理费用外,被审计单位是否根据职工提供服务的受益对象,分别下列情况进行处理:

(1)应由生产产品、提供劳务负担的职工薪酬,计入产品成本或劳务成本;

(2)应由在建工程、无形资产负担的职工薪酬,计入相关资产成本;

(3)被审计单位为外商投资企业,按规定从净利润中提取的职工奖励及福利基金,是否以董事会决议为依据,是否相应记入"利润分配——提取的职工奖励及福利基金"科目;

(4)其他职工薪酬,是否计入当期损益。

3. 检查发放金额是否正确,代扣的款项及其金额是否正确。

4. 检查是否存在属于拖欠性质的职工薪酬,并了解拖欠的原因。

(四)检查社会保险费等

检查社会保险费(包括医疗、养老、失业、工伤、生育保险费)、住房公积金、工会经费等计提(分配)和支付(使用)的会计处理是否正确,依据是否充分。

(五)检查辞退福利

1. 对于职工没有选择权的辞退计划,检查按辞退职工数量、辞退补偿标准计提辞退福利负债金额是否正确。

2. 对于自愿接受裁减的建议,检查按接受裁减建议的预计职工数量、辞退补偿标准(该标准确定)等计提辞退福利负债金额是否正确。

3. 检查实质性辞退工作在一年内完成,但付款时间超过一年的辞退福利,是否按折现后的金额计量,折现率的选择是否合理。

4. 检查计提辞退福利负债的会计处理是否正确,是否将计提金额计入当期管理费用。

5. 检查辞退福利支付凭证是否真实正确。

(六)检查非货币性福利

1. 检查以自产产品发放给职工的非货币性福利,是否根据受益对象,按照该产品的公允价值,计入相关资产成本或当期损益,同时确认应付职工薪酬;对于难以认定受益对象的非货币性福利,是否直接计入当期损益和应付职工薪酬。

2. 检查无偿向职工提供住房的非货币性福利,是否根据受益对象,将该住房每期应计提的折旧计入相关资产成本或当期损益,同时确认应付职工薪酬。对于难以认定受益对象的非货币性福利,是否直接计入当期损益和应付职工薪酬。

3. 检查租赁住房等资产供职工无偿使用的非货币性福利,是否根据受益对象,将每期应付的租金计入相关资产成本或当期损益,并确认应付职工薪酬。对于难以认定受益对象的非货币性福利,是否直接计入当期损益和应付职工薪酬。

(七)检查以现金与职工结算的股份支付

1. 检查授予后立即可行权的以现金结算的股份支付,是否在授予日以企业承担负债的公允价值计入相关成本或费用。

2. 检查完成等待期内的服务或达到规定业绩条件以后才可行权的以现金结算的股份支付,在等待期内的每个资产负债表日,是否以对可行权情况的最佳估计为基础,按照企业承担负债的公允价值金额,将当期取得的服务计入成本或费用。在资产负债表日,后续信息表明企业当期承担债务的公允价值与以前估计不同的,是否进行调整,并在可行权日调整至实际可行权水平。

3. 检查在行权日,实际以现金结算的股份支付金额是否正确,会计处理是否恰当。

(八)检查应付职工薪酬的期后付款情况

检查应付职工薪酬的期后付款情况,并关注在资产负债表日至财务报表批准报出日之间,是否有确凿证据表明需要调整资产负债表日原确认的应付职工薪酬事项。

(九)检查应付职工薪酬是否已做出恰当的列报

1. 检查是否在附注中披露与职工薪酬有关的下列信息:

(1)应当支付给职工的工薪、奖金、津贴和补贴,及其期末应付未付金额;

(2)应当为职工缴纳的医疗、养老、失业、工伤和生育等社会保险费,及其期末应付未付金额;

(3)应当为职工缴存的住房公积金,及其期末应付未付金额;

(4)为职工提供的非货币性福利,及其计算依据;

(5)应当支付的因解除劳动关系给予的补偿,及其期末应付未付金额;

(6)其他职工薪酬。

2. 检查因自愿接受裁减建议的职工数量、补偿标准等不确定而产生的预计负债(应付职工薪酬),是否按照《企业会计准则第13号——或有事项》进行列报。

第五节 其他相关项目审计

一、管理费用的审计程序

(一)取得或编制管理费用明细表

取得或编制管理费用明细表、复核加计正确,与报表数、总账数及明细账合计数核对是否相符。

(二)检查管理费用项目的核算内容与范围是否符合规定

管理费用是指企业为组织和管理生产经营发生的各种费用,包括企业在筹建期间内发生的开办费、董事会和行政管理部门在企业的经营管理中发生的以及应由企业统一负担的公司经费(包括行政管理部门职工薪酬、物料消耗、低值易耗品摊销、办公费和差旅费等)、行政管理部门负担的工会经费、董事会费(包括董事会成员津贴、会议费和差旅费等)、聘请中介机构费、咨询费(含顾问费)、诉讼费、业务招待费、技术转让费、研究费用等。企业生产车间(部门)和行政管理部门发生的固定资产修理费用等后续支出,也作为管理费用核算。注册会计师可根据管理费用的组成内容检查管理费用项目的核算内容与范围是否符合规定。

(三)执行分析程序

将本期、上期管理费用各明细项目做比较分析,必要时比较各月份管理费用,对有重大波动和异常情况的项目应查明原因，考虑是否提请被审计单位调整。

（四）抽查管理费用明细账记录

将在管理费中列支的职工薪酬、研究费用、折旧费以及无形资产、长期待摊费用等与相关科目进行交叉勾稽，并做出相应记录。

（五）抽查大额或异常的管理费用

选择管理费用中数额较大，以及本期与上期相比变化异常的项目追查至原始凭证，应关注：差旅费支出是否符合企业开支标准及报销手续；咨询费支出是否符合规定；有无诉讼费及赔偿款项支出，并注意是否存在或有损失；无形资产的摊销额和筹建期间内发生的开办费核算是否符合规定；支付外资机构的特许权使用费支出是否超过规定限额，必要时应建议做纳税调整；上交母公司或其他关联方的管理费用是否有合法的单据及证明文件；检查大额支出、不均匀支出和有疑问支出的内容和审批手续、权限是否符合有关规定；检查库存现金、存货等流动资产的盘盈盘亏处理是否符合规定；复核本期发生的车船使用税、印花税等税费会计处理是否正确；对管理费用中的其他支出内容，关注有无不正常开支。

（六）管理费用截止测试

抽取资产负债表日前后一定数量的凭证，实施截止测试，对于重大跨期项目，应建议做必要调整。

（七）检查管理费用是否恰当列报

注册会计师应检查企业管理费用是否已按照企业会计准则的规定在财务报表中恰当的得到列报。

二、财务费用的审计程序

财务费用是指企业为筹集生产经营所需资金等而发生的筹资费用，包括利息支出（减利息收入）、汇总损益以及相关的手续费、企业发生的现金折扣或收到的现金折扣等。

（一）取得或编制财务费用明细表

取得或编制财务费用明细表，复核加计正确，与报表数、总账数及明细账合计数核对是否相符。

（二）检查财务费用项目的核算内容与范围是否符合规定

财务费用是指企业为筹集生产经营所需资金等而发生的筹资费用。一般包括利息收入、利息支出、汇兑损失、汇兑收益、金融机构手续费等。注册会计师可根据财务费用的组成内容检查财务费用项目的核算内容与范围是否符合规定。

（三）执行分析程序

将本期、上期财务费用各明细项目做比较分析，必要时比较各月份财务费用，对有重大波动和异常情况的项目应查明原因，考虑是否提请被审计单位调整。

（四）抽查财务费用明细账记录

将在财务费用中列支的利息支出、汇兑损益、相关手续费等与相关科目进行交叉勾稽，并做出相应记录。

（五）抽查大额或异常的财务费用

一般来说，财务费用在每个月份的发生是均衡的，波动较小。注册会计师应对大额或异常的财务费用进行详细的检查，从中发现财务费用存在的问题。

【例4-2】 审计人员在审阅美丰股份有限公司财务费用明细账时，发现在2018年10月份的利息支出栏内，只有利息支出而无利息收入。

经查，该公司10月份银行存款日记账始终有存款余额，调阅核实该月份银行对账单，美丰公司利息收入5 273元；企业用235号转账支票支付茂盛商店的加工费5 273元，该笔加工费记入茂盛商店的“其他应付款”账户，并已在11月初以现金支付，领款人为美丰股份有限公司的出纳员景明。

经多方证实，除留给茂盛商店出纳员手续费273元外，其余5 000元均被美丰公司出纳员侵占。审计人员责成企业收回该笔利息收入5 273元，并对出纳员予以行政处罚。

三、销售费用的审计程序

销售费用是指企业销售商品和材料、提供劳务的过程中发生的各种费用，包括保险费、包装费、展览费和广告费、商品维修费、预计产品质量保证损失、运输费、装卸费等以及为销售本企业商品而专设的销售机构（含销售网点、售后服务网点等）的职工薪酬、业务费、折旧费、固定资产修理费等经营费用。

（一）取得或编制销售费用明细表

取得或编制销售费用明细表，复核加计正确，与报表数、总账数及明细账合计数核对是否相符。

（二）检查销售费用项目的核算内容与范围是否符合规定

销售费用是指企业在销售商品和材料、提供劳务过程中发生的各项费用，包括保险费、包装费、展览费和广告费、商品维修费、预计产品质量保证损失、运输费、装卸费等以及为销售本企业商品而专设的销售机构（含销售网点、售后服务网点等）的职工薪酬、业务费、折旧费等经营费用。企业发生的与专设销售机构相关的固定资产修理费用等后续支出也属于销售费用。注册会计师可根据销售费用的组成内容检查销售费用项目的核算内容与范围是否符合规定。

（三）执行分析程序

将本期、上期销售费用各明细项目做比较分析，必要时比较各月份财务费用，对有重大波动和异常情况的项目应查明原因，考虑是否提请被审计单位调整。

(四)抽查销售费用明细账记录

将在销售费用中列支的保险费、包装费、展览费、广告费、商品维修费、预计产品质量保证损失、运输费、装卸费等与相关科目进行交叉勾稽,并做出相应记录。

(五)抽查大额或异常的销售费用

一般来说,销售费用在每个月份的发生是均衡的,波动较小。注册会计师应对大额或异常的销售费用进行详细的检查,从中发现销售费用存在的问题。

【例4-3】 审计人员在审查美丰股份有限公司2018年8月销售费用明细账时,发现如下记录:

(1)销售部人员的差旅费3 726元。

(2)招待客户的费用2 453元。

问:企业的会计处理是否正确?请提出审计处理意见。

【分析要点】

企业的会计处理不正确。按有关规定,以上两项费用均应列入"管理费用"账户。审计人员抽查有关会计凭证,审阅有关账簿记录,询问有关会计人员,证实销售人员的差旅费是由于财务处理失误而发生的差错;招待客户的费用是由于管理费用中的业务招待费已超过开支限额而挤入销售费用的。审计人员责成企业按会计制度的规定予以冲转,调整有关账簿记录。

四、营业外支出的审计程序

营业外支出是指企业发生的与其日常活动无直接关系的各项损失,主要包括非流动资产处置损失、非货币性资产交换损失、债务重组损失、公益性捐赠支出、非常损失、盘亏损失、罚款支出等。具体审计程序如下:

(一)获取或编制营业外支出明细表

注册会计师应获取或编制营业外支出明细表,复核加计正确,并与报表数、总账数及明细账合计数核对是否相符。

(二)检查营业外支出核算内容是否符合会计准则的规定

营业外支出是指企业发生的与其日常活动无直接关系的各项损失,主要包括非流动资产毁损报废损失、捐赠支出、盘亏损失、非常损失、罚款支出、债务重组损失等。注册会计师应根据营业外支出的组成检查营业外支出核算内容是否符合会计准则的规定。

(三)对营业外支出的各项目的相关账户记录进行核对,并追查至相关原始凭证

营业外支出属于企业正常业务以外发生的支出,注册会计师应详细核对企业营业外支出相关账户记录,追查至相关的原始凭证和相关合同。

(四)检查是否存在非公益性捐赠支出,必要时进行应纳税所得额调整

公益性和非公益性捐赠支出在会计上都计入营业外支出,但在纳税时有区别,公益性捐赠可以在税前按照一定比例扣除,非公益性捐赠不允许在税前扣除,因此,注册会计师应检查企业是否存在非公益性捐赠支出,必要时进行应纳税所得额调整。

(五)对非常损失应详细检查有关资料、被审计单位实际损失和保险理赔情况及审批文件。检查有关会计处理是否正确

非常损失是指企业对于因客观因索(如自然灾害等)造成的损失,扣除保险公司赔偿后应计入营业外支出的净损失。注册会计师应检查计入非常损失的是否是因客观因素(不可抗力)造成的损失,应详细检查有关资料、被审计单位实际损失和保险理赔情况及审批文件。检查有关会计处理是否正确。

(六)检查营业外支出的披露是否恰当

注册会计师应检查营业外支出是否已按照企业会计准则的规定进行恰当的披露,特别需要关注营业外支出产生原因的披露是否充分、合理。

【例4-4】 美丰股份有限公司2018年利润表列示的利润总额为180万元。该公司2018度曾遭受洪水灾害,固定资产损失的原价为21万元,损失资产部分已提折旧8万元;原材料损失9万元;该公司记入“营业外支出——非常损失”账户的数额为22万元。审计人员经审查发现,保险公司曾对该公司支付过10万元的保险理赔,公司将此笔赔偿收入记入了“资本公积”账户。

要求:请审计人员对该公司的上述业务发表审计意见。

【分析要点】

该公司由于水灾而实际造成的损失额虽为22万元,但由于已得到了10万元保险公司理赔,其实际净损失只为12万元。因此,该公司将损失全部列入营业外支出不符合规定。审计人员应要求该公司调整年度利润,并按规定补交所得税。

本章小结

1. 存货监盘是指注册会计师现场观察被审计单位存货的盘点,并对已盘点的存货进行适当检查。

2. 存货监盘的目的是获取有关存货数量和状况的审计证据。

3. 在存货盘点现场实施监盘时,注册会计师应当实施下列审计程序:评价管理层用以记录和控制存货盘点结果的指令和程序;观察管理层制订的盘点程序的执行情况;检查存货;执行抽盘。

练　习　题

一、单项选择题

1. 对贵金属进行监盘时,注册会计师采用的审计程序是(　　)。

A. 选择样品进行化验与分析,或利用专家的工作

B. 运用工程估测、几何计算、高空勘测,并依赖详细的存货记录

C. 通过高空摄影以确定其存在性,对不同时点的数量进行比较,并依赖永续存货记录

D. 利用专家或被审计单位内部有经验人员的工作

2. ABC 会计师事务所的注册会计师 A 和 B 负责审计 X 公司 2018 年的财务报表,A 和 B 注册会计师在对存货实施监盘程序时,以下做法中,注册会计师不应选择的审计程序是(　　)。

A. 对于已作质押的存货,向债权人函证与被质押存货相关的内容

B. 对于受托代存的存货,实施向存货所有权人函证等审计程序

C. 对于因性质特殊而无法监盘的存货,实施向顾客或供应商函证等审计程序

D. X 公司相关人员完成存货盘点后,注册会计师进入存货存放地点对已盘点存货实施检查程序

3. ABC 会计师事务所的注册会计师 A 和 B 负责审计 X 公司 2018 年的财务报表,A 和 B 注册会计师拟实施的以下存货监盘程序中,与检查存货盘点记录的完整性不相关的是(　　)。

A. 从存货盘点记录中选取项目追查至存货实物

B. 从存货实物中选取项目追查至存货盘点记录

C. 在存货盘点过程中关注存货的移动情况

D. 在存货盘点结束前,再次观察盘点现场

4. 在对存货实施抽查程序时,以下做法中,B 注册会计师应该选择的是(　　)。

A. 尽量将难以盘点或隐蔽性较大的存货纳入抽查范围

B. 事先就拟抽取测试的存货项目与乙公司沟通,以提高存货监盘的效率

C. 从存货盘点记录中选取项目追查至存货实物,以测试盘点记录的完整性

D. 如果盘点记录与存货实物存在差异,要求乙公司更正盘点记录

5. 如果将与存货相关的内部控制评估为高风险,B 注册会计师可能(　　)。

A. 增加测试与存货相关的内部控制的范围

B. 要求乙公司在期末实施存货盘点

C. 在期末前或后实施存货监盘程序,并测试盘点日至期末发生的存货交易

D. 检查购货、生产、销售的记录和凭证,以确定期末存货余额

二、多项选择题

1. 领料单通常一式三联,分别用于(　　)。

A. 连同材料交给领料部门　　　　B. 存在仓库登记材料明细账

C. 交会计部门进行材料收发核算和成本核算　D. 交验收部门用于检验材料是否合格

2. 生产计划部门根据(　　)来决定生产授权。

A. 客户订购单　B. 管理费用预算

C. 财务费用预算　D. 销售预测和产品需求的分析

3. 下列选项中,属于存货监盘计划内容的有(　　)。

A. 存货监盘的目标　B. 存货监盘的范围

C. 存货监盘的要点及关注　D. 检查存货的范围

4. 下列属于存货监盘的目标的有(　　)。

A. 获取被审计单位资产负债表日有关存货数量和状况以及有关管理层存货盘点程序可靠性的审计证据

B. 对存货进行计价测试

C. 检查存货的数量是否真实完整

D. 检查存货有无毁损、陈旧、过时、残次和短缺等状况

5. 存货监盘范围的大小取决于(　　)。

A. 存货的内容　B. 存货的性质

C. 与存货相关的内部控制的完善程度　D. 重大错报风险的评估结果

6. 下列属于存货监盘程序的有(　　)。

A. 评价管理层用以记录和控制存货盘点结果的指令和程序

B. 盘点存货数量

C. 对纳入存货盘点范围的存货做出标识

D. 观察管理层制订的盘点程序的执行情况

7. 针对存货监盘的特殊情况,下列说法中不正确的有(　　)。

A. 如果在存货盘点现场实施存货监盘不可行,注册会计师应当实施替代审计程序以获取有关存货的存在和状况的充分、适当的审计证据

B. 如果在存货盘点现场实施存货监盘不可行,并且不能实施替代审计程序,或者实施替代审计程序可能无法获取有关存货的存在和状况的充分、适当的审计证据,注册会计师应当解除业务约定

C. 如果在存货盘点现场实施存货监盘不可行,并且不能实施替代审计程序,或者实施替代审计程序可能无法获取有关存货的存在和状况的充分、适当的审计证据,注册会计师需要按照准则的要求发表非无保留意见

D. 如果由于不可预见的情况无法在存货盘点现场实施监盘,注册会计师应当实施替代审计程序

三、判断题

1. 为提高作业效率,可将存货保管与记录完全交由仓库部门处理。(　　)

2. 注册会计师应在企业盘点人员盘点后,根据自己观察的情况,在盘点标签尚未取下之前,进行复盘抽点。(　　)

3. 存货的监盘是重要的审计程序,因此,注册会计师应亲自制订盘点计划。(　　)

4. 凡 12 月 31 日后收到的材料或验收的产品,均不应计入决算日报表。(　　)

5. 存货期末盘点是被审计单位存货内部控制的基本要求,但注册会计师也应承担相应

的责任。(　　)

四、简答题

1. 审计人员为何应对存货进行监盘?如何实施监盘程序?
2. 审计人员为何进行存货截止测试?如何进行截止测试?
3. 存货监盘的替代审计程序有哪些?
4. 如何审查应付职工薪酬?

五、分析题

1. W注册会计师负责对乙上市公司2018年度财务报表进行审计。乙公司为纺织企业,期末存货占资产总额比重较大,存货包括棉花、棉纱和布匹。乙公司对存货核算采用永续盘存制,与存货相关的内部控制比较薄弱。乙公司拟于2018年11月28—30日盘点存货,盘点工作和盘点监督工作分别由熟悉相关业务且具有独立性的人员执行。W注册会计师审计过程中遇到的部分相关事项内容如下:

(1)在风险评估过程中,发现与存货相关的内部控制比较薄弱,但是存货单位价值不高,将存货认定层次重大错报风险评估为低水平。

(2)存货盘点时间:11月28日,盘点棉花;11月29日,盘点棉纱;11月30日,盘点布匹。

(3)为了保证监盘的效率,与乙公司管理层讨论存货监盘计划。

(4)对以标准规格包装箱包装的存货,监盘人员根据包装箱的数量及每箱的标准容量直接计算确定存货的数量。

(5)盘点存货时,设计预先编号的一式两联的盘点标签。使用时,由负责盘点存货的人员将一联粘贴在已盘点的存货上,另一联由其留存;盘点结束后,连同存货盘点表交存财务部门。

(6)盘点结束后,对出现盘盈或盘亏的存货,由仓库保管员将存货实物数量和仓库存货记录调节相符。

要求:

针对上述第(1)至第(6)项,逐项判断各项是否存在不当之处。如果存在不当之处,简要说明理由并提出改进建议。

2. 甲公司是ABC会计师事务所的常年审计客户,A注册会计师是甲公司2018年度财务报表审计业务的项目合伙人。在对甲公司2018年12月31日的存货进行监盘时,发现部分存货的财务明细账、仓库明细账、实物监盘三者的数量不一致,相关资料如下:

(1)甲产品的财务明细账数量高于仓库明细账和实物监盘数量;

(2)乙材料的仓库明细账数量低于账务明细账和实物监盘数量。

要求:

(1)根据监盘结果,逐项分析存货数量差异可能存在的主要原因。

(2)针对存货的财务明细账数量与实物监盘数量不一致情况,简要说明应当实施哪些必要的审计程序。

3. A注册会计师是X公司2018年度财务报表审计业务的项目合伙人。在审计过程中,需要考虑与存货监盘相关的事项。

X 公司为冶金企业，其存货主要包括矿石、焦炭和各种型号的铁锭。为存放存货，X 公司斥资租赁了一片方圆 4 平方公里的料场。虽因场地面积太大无法砌围墙，但 X 公司专门雇用了一位责任心很强的退休职工昼夜看护。

为便于存货存储、运输与管理，X 公司从冶炼分厂到料场修建了 1 公里长的专用公路，并规定所有进出车辆均须经严格的磅秤计量和查点登记。

与存货监盘相关的情况如下：

（1）根据对 X 公司及其环境的了解，A 注册会计师认为 X 公司与存货相关的内部控制具有较低的控制风险。

（2）具体审计计划要求审计项目组先后两次在料场实施观察程序。第一次是监盘的前一天，即 2018 年 12 月 31 日，目的是观察存货是否已经适当整理和排列，并附有盘点标识；第二次是监盘当日现场观察 X 公司盘点人员对存货的盘点，目的是评价管理层用以记录和控制存货盘点结果的指令和程序是否恰当。

（3）执行抽盘时，A 注册会计师从存货实物中选取样本追查到盘点记录。抽盘结束后，对发现的差异进行了汇总。

（4）在汇总了抽盘中发现的差异后，因折合的差异金额明显低于存货的可容忍误差，合理确信存货项目不存在重大错报。

要求：

（1）针对上述四种情况，假定各种情况之间互不相关，请逐一指出其中存在的问题，并简要说明理由。

（2）针对 X 公司存货的具体特点，指出针对存货存在认定的可供选择的监盘程序。

第五章　筹资与投资循环审计

学习目标

1. 熟悉筹资与投资循环的主要业务活动、所涉及的主要凭证与会计记录。
2. 明确筹资与投资循环控制测试的内容及程序。
3. 掌握筹资审计的内容及审计程序。
4. 掌握投资审计的内容及审计程序。

重要概念

筹资活动;投资活动;成本法;权益法;投资收益

第一节　筹资与投资循环概述

一、筹资与投资循环的特点

筹资与投资循环由筹资活动和投资活动的交易事项构成。筹资活动是指企业为满足生存和发展的需要,通过改变企业资本及债务规模和构成而筹集资金的活动。主要由借款和股东权益组成。投资活动是指企业为享有被投资单位分配的利润,或为谋求其他利益,将资产让渡给其他单位而获得另一项资产的活动。主要由权益性投资和债权性投资组成。筹资与投资循环具有如下特征:

1. 对一般工商企业而言,与其他循环相比,企业每年筹资与投资循环涉及的交易数量较少,而每笔交易的金额通常较大。这就决定了该循环涉及的财务报表项目审计,更可能采用实质性方案。

2. 筹资活动在遵守国家法律、法规和相关契约的规定下进行。例如,债务契约可能限定借款人向股东分配利润,或规定借款单位的流动比率和速动比率不能低于某一水平。注册会计师了解被审计单位的筹资活动,可能对评估财务报表舞弊的风险、从性质角度考虑审计重要性、评估持续经营假设的适用性等有重要影响。

3. 漏记或不恰当地对一笔业务进行会计处理,将会导致重大错误,从而对企业财务报表的公允反映产生较大的影响。例如,对于从事衍生金融工具交易的企业而言,尤为如此。公允价值的确定和交易记录的完整性可能存在重大错报风险。

二、筹资与投资涉及的主要业务活动

(一)筹资所涉及的主要业务活动

1. 审批授权。企业通过借款筹集资金需经管理层的审批,其中债券的发行每次均要由

董事会授权;企业发行股票必须依据国家有关法规或企业章程的规定,报经企业最高权力机构(如董事会)及国家有关管理部门批准。

2. 签订合同或协议。向银行或其他金融机构融资须签订借款合同,发行债券须签订债券契约和债券承销或包销合同。

3. 取得资金。企业实际取得银行或金融机构划入的款项或债券、股票的融入资金。

4. 计算利息或股利。企业应按有关合同或协议的规定,及时计算利息或股利。

5. 偿还本息或发放股利。银行借款或发行债券应按有关合同或协议的规定偿还本息,对融入的股本根据股东大会的决定发放股利。

(二)投资所涉及的主要业务活动

针对权益性投资的购买和出售的业务活动应当包括:

1. 投资交易的发生

由管理层对所有投资交易进行授权。交易的数量越多,授权程序必须越正式。投资的销售(售出)业务由下列文件支持:经纪人的销售公告、合同,董事会批准非上市性投资业务销售的会议纪要,高级员工核对收据和银行存款的详细信息。这一职能应当与投资销售业务的批准和记录分开。

2. 有价证券的收取和保存

企业所收到的凭证和有价证券应当保存在其经纪人处或由企业的银行保存在保管箱里。

注册会计师应当对这些凭证和有价证券的真实性以及管理层伪造或修改这些凭证和有价证券的风险保持警惕。如果注册会计师怀疑可能存在上述情况,则应当从被投资企业获取询证函以确定被审计单位是否真正投资。

3. 投资收益的取得

企业收到股利和利息支票时应当予以记录并追查至银行存款单。如果企业发生了大量的投资活动,企业应当设立单独的银行账户,所有的投资收益都应当存入该账户。如果企业的经纪人安全保管着其上市股票凭证,应当由经纪人直接收取股利并存入企业的银行账户。企业应当针对相关银行账户定期编制调节表。

股利收据应当在投资账户中记录,包括股利的金额和日期:宣告日期、最后行权日和支付日期。这应由高级员工定期复核,以确保所收取和记录的股利收入的完整性。

利息收入一般应当与债务性投资合同和支付安排一致。高级员工应当确保所收到的利息计算正确且已存入。应当考虑确保利息在财务期间截止和分摊的正确性。

4. 监控程序

管理层的定期复核应当包括:

(1)定期计算持有股票凭证或有价证券的月度报表,并与投资账户余额(提供有价证券存在性的证据)相比较。

(2)检查所有的购买和销售交易,如果交易的数量有限则检查授权的证据;如果企业作为经纪人拥有大量的交易,则在测试的基础上检查有价证券完整性和发生的证据。

(3)检查经纪人的买入和卖出公告,如果交易的数量有限则可作为所有买入和卖出交易的支持性信息,如果企业作为经纪人拥有大量的交易,则在测试的基础上将投资清单的详细信息同总分类账相核对,以获取有价证券完整性、发生和估价的审计证据。

(4)将所收到的现金或所付出的支票与相关买入、卖出交易和收益的收据的授权信息相核对。

(5)针对实际业绩定期制定关键业绩指标并监控,以识别不佳的业绩或回报。

进行此项复核的证据通常应当是高级管理层在相关记录或管理层会议纪要中的签字。

三、筹资与投资涉及的主要凭证与会计记录

(一)筹资活动的主要凭证和会计记录

1. 公司债券。公司依据法定程序发行、约定在一定期限内还本付息的有价证券。

2. 股本凭证。公司签发的证明股东所持股份的凭证。

3. 债券契约。载明债券持有人与发行企业双方所拥有的权利与义务的法律性文件,其内容一般包括:债券发行的标准;债券的明确表述;利息或利息率;受托管理人证书;登记和背书;如系抵押债券,其所担保的财产;债券发生拖欠情况如何处理,以及对偿债基金、利息支付、本金返还等的处理。

4. 股东名册。发行记名股票的公司应记载的内容一般包括:股东的姓名或者名称及住所;各股东所持股份数;各股东所持股票的编号;各股东取得其股份的日期。发行无记名股票的,公司应当记载其股票数量、编号及发行日期。

5. 公司债券存根簿。发行记名公司债券应记载的内容一般包括:债券持有人的姓名或者名称及住所;债券持有人取得债券的日期及债券的编号;债券总额、债券的票面金额、债券的利率、债券还本付息的期限和方式;债券的发行日期。发行无记名债券的应当在公司的债券存根簿上记载债券总额、利率、偿还期限和方式、发行日期和债券编号。

6. 承销或包销协议。公司向社会公开发行股票或债券时,应当由依法设立的证券经营机构承销或包销,公司应与其签订承销或包销协议。

7. 借款合同或协议。公司向银行或其他金融机构借入款项时与其签订的合同或协议。

(二)投资活动的主要凭证和会计记录

1. 债券投资凭证。载明债券持有人与发行企业双方所拥有的权利与义务的法律性文件,其内容一般包括:债券发行的标准;债券的明确表述;利息或利息率;受托管理人证书;登记和背书。

2. 股票投资凭证。买入凭证记载股票投资购买业务,包括购买股票数量、被投资公司、股票买价、交易成本、购买日期、结算日期、结算日应付金额合计。卖出凭证记载股票投资卖出业务,包括卖出股票数量、被投资公司、股票卖价、交易成本、卖出日期、结算日期、结算日金额合计。

3. 股票证书。载明股东所有权的证据,记录所有者持有被投资公司所有股票数量。如果被投资公司发行了多种类型的股票,也反映股票的类型,如普通股、优先股。

4. 股利收取凭证。向所有股东分发股利的文件,标明股东、股利数额、每股股利、被审计单位在交易最终日期持有的总股利金额。

5. 长期股权投资协议。

6. 投资总分类账。对被审计单位所持有的投资,记录所有的详细信息,包括所获得或收取的投资收益。总分类账中的投资账户记录初始购买成本和之后的账面价值。

7. 投资明细分类账。由投资单位保存,以用来记录所有的非现金性投资交易,如期末的市场对市场调整、公允价值的反映,以及记录与处置投资相关的损益。

三、筹资与投资循环所涉及的主要报表项目

根据财务报表项目与业务循环的相关程度,筹资与投资循环所涉及的资产负债表项目主要包括交易性金融资产、可供出售金融资产、持有至到期投资、长期股权投资、投资性房地产、短期借款、应付利息、应付股利、长期借款、应付债券、实收资本(或股本)、资本公积、盈余公积、未分配利润等。所涉及的利润表项目主要包括财务费用、资产减值损失、公允价值变动收益、投资收益、营业外收入、营业外支出、所得税费用等。

第二节 筹资与投资循环的内部控制及其测试

一、投资活动的控制测试

(一)投资活动的内部控制

一般来讲,投资活动的内部控制主要包括下列几个方面:

1. 合理的职责分工。这是指合法的投资业务,应在业务的授权、业务的执行、业务的会计记录以及投资资产的保管等方面都有明确的分工,不得由一人同时负责上述任何两项工作,比如:投资业务在企业高层管理机构核准后,可由高层负责人员授权签批,由财务经理办理具体的股票或债券的买卖业务,由会计部门负责进行会计记录和财务处理,并由专人保管股票或债券。这种合理的分工所形成的相互牵制机制有利于避免或减少投资业务中发生错误或舞弊的可能性。

2. 健全的资产保管制度。企业对投资资产(指股票和债券资产)一般有两种保管方式:一种是由独立的专门机构保管,如在企业拥有较大的投资资产的情况下,委托银行、证券公司、信托投资公司等机构进行保管。这些机构拥有专门的保存和防护措施,可以防止各种证券及单据的失窃或毁损,并且由于它与投资业务的会计记录工作完全分离,可以大大降低舞弊的可能性。另一种方式是由企业自行保管,在这种方式下,必须建立严格的联合控制制度,即至少要由两名以上人员共同控制,不得一人单独接触证券。对于任何证券的存入或取出,都要将债券名称、数量、价值及存取的日期、数量等详细记录于证券登记簿内,并由所有在场的经手人员签名。

3. 详细的会计核算制度。企业的投资资产无论是自行保管还是由他人保管,都要进行完整的会计记录,并对其增减变动及投资收益进行相关会计核算。具体而言,应对每一种股票或债券分别设立明细分类账,并详细记录其名称、面值、证书编号、数量、取得日期、经纪人(证券商)名称、购入成本、收取的股息或利息等;对于联营投资类的其他投资,也应设置明细分类账,核算其他投资的投出及其投资收益和投资收回等业务,并对投资的形式(如流动资产、投资性房地产、无形资产)、投向(即接受投资单位)、投资的计价以及投资收益等做出详细的记录。

4. 严格的记名登记制度。除无记名证券外,企业在购入股票或债券时应在购入的当日尽快登记于企业名下,切忌登记于经办人员名下,防止发生冒名转移并借其他名义牟取私

利的舞弊行为。

5. 完善的定期盘点制度。对于企业所拥有的投资资产,应由内部审计人员或不参与投资业务的其他人员进行定期盘点,检查是否确实存在,并将盘点记录与账面记录相互核对以确认账实的一致性。

(二)投资活动的控制测试

投资的控制测试一般包括如下内容:

1. 检查控制执行留下的轨迹。注册会计师应抽查投资业务的会计记录和原始凭证,确定各项控制程序运行情况。

2. 审阅内部盘点报告。注册会计师应审阅内部审计人员或其他授权人员对投资资产进行定期盘点的报告。应审阅其盘点方法是否恰当、盘点结果与会计记录相核对情况以及出现差异的处理是否合规。如果各期盘点报告的结果未发现账实之间存在差异(或差异不大),说明投资资产的内部控制得到了有效执行。

3. 分析企业投资业务管理报告。对于企业的长期投资,注册会计师应对照有关投资方面的文件和凭证,分析企业的投资业务管理报告。在做出长期投资决策之前,企业最高管理阶层(如董事会)需要对投资进行可行性研究和论证,并形成一定的纪要。如证券投资的各类证券,联营投资中的投资协议、合同及章程等。负责投资业务的财务经理须定期向企业最高管理层报告有关投资业务的开展情况(包括投资业务内容和投资收益实现情况及未来发展预测),即提交投资业务管理报告书,供最高管理层决策和控制。注册会计师应认真分析这些投资业务管理报告的具体内容,并对照前述的文件和凭证资料,从而判断企业长期投资的管理情况。

二、筹资活动的控制测试

(一)筹资活动的内部控制

筹资活动主要由借款交易和股东权益交易组成。股东权益增减变动的业务较少而金额较大,注册会计师在审计中一般直接执行实质性程序。企业的借款交易涉及短期借款、长期借款和应付债券,这些内部控制基本类似。因此,这里我们以应付债券为例说明筹资活动的内部控制和控制测试。

无论是否依赖内部控制,注册会计师均应对筹资活动的内部控制获得足够的了解。以识别错报的类型、方式及发生的可能性。一般来讲,应付债券内部控制的主要内容包括:

1. 应付债券的发行要有正式的授权程序,每次均要由董事会授权。

2. 申请发行债券时,应履行审批手续,向有关机关递交相关文件。

3. 应付债券的发行,要有受托管理人来行使保护发行人和持有人合法权益的权利。

4. 每种债券发行都必须签订债券契约。

5. 债券的承销或包销必须签订有关协议。

6. 记录应付债券业务的会计人员不得参与债券发行。

7. 如果企业保存债券持有人明细分类账,应同总分类账核对相符,若这些记录由外部机构保存,则须定期同外部机构核对。

8. 未发行的债券必须有专人负责。

9. 债券的回购要有正式的授权程序。

如果企业应付债券业务不多,注册会计师可根据成本效益原则采取实质性方案;如果企应付债券业务繁多,注册会计师就可考虑采用综合性方案,则应进行控制测试。

(二)筹资活动的控制测试

由于前述原因,注册会计师对股东权益、长期借款账户和余额的重大错报风险通常评估为低水平,除非筹资活动形成一种重要的交易类型,如果注册会计师拟依赖内部控制,则应实施控制测试。因此,检查风险的可接受水平较高,注册会计师应主要采用实质性分析程序和有限的细节测试。如果出现不经常出现的特别风险则应当将业务环境考虑在内。

注册会计师尝试对有限数量的筹资交易实施控制测试程序是明显无效率的,对投资和筹资环境也通常如此。如果注册会计师主要实施了实质性程序,则需要对控制活动进行记录以识别可能产生的重大错报风险,以确保实施的实质性程序能够恰当应对所识别的重大错报风险。

【例5-1】 注册会计师李华和李明于2018年12月1—7日对美亚公司筹资与投资循环的内部控制进行了了解和测试,并在相关审计工作底稿中记录了解和测试的事项,摘录如下:美亚公司股东大会批准董事会的投资权限为1亿元以下。董事会决定由总经理负责实施。总经理决定由证券部负责总额在1亿元以下的股票买卖。美亚公司规定:公司划归营业部的款项由证券部申请,由会计部审核,总经理批准后划入公司在营业部开立的资金账户。经总经理批准,证券部直接从营业部资金账户支取款项。证券买卖、资金存取的会计记录由会计部处理。注册会计师李华和李明了解和测试投资的内部控制系统后发现:证券部在某营业部开户的有关协议及补充协议未经会计部或其他部门审核。根据总经理的批准,会计部已将8 000万元汇入该账户。证券部处理证券买卖的会计记录,月底将证券买卖清单交给会计部,会计部据以汇总登记。

要求:根据上述摘录,请代注册会计师李华和李明指出筹资与投资循环内部控制的缺陷,并提出改进建议。

【分析要点】

(1)由证券部直接支取款项,授权与执行职务未得到分离,不易保证款项安全。应建议美亚公司从资金账户支取款项时,由会计部审核和记录,由证券部办理。

(2)与证券投资有关的活动要由两个部门控制。有关协议未经独立部门审查,会使有关的条款未全部在协议中载明,可能存在协议外的约定。建议美亚公司与营业部的协议应经会计部或法律部审查。证券部自己处理证券买卖的会计处理,业务的执行与记录的不相容职务未分离,并且未得到适当的授权和批准。月末会计部汇总登记证券投资记录,未及时按每一种证券分别设立明细账,详细核算。应建议美亚公司由会计部负责对投资进行核算,及时分品种设立明细详细核算。

第三节 筹资审计

一、短期借款的审计程序

(一)短期借款的审计目标

确定资产负债表中列示的短期借款是否存在;确定所有应当列示的短期借款是否均已列示;确定列示的短期借款是否为被审计单位应当履行的现时义务;确定短期借款是否以恰当的金额列示在财务报表中,与之相关的计价调整是否已恰当列示;确定短期借款是否已按照企业会计准则的规定在财务报表中做出恰当列报。

(二)短期借款的审计程序

1. 获取或编制短期借款明细表。注册会计师应首先获取或编制短期借款明细表,复核其加计数是否正确,并与明细账和总账核对相符。

2. 函证短期借款的实有数。注册会计师应当对银行借款及与金融机构往来的其他重要信息实施函证程序,除非有充分证据表明某一借款及与金融机构往来的其他重要信息对财务报表不重要且与之相关的重大错报风险很低。如果不对某一借款及与金融机构往来的其他重要信息实施函证程序,注册会计师应当在审计工作底稿中说明理由。

3. 检查短期借款的增加。对年度内增加的短期借款,注册会计师应检查借款合同和授权批准,了解借款数额、借款条件、借款日期、还款期限、借款利率,并与相关会计记录相核对。

4. 检查短期借款的减少。对年度内减少的短期借款,注册会计师应检查相关记录和原始凭证,核实还款数额。

5. 检查有无到期未偿还的短期借款。注册会计师应检查相关记录和原始凭证,检查被审计单位有无到期未偿还的短期借款,如有,则应查明是否已向银行提出申请并经同意后办理延期手续。

6. 复核短期借款利息。注册会计师应根据短期借款的利率和期限,复核被审计单位短期借款的利息计算是否正确,有无多算或少算利息的情况,如有未计利息和多计利息,应做出记录,必要时进行调整。

7. 检查外币借款的折算。如果被审计单位有外币短期借款,注册会计师应检查外币短期借款的增减变动是否按业务发生时的市场汇率或期初市场汇率折合为记账本位币金额;期末是否按市场汇率将外币短期借款余额折合为记账本位币金额;折算差额是否按规定进行会计处理;折算方法是否前后期一致。

8. 检查短期借款在资产负债表上的列报是否恰当。企业的短期借款在资产负债表中通常设“短期借款”项目单独列示,对于因抵押而取得的短期借款,应在资产负债表附注中揭示,注册会计师应注意被审计单位对短期借款项目的披露是否充分。

二、长期借款的审计程序

(一)长期借款的审计目标

确定资产负债表中列示的长期借款是否存在;确定所有应当列示的长期借款是否均已列示;确定列示的长期借款是否为被审计单位应当履行的现时义务;确定长期借款是否以恰当的金额列示在财务报表中,与之相关的计价调整是否已恰当列示;确定长期借款是否已按照企业会计准则的规定在财务报表中做出恰当列报。

(二)长期借款的审计程序

长期借款同短期借款一样都是企业向银行或其他金融机构借入的款项,因此,长期借款的实质性程序同短期借款的实质性程序较为相似。长期借款的实质性程序通常包括:

1. 获取或编制长期借款明细表,复核其加计数是否正确,并与明细账和总账核对相符。

2. 了解金融机构对被审计单位的授信情况以及被审计单位的信用等级评估情况,了解被审计单位获得短期借款和长期借款的抵押和担保情况,评估被审计单位的信誉和融资能力。

3. 对年度内增加的长期借款,应检查借款合同和授权批准,了解借款数额、借款条件、借款日期、还款期限、借款利率,并与相关会计记录相核对。

4. 检查长期借款的使用是否符合借款合同的规定,重点检查长期借款使用的合理性。

5. 向银行或其他债权人函证重大的长期借款。

6. 对年度内减少的长期借款,注册会计师应检查相关记录和原始凭证,核实还款数额。

7. 检查年末有无到期未偿还的借款,逾期借款是否办理了延期手续,分析计算逾期借款的金额、比率和期限,判断被审计单位的资信程度和偿债能力。

8. 计算短期借款、长期借款在各个月份的平均余额,选取适用的利率匡算利息支出总额,并与财务费用的相关记录核对,判断被审计单位是否高估或低估利息支出,必要时进行适当调整。

9. 检查非记账本位币折合记账本位币时采用的折算汇率,折算差额是否按规定进行会计处理。

10. 检查借款费用的会计处理是否正确。借款费用,指企业因借款而发生的利息及其他相关成本,包括折价或溢价的摊销、辅助费用以及因外币借款而发生的汇兑差额。按照《企业会计准则第17号——借款费用》的规定,企业发生的借款费用,可直接归属于符合资本化条件的资产的购建或生产的,应当予以资本化,计入相关资产成本;其他借款费用,应当在发生时根据其发生额确认费用,计入当期损益。

11. 检查企业抵押长期借款的抵押资产的所有权是否属于企业,其价值和实际状况是否与抵押契约中的规定相一致。

12. 检查企业重大的资产租赁合同,判断被审计单位是否存在资产负债表外融资的现象。

13. 检查长期借款是否已在资产负债表上充分披露。

小提示：

长期借款在资产负债表中列示于长期负债类下，该项目应根据“长期借款”科目的期末余额扣减将于一年内到期的长期借款后的数额填列，该项扣除数应当填列在流动负债类下的“一年内到期的长期负债”项目单独反映。注册会计师应根据审计结果确定被审计单位长期借款在资产负债表中的列示是否恰当，并注意长期借款的抵押和担保是否已在财务报表附注中做了充分的说明。

三、实收资本的审计程序

实收资本是指投资者作为资本投入到企业中的各种资产的价值。由于企业组织形式不同，所有者投入资本的会计核算也有所不同。除股份有限公司对股东投入资金应设置“股本”账户外，其余企业均设置“实收资本”账户，核算企业实际收到的投资者投入的资本。其审计要点如下：

(一)检查相关的原始凭证

1. 注册会计师应向被审计单位索取合同、章程、营业执照及有关董事会会议记录，并认真检查其中的有关规定。企业合同、章程对投资各方出资方式、出资期限及其他要求做了详细规定，一经国家审批部门批准，就具有法律效力，投资各方不得随意更改，应严格履行合同、章程所规定的出资义务。国家授权有关部门的批准证书是批准企业成立的法律性文件，投资各方应遵照执行。营业执照是由国家工商行政管理机关批准发给企业的合法经营的许可证，它规定企业成立和终止的日期。

2. 索取或编制实收资本明细表。注册会计师应向被审计单位索取或自行编制实收资本明细表，作为永久性档案存档，以供本年度和以后年度检查投入资本时使用。实收资本明细表应当包括投入资本变动的详细记载及有关的分析评价。编制时需将每次变动情况逐一记载并与有关的原始凭证和会计记录进行核对。

(二)检查出资期限、出资方式和出资额

注册会计师应检查投资者是否已按合同、协议、章程约定时间缴付出资额，其出资额是否经中国注册会计师验证，已验资者，应检查验资报告。

出资期限是投资者缴足其认缴资本的时间界限。出资期限包括合同期限和法律期限，前者是投资者根据企业筹建、开业的需要，在企业合同、章程中规定的出资期限；后者是国家有关法律、规定中要求的出资期限。合同期限要符合法律期限的要求。

出资方式是指各投资者认缴资本所采用的方式。出资方式包括货币资金方式出资、实物方式出资、无形资产方式出资及净资产折合实收资本等。投入资本的出资方式除国家规定者外，应在企业成立时经批准的企业合同、章程中有详细规定。投资者的出资方式必须严格遵守国家规定和企业合同、章程，不得擅自改变出资方式，否则将构成违反合同、章程的行为(已经董事会补充修改并报原审批机关批准的除外)。

《中华人民共和国企业法人登记管理条例》及施行细则明确规定，企业申请开业，必须具备符合国家规定并与其生产经营和服务规模相适应的资本数额。

(三)检查投入资本的真实存在

注册会计师应通过对有关原始凭证、会计记录的检查,向投资者函证实缴资本额,对有关财产和实物的价值进行鉴定,确定投入资本的真实存在。检查时,应注意检查投入的现金是否已确实存入企业的开户银行,收到银行的收款通知;投入的实物资产是否已办理了验收手续并列具登记清单,对房地产类固定资产应检查其所有权或使用权证明文件,对设备类固定资产应检查采购发票,对融资租入固定资产应检查其租赁合同;投入的无形资产应检查是否已办理了法律手续,接收了有关技术资料;净资产折合实收资本应结合净资产存在性的审计来进行。

(四)检查实收资本的增减变动

对于实收资本的增减变动,注册会计师应查明原因,检查其是否与董事会纪要、补充合同、协议及有关法律文件的规定一致。一般而言,企业的实收资本不得随意增减,如有必要增减,首先应具备一定的条件。例如,企业减资需要满足三个条件:第一,应事先通知所有债权人,债权人无异议;第二,经股东大会决议同意,并修改公司章程;第三,减资后的注册资本不得低于法定注册资本的最低限额。

(五)检查外币出资时实收资本的折算

以外币出资的,根据有关制度规定,企业对实际收到的外币出资,应当采用交易发生日即期汇率折算,不得采用合同约定汇率和即期汇率的近似汇率折算,外币投入资本与相应的货币性项目的记账本位币金额之间不产生外币资本折算差额。

(六)检查实收资本在资产负债表中的披露

企业的实收资本应在资产负债表单独列示,并且应在所有者权益变动表中详细列出实收资本增减变动情况,同时还应在财务报表附注中说明实收资本的其他重要情况。

四、应付债券的审计程序

被审计单位应付债券业务不多,但每笔业务都可能是重要的,因此注册会计师应重视此项负债的测试工作。

(一)核对应付债券

取得或编制应付债券明细表,并同有关的明细分类账和总分类账核对相符。应付债券明细账通常都包括债券名称、承销机构、发行日、到期日、债券总额、应付利息、担保情况等内容。

(二)检查债券交易的有关原始凭证

检查债券交易的各项原始凭证,是确定应付债券金额及其合法性的重要程序,注册会计师应做好以下工作:

1. 检查企业现有债券副本,确定其发行是否合法,各项内容是否同相关的会计记录相一致。

2. 检查企业发行债券所收入现金的收据、汇款通知单、送款登记簿及相关的银行对账单。

3. 检查用以偿还债券的支票存根,并检查利息费用的计算。

4. 检查已偿还债券数额同应付债券借方发生额是否相符。

5. 如果企业发行债券时已作抵押或担保,注册会计师还应检查相关契约的履行情况。

(三)检查应付债券利息

注册会计师应检查应付债券利息的计算是否正确,利率的选择是否适当,会计处理是否正确。企业应于资产负债表日按应付债券摊余成本和实际利率计算确定债券利息费用,借记有关成本费用科目,按票面利率计算确定的应付未付利息,贷记“应付利息”科目,按其差额,借记或贷记“应付债券(利息调整)”。此项工作一般可通过检查债券利息账户分析表来进行。

(四)函证应付债券账户期末余额

为了确定“应付债券”账户期末余额的真实性,注册会计师如果认为必要,可以直接向债权人及债券的承销人或包销人进行函证。函证内容应包括应付债券的名称、发行日、到期日、利率、已付利息期间、年内偿还的债券、资产负债表日尚未偿还的债权及其他注册会计师认为应包括的其他重要事项。

(五)检查到期债券的偿还

对到期债券的偿还,注册会计师应检查相关会计记录,检查其会计处理是否正确。对可转换公司债券持有人行使转换权利,将其持有的债券转换为股票,则应检查其转股的会计处理是否正确。

(六)应付债券披露的审计

应付债券在资产负债表中列示于非流动负债类下,该项目应根据“应付债券”科目的期末余额扣除将于一年内到期的应付债券后的数额填列,该扣除数应填列在流动负债类下的“一年内到期的非流动负债”项目单独反映。注册会计师应根据审计结果,确定被审计单位应付债券在财务报表上的反映是否充分,应注意有关应付债券的类别是否已在财务报表附注中做了充分的说明。

【例5-2】 注册会计师在审查宏源股份有限公司2018年12月31日资产负债表中的“应付债券”项目时,收集到下列资料:(1)本年度公司发行为期5年的公司债券,债券合同中规定,凡违反合同内任何条款,所有公司债券立即自动到期;(2)公司应保持不低于1:1的速动比率,如果低于该比率,该年度中公司高级管理人员的工资应低于60万元;(3)该公司应将为公司债券担保的财产,按其实际价值向保险公司投保;(4)该公司提供担保的财产,应按规定及时纳税。

要求:针对上述情况,注册会计师除评审应付债券的内部控制系统外,还应审查哪些内容。

【分析要点】

(1)审查债券合同中的各种条款,查明该公司有无违反债券合同条款。

(2)核实2018年末资产负债表中的速动比率,一旦低于1∶1时,应立即审查高级管理人员的工资是否低于60万元。

(3)查明该公司为债券担保财产的种类、数量、价值和投保金额,并向保险公司和有关单位进行函证。

(4)向税务机关函证,查明对债券合同规定的资产纳税情况,审查实际纳税与账簿记录是否一致。

第四节　投 资 审 计

一、长期股权投资的审计目标

确定资产负债表中列示的长期股权投资是否存在;确定所有应当列示的长期股权投资是否均已列示;确定列示的长期股权投资是否由被审计单位拥有或控制;确定长期股权投资是否以恰当的金额包括在财务报表中,与之相关的计价调整是否已恰当记录;确定长期股权投资是否已按照企业会计准则的规定在财务报表中做出恰当列报。

二、长期股权投资的审计程序

1. 获取或编制长期股权投资明细表,复核加计正确,并与总账数和明细账合计数核对相符;结合长期股权投资减值准备科目与报表数核对相符。

2. 根据有关合同和文件,确认股权投资的股权比例和持有时间,检查股权投资核算方法是否正确。

3. 对于重大的投资,向被投资单位函证被审计单位的投资额、持股比例及被审计单位发放股利等情况。

4. 对于应采用权益法核算的长期股权投资,获取被投资单位已经注册会计师审计的年度财务报表,如果未经注册会计师审计,则应考虑对被投资单位的财务报表实施适当的审计或审阅程序。

5. 对于采用成本法核算的长期股权投资,检查股利分配的原始凭证及分配决议等资料,确定会计处理是否正确;对被审计单位实施控制而采用成本法核算的长期股权投资,比照权益法编制变动明细表,以备合并报表使用。

6. 对于成本法和权益法相互转换的,检查其投资成本的确定是否正确。

7. 确定长期股权投资的增减变动的记录是否完整。

(1)检查本期增加的长期股权投资,追查至原始凭证及相关的文件或决议及被投资单位验资报告或财务资料等,确认长期股权投资是否符合投资合同、协议的规定,并已确实投资,会计处理是否正确。

(2)检查本期减少的长期股权投资,追查至原始凭证,确认长期股权投资的收回有合理的理由及授权批准手续,并已确实收回投资,会计处理是否正确。

8. 期末对长期股权投资进行逐项检查,以确定长期股权投资是否已经发生减值。

9. 结合银行借款等的检查,了解长期股权投资是否存在质押、担保情况。如有,则应详细记录,并提请被审计单位进行充分披露。

10. 确定长期股权投资在资产负债表中已恰当列报。与被审计单位人员讨论确定是否存在被投资单位由于所在国家和地区及其他方面的影响,其向被审计单位转移资金的能力受到限制的情况。如存在,应详细记录受限情况,并提请被审计单位充分披露。

【例5-3】 华兴公司拥有一项长期股权投资,账面价值500万元,持股比例30%。2018年12月31日华兴公司与Y公司签署投资转让协议,拟以450万元的价格转让该项长期股权投资,已收到价款300万元,但尚未办理产权过户手续。华兴公司以该项长期股权投资正在转让之中为由,不再计提减值准备。

要求:针对该事项,注册会计师应当采取什么措施?

【分析要点】

由于尚未办理产权转移手续,不知道股权转让是否完成。注册会计师应当追加审计程序,以查明华兴公司长期股权转让是否真正完成。如果查明股权转让确实已经完成了,应当建议华兴公司处置该项长期股权投资;如果股权转让尚未真正完成,应当建议华兴公司根据长期股权投资的可收回性计提减值准备。

第五节　其他相关项目审计

一、股本的审计程序

股本是股份有限公司按照公司章程、合同和投资协议的规定向股东募集的资本,代表股东对公司净资产的所有权。股份有限公司对股东投入资金应设置"股本"账户进行核算。其审计要点如下:

(一)检查相关的原始凭证

1. 检查公司章程、实施细则和股东大会、董事会会议记录

注册会计师应向被审计单位索取公司章程、实施细则和股东大会、董事会会议记录的副本,认真检查其中有关股本的条款,以确定被审计单位股本的交易是否符合有关的法规规定及股东大会或董事会的决议。

2. 索取或自己编制股本明细表

注册会计师应向被审计单位索取或自己编制股本明细表,作为永久档案存档,以供本年度和以后年度检查股本时使用。股本明细表的内容应包括各类股本变动的详细记载及有关的分析评价,编制时应将每次变动情况逐一记载并与有关的原始凭证和会计账目进行核对。

3. 检查股票的发行、收回等交易活动

检查与股票发行、收回有关的原始凭证和会计记录,是验证股票发行、收回是否确实存在的重要步骤。应检查的原始凭证包括已发行股票的登记簿、向外界收回的股票、募股清单、银行对账单等。会计记录则主要包括银行存款日记账与总账、股本明细账与总账等。

(二)检查股东的出资方式、出资比例

我国法律规定股份有限公司的出资可以用货币出资,也可以用实物、知识产权、土地使用权等可以用货币估价并可以依法转让的非货币性财产作价出资,但全体股东的货币出资金额不得低于股份有限公司注册资本的30%,同时,规定采用募集式设立的股份有限公司,

发起人认购的股份不得少于公司股份的35%，注册会计师审计时，应当了解企业章程、合同、协议中出资方式、出资比例，确定其内容的合法性，然后具体分析企业实际募股时，是否存在与公司章程、合同、协议内容存在差异的情况，了解形成差异的原因，将有关的问题与企业有关人员协商，对审计过程及有关问题的处理，以适当的方式记录于工作底稿中。

（三）函证发行在外的股票

注册会计师检查已发行的股票数量是否真实，是否均已收到股款或资产。我国目前股票发行和转让大都由企业委托证券交易所和金融机构进行，由证券交易所和金融机构对发行在外的股票份数进行登记和控制，因为，这些机构一般既了解公司发行股票的总数，又掌握公司股东的个人记录以及股票转让情况，故在审计时可采取向证券交易所和金融机构函证及检查的方法来验证发行股份的数量，并与股本账面数额进行核对，确定是否相符。对个别自己发行股票、自己进行有关股票发行数量、金额及股东情况登记的企业，由于企业已在股票登记簿和股东名单上进行了记录，在进行股本审计时，可在检查这些记录的基础上，抽查其记录是否真实有据，核对发行的股票存根，看其数额是否与股本账上数额相符。

（四）检查股票发行费用的会计处理

发行股票时，一般要发生股票的印刷费和委托其他单位发行股票时的手续费、佣金等交易费用，按照规定应直接冲减资本公积（股本溢价）账户。注册会计师应检查相关会计记录和原始凭证，确定被审计单位对股票发行费用的会计处理是否正确。

（五）检查股本在资产负债表上的披露

企业的股本应在资产负债表单独列示，并且应在所有者权益变动表中详细列出股本增减变动情况，同时还应在财务报表附注中说明股本的其他重要情况。

【例5-4】　注册会计师A接受委托审计甲公司2018年度财务报表，在审计过程中发现本年度内甲公司有关股本业务有如下两笔：（1）于6月1日发行面值为100元的普通股股票100 000张。（2）于9月30日购回以前年度发行的面值为10元的股票10 000张。

要求：注册会计师A应执行哪些审计程序？

【分析要点】

（1）向甲公司索取公司章程、实施细则和股东大会、董事会会议记录的副本，审查股票的发行和购回是否经过批准，了解核定股份和已发行股票的股数、股票面值、股票购回等情况；

（2）审查有关原始凭证与会计记录，确定股票发行和购回是否确定存在；

（3）检查股本变动的原因，查阅相关董事会纪要、补充合同、协议及其他有关法律文件的规定，逐笔追查至原始凭证；

（4）审查股票发行费用的会计处理是否正确；

（5）确定股本是否已在资产负债表上恰当披露。

二、盈余公积的审计程序

盈余公积是企业按照规定从净利润中提取的企业积累资金，是具有特定用途的留存收益，主要用于弥补亏损、转增资本和发放现金股利或利润。盈余公积包括法定盈余公积和任意盈余公积。其审计要点如下：

（一）核对盈余公积

进行盈余公积的实质性程序，注册会计师应首先获取或编制盈余公积明细表，分别列示法定盈余公积、任意盈余公积，并与明细账和总账的余额核对相符。在此基础上，对盈余公积各明细项目的发生额，应逐项检查其原始凭证。

（二）检查盈余公积的提取

对盈余公积的提取，注册会计师主要应检查盈余公积提取是否符合规定并经过批准，提取手续是否完备，提取的依据（即税后利润）是否真实、正确，提取项目是否完整，提取比例是否合法，有无多提或少提。

（三）检查盈余公积的使用

对盈余公积的使用，注册会计师应主要检查盈余公积的使用是否符合规定用途并经过批准。按规定盈余公积的使用必须经过一定的授权批准手续，法定盈余公积和任意盈余公积用于弥补亏损、转增资本，也可以按规定用于派送新股，法定公积金转增资本后留存企业的部分，以不少于转增前注册资本的25%为限。转增资本必须经批准，依法办理增资手续，取得合法的增资文件；弥补亏损必须按批准数额转账；用于派送新股必须符合有关规定。

（四）检查盈余公积是否在资产负债表上恰当披露

企业的法定盈余公积、任意盈余公积在资产负债表中列示，并在所有者权益变动表中详细列出盈余公积的增减变动情况，同时还应在财务报表附注中说明盈余公积的其他重要情况。

三、未分配利润的审计程序

未分配利润是企业留待以后年度进行分配的结存利润，也是企业所有者权益的组成部分。相对于所有者权益的其他部分来讲，企业对于未分配利润的使用分配权有较大的自主权。从数量上来讲，未分配利润是期初未分配利润，加上本期实现的净利润，减去提取的各种盈余公积和分出利润后的余额。未分配利润有两层含义：一是留待以后年度处理的利润；二是未指定特定用途的利润。未分配利润是企业自开业以来的累计未分配利润或累计未弥补亏损，是历年滚存累计的一项所有者权益。

在会计核算上，未分配利润是通过“利润分配”科目进行核算的，具体来说是通过“利润分配”科目之下的“未分配利润”明细科目进行核算。企业在生产经营过程中取得的收入和发生的成本费用，最终通过“本年利润”科目进行归集，计算出当年盈利，然后转入“利润分配——未分配利润”科目进行分配；其结存于“利润分配——未分配利润”科目的贷方余额，则为未分配利润；如为借方余额，则为未弥补亏损。年度终了，再将“利润分配”科目下的其他明细科目的余额，转入“未分配利润”明细科目。结转后，“未分配利润”明细科目的贷方余额，就是未分配利润的数额。如出现借方余额，则表示未弥补亏损的数额。

(一)未分配利润的合法性审计

审查利润分配比例是否符合合同、协议、章程以及董事会纪要的规定。未分配利润的合法性主要取决于利润分配的合法性。

(二)未分配利润的核算正确性审计

审查未分配利润的核算是否正确,是否符合会计准则的规定,有无任意调账,致使未分配利润不实的现象。

(三)未分配利润的真实性审计

主要应查实未分配利润的来源,包括当年结存的和历年结转的未分配利润,要逐一核对。此外,由于未分配利润涉及以前年度,因此,还要对上年度利润和上年度所得税费用的调整情况进行审计。

(四)未分配利润在资产负债表上的披露恰当性审计

审查未分配利润在资产负债表中的披露是否恰当,口径是否一致。

本章小结

1. 投资活动是指企业为享有被投资单位分配的利润,或为谋求其他利益,将资产让渡给其他单位而获得另一项资产的活动。主要由权益性投资和债权性投资组成。

2. 筹资活动是指企业为满足生存和发展的需要,通过改变企业资本及债务规模和构成而筹集资金的活动。主要由借款和股东权益组成。

3. 投资与筹资循环具有如下特征:

(1)交易数量较少,而每笔交易的金额通常较大。这就决定了该循环涉及的财务报表项目审计,更可能采用实质性方案。

(2)筹资活动在遵守国家法律、法规和相关契约的规定下进行。

(3)漏记或不恰当地对一笔业务进行会计处理,将会导致重大错误,从而对企业财务报表的公允反映产生较大的影响。

4. 注册会计师应当考虑重大错报风险对投资活动的影响,并对被审计单位可能发生的特定风险保持警惕。

5. 筹资活动的业务较少而金额较大,注册会计师在审计中一般直接执行实质性程序。

6. 无论是否依赖内部控制,注册会计师均应对筹资活动的内部控制获得足够的了解,以识别错报的类型、方式及发生的可能性。

练习题

一、单项选择题

1. 审计师为确定“长期借款”账户余额的真实性,可以进行函证。函证的对象应当是

(　　)。

A. 公司的律师　　　　B. 金融监管机关

C. 银行或其他有关债权人　　　　D. 公司的主要股东

2. 如果被审计单位的投资证券是委托某些专门机构代为保管的,为证实这些投资证券的真实存在,审计师应(　　)。

A. 实地盘点投资证券　　　　B. 获取被审计单位管理层声明

C. 向代保管机构发函询证　　　　D. 逐笔检查被审计单位相关会计记录

3. 审计师拟对公司与借款活动相关的内部控制进行测试,下列程序中不属于控制测试程序的是(　　)。

A. 索取借款的授权批准文件,检查批准的权限是否恰当、手续是否齐全

B. 观察借款业务的职责分工,并将职责分工的有关情况记录于审计工作底稿中

C. 计算短期借款、长期借款在各月的平均余额,选取适用的利率匡算利息支出总额,并与财务费用等项目的相关记录核对

D. 抽取借款明细账的部分会计记录,按从原始凭证到明细账再到总账的顺序核对有关会计处理过程,以判断是否合规

4. 关于筹资与投资循环的审计下列哪些说法不正确(　　)。

A. 审计年度内筹资与投资循环的交易数量较少,所以,漏计或不恰当地对每笔业务进行会计处理对财务报表影响不大

B. 审计年度内筹资与投资循环每笔交易的金额通常较大

C. 漏计或不恰当地对每笔业务进行会计处理将导致重大错误,从而对企业财务报表的公允反映产生较大的影响

D. 筹资与投资循环交易必须遵守国家法律、法规和相关契约的规定

5. 审计人员为了证实对外投资的存在性与所有权,应实施的审计程序是(　　)。

A. 查阅长期投资和短期投资明细账

B. 查阅投资收益的入账凭证

C. 查阅对外投资的实物证明,如股权登记证、债券或出资证明

D. 查阅关于对外投资决策的会议记录

二、多项选择题

1. 下列各审查程序中属于长期投资控制测试程序的是(　　)。

A. 抽查　　　　B. 审查长期投资入账价值

C. 审阅内部盘核报告　　　　D. 分析企业投资业务管理报告

2. 对于实收资本的减少,审计师应查明被审计单位是否(　　)。

A. 事先通知所有债权人,债权人无异议

B. 事先通知所有债务人,债务人无异议

C. 经股东大会决议同意,并修改公司章程

D. 减资后的注册资本不低于法定注册资本的最低限额

3. 在对被审计单位长期借款进行实质性测试时,审计师一般应获取的审计证据包括(　　)。

A. 长期借款明细表

B. 长期借款合同和授权批准文件

C. 相关抵押资产的所有权证明文件

D. 重大长期借款的函证回函、逾期长期借款的展期协议

4. 在对股票的发行、回购等交易活动进行审计时,审计师应当审查的原始凭证包括(　　)。

A. 发行股票的登记簿、募股清单　B. 向外界回购的股票清单

C. 银行存款收付款凭证　D. 银行存款对账单

5. 审计师计划测试公司年末长期余额的完整性。以下审计程序中,可能实现该审计目标的有(　　)。

A. 了解银行对公司的授信情况

B. 检查长期银行借款明细表中本年新增借款的银行进账单

C. 向提供长期银行借款的银行寄发银行询证函

D. 重新计算并分析本年度长期借款利息

三、判断题

1. 所有者权益审计时,由于一般不进行控制测试,注册会计师也就不需了解企业所有者权益的内部控制,并做出评价。(　　)

2. 复核投资收益时,应以期末被投资单位各项可辨认资产等的公允价值为基础,对被投资单位的净利润进行调整后加以确认(　　)

3. 如果被投资单位采用的会计政策及会计期间与被审计单位不一致,审计师应当建议按照被审计单位的会计政策及会计期间对被投资单位的财务报表进行调整,据以确认投资收益。(　　)

4. 审计师在审查公开发行股票的公司已发行的股票是否真实、是否已收到股票时,应向主要股东函证。(　　)

5. 如果能够对被审计单位的资产和负债进行充分审计,且能证实两者的期初余额、期末余额和本期发生额,审计师可不必对所有者权益进行单独审计。(　　)

四、简答题

1. 投资业务有哪些不相容岗位?

2. 简述筹资与投资循环业务特点。

3. 为什么说注册会计师在执行借款审计时,应将被审计单位是否低估借款作为一个关注的要点?

五、分析题

1. ABC 股份有限公司是一家上市公司,从事投资、设备制造等方面的业务。中天恒信会计师事务所 2018 年 9 月份接受了 ABC 公司 2018 年度财务报表的审计业务,并指派注册会计师周琳、陈华于 2018 年 12 月份对 ABC 公司 2018 年度投资业务的相关内部控制进行了解和控制测试,同时对部分财务资料进行了预审。在预审过程中,周琳了解到以下情况:(1) ABC 公司的股票、债券的买卖业务须由董事会批准、经董事长签字后,由财务经理郑红具体办理股票、债券的买卖业务,但在具体办理的过程中,遇到股票价格大幅波动等的异常情况时,郑红可自行决定买进或卖出,并在度过紧急情况后及时向董事长汇报并备案。由

指定专职财务人员甲负责进行会计记录和财务处理，专人乙负责股票及债券的保管。每月末，由内部审计人员丙组织财务经理，财务人员甲、专人乙和其他人员共同参与股票、债券的定期盘点以及与账面记录的核对，以确定股票、债券的真实性、完整性、所有权、正确性。(2)由于ABC公司生产A－130产品的原料需要从国外进口，2018年发生了一笔外币短期借款业务：10月20日，ABC公司以1美元兑换6.3人民币的市场汇率从M银行借入100万美元，做了借记银行存款630万元、贷记短期借款630万元的会计记录（ABC公司没有发生其他短期借款业务）。年末，美元对人民币的市场汇率上升为1:6.4，ABC公司编制财务报表时，短期借款项目的金额仍为630万元。经查，ABC公司为简化处理，减少差错的发生，财务部门发生外币短期借款业务及期末编制财务报表时均按发生当时的市场汇率折算，折算差额计入财务费用。(3)ABC公司新建加工车间，使用了2017年1月初从B银行借入年利率为6%、期限为2年的一般长期借款1 000万元。该车间自2017年7月1日开工建设，于2018年6月30日交付使用，但至2018年12月31日仍未办理竣工决算。ABC公司以该项建筑工程尚未转入固定资产为由，未对新建车间计提折旧，并将2018年度发生的60万元借款费用计入在建工程。

要求：

（一）针对情况(1)，指出ABC公司股票、债券交易的相关内部控制是否存在缺陷，并说明原因。

（二）针对情况(2)、(3)，指出ABC公司的相关会计处理是否符合会计制度的规定，在需要调整的情况下，列出调整分录（不考虑调整对相关税费的影响）。

2. A和B注册会计师对XYZ股份有限公司2018年度财务报表进行审计。该公司2018年度未发生购并、分立和债务重组行为，供产销形势与上年相当。该公司提供的未经审计的2018年度合并财务报表附注的部分内容如下（单位：万元）：

贷款单位	金额	借款期限	年利率	借款条件
A银行第一营业部	1 800	2016年8月—2020年7月	9.72%	抵押借款
B银行第一营业部	11 650	2015年9月—2019年8月	7.65%	抵押借款
C银行第二营业部	280	2018年1月—2020年1月	5.925%	担保借款
合计	13 730			

假如上述附注内容中的年初数已审定无误，请您作为注册会计师，在计划审计工作阶段，运用专业判断，指出上述附注内容中存在或可能存在的不合理之处。

第六章　货币资金审计

学习目标

1. 理解货币资金和销售与收款、采购与付款、生产与存货、筹资与投资环节的关系。
2. 掌握货币资金内部控制及控制测试的要点。
3. 掌握库存现金审计程序。
4. 掌握银行存款审计程序,重点是银行存款函证程序。

重要概念

库存现金盘点;银行存款余额调节表;函证

第一节　货币资金审计概述

货币资金是企业资产的重要组部分,是企业资产中流动性最强的一种资产,持有货币资金是企业生产经营活动的基本条件,可能关乎企业的命脉。企业生产经营的过程,实质上就是货币资金垫支、支付过程和货币资金回收、分配过程的结合。因此,企业的全部经营活动都可以通过货币资金表现出来,同时,货币资金也是不法分子挪用、贪污、盗窃的重要对象。

货币资金项目审计是企业资产负债表审计的一个重要组成部分,主要包括库存现金、银行存款和其他货币资金的审计。由于货币资金容易产生舞弊问题,因此,货币资金审计的风险较高,审计的范围相对广泛,审计过程时间相对较长。

一、货币资金与业务循环

货币资金与各业务循环直接相关。如图 6 – 1 选取了各业务循环中部分具有代表性的会计科目或财务报表项目,列示了货币资金与这些科目之间的紧密关系;同时,货币资金审计也要与其他业务循环结合才能有效展开。销售与收款循环中现销或赊销取得的货款,是货币资金增加的主要来源;购货与付款循环中预付或应付账款的支付会使货币资金减少;筹资与投资循环中借款或发行股票等使货币资金增加,但购买股票、归还借款等又使货币资金减少。货币资金循环和销售与收款循环、购货与付款循环、筹资与投资循环有着紧密关系,是一个有机整体,货币资金审计必须与其他业务循环相联系,一些最终影响货币资金的错报只有在对销售与收款、购货与付款、生产与存货、筹资与投资的业务循环的审计测试中才会被发现。

二、货币资金涉及的主要单据和会计记录

货币资金涉及的凭证和会计记录主要有:

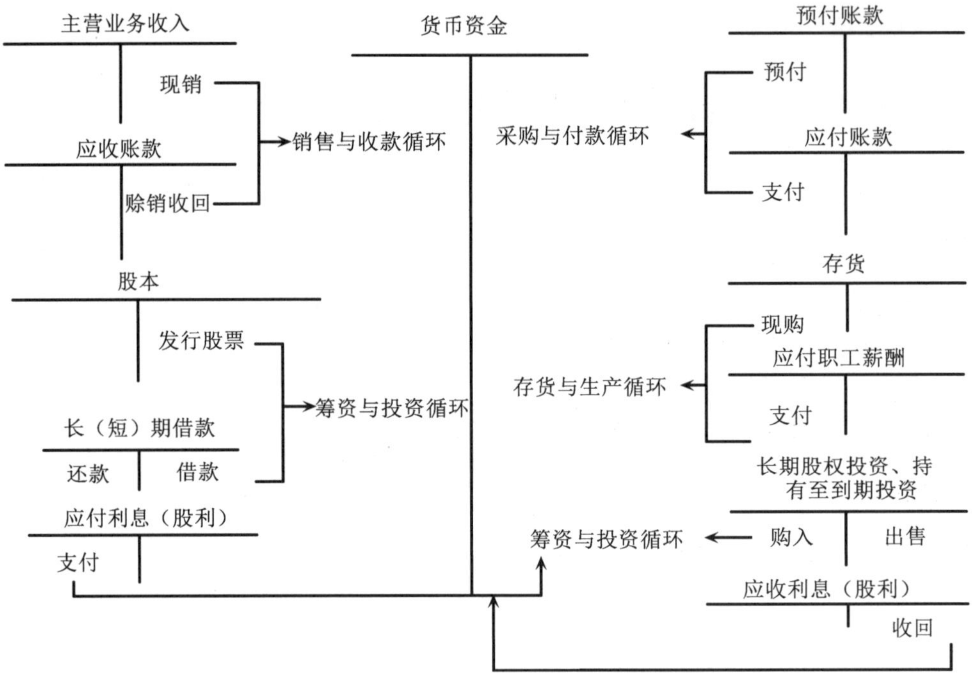

图 6－1　货币资金与各交易循环的关系

1. 现金盘点表。

2. 银行对账单。

3. 银行存款余额调节表。

4. 有关科目的记账凭证与原始凭证（如现金收付款凭证、银行收付款凭证、借款合同、请购单、采购单、发票、合同等）。

5. 有关会计账簿（如现金日记账、银行存款日记账）。货币资金主要业务活动与主要凭证对应表如表 6－1 所示。

表 6－1　货币资金主要业务活动与主要凭证对应表

主要业务活动		凭证记录
与其他循环紧密相关的业务活动	取得资金	债券契约、承销包销协议、借款合同、有关记账凭证、有关账簿
	资金用于生产经营	请购单、采购单、卖方发票、合同、现金银行支付凭证、工资支付凭证、有关记账凭证、有关账簿
	销售回笼资金	合同、销售发票、银行到账通知、有关记账凭证、有关账簿
	支付股利、利息	支付股利、利息凭证、有关记账凭证、有关账簿
货币资金管理（授权审批、定期对账、盘点等）		经审批的费用支出单据、现金盘点表、银行对账单、银行存款余额调节表、有关记账凭证、有关账簿

第二节 货币资金的内部控制及其测试

一、货币资金内部控制

一般而言,一个良好的货币资金内部控制应该包括以下内容:

1. 货币资金收支与记账岗位分离。
2. 货币资金收支要有合理、合法的凭据。
3. 全部收支及时准确入账,并且支出要有核准手续。
4. 控制现金坐支,当日收入现金应及时送存银行。
5. 按月盘点现金,编制银行存款余额调节表,以做到账实相符。
6. 加强对货币资金收支业务的内部审计。

尽管由于每个企业的性质、所处行业、规模以及内部控制健全程度等不同,而使得其与货币资金相关的内部控制内容有所不同,但以下要求是通常应当共同遵循的:

(一)岗位分工及授权批准

1. 单位应当建立货币资金业务的岗位责任制,明确相关部门和岗位的职责权限,确保办理货币资金业务的不相容岗位相互分离、制约和监督。出纳人员不得兼任稽核、会计档案保管和收入、支出、费用、债权债务账目的登记工作。单位不得由一人办理货币资金业务的全过程。

2. 单位应当对货币资金业务建立严格的授权批准制度,明确审批人对货币资金业务的授权批准方式、权限、程序、责任和相关控制措施,规定经办人办理货币资金业务的职责范围和工作要求。审批人应当根据货币资金授权批准制度的规定,在授权范围内进行审批,不得超越审批权限。经办人应当在职责范围内,按照审批人的批准意见办理货币资金业务。对于审批人超越授权范围审批的货币资金业务,经办人员有权拒绝办理,并及时向审批人的上级授权部门报告。

3. 单位应当按照规定的程序办理货币资金支付业务:

(1)支付申请。单位有关部门或个人用款时,应当提前向审批人提交货币资金支付申请,注明款项的用途、金额、预算、支付方式等内容,并附有效经济合同或相关证明。

(2)支付审批。审批人根据其职责、权限和相应程序对支付申请进行审批。对不符合规定的货币资金支付申请,审批人应当拒绝批准。

(3)支付复核。复核人应当对批准后的货币资金支付申请进行复核,复核货币资金支付申请的批准范围、权限、程序是否正确,手续及相关单证是否齐备,金额计算是否准确。支付方式、支付单位是否妥当等。复核无误后,交由出纳人员办理支付手续。

(4)办理支付。出纳人员应当根据复核无误的支付申请,按规定办理货币资金支付手续,及时登记现金和银行存款日记账。

4. 单位对于重要货币资金支付业务,应当实行集体决策和审批,并建立责任追究制度,防范贪污、侵占、挪用货币资金等行为。

5. 严禁未经授权的机构或人员办理货币资金业务或直接接触货币资金。

【例6-1】 信诚会计师事务所对亚美食品有限公司2018年审计发现,该公司为严格控制货币资金的开支,对在年度预算内的货币支付进行日常经济业务开支2万元以下由财务经理审批;2万元以上(含2万)至10万元以下由总会计师审批;10万元(含10万)由总会计师签署意见,总经理审批。各部门按授权范围严格执行,违者受到责任追究和处理,直至除名。

【分析要点】

该公司对货币资金的支付制定了严格的授权审批制度,并建立责任追究制度,可以防范贪污、侵占、挪用等行为,但具体货币资金内部控制执行有效性还需要进一步进行内部控制测试。

(二)现金和银行存款的管理

1. 单位应当加强现金库存限额的管理,超过库存限额的现金应及时存入银行。

2. 单位必须根据《现金管理暂行条例》的规定,结合本单位的实际情况,确定本单位现金的开支范围。不属于现金开支范围的业务应当通过银行办理转账结算。

3. 单位现金收入应当及时存入银行,不得用于直接支付单位自身的支出。因特殊情况需坐支现金的,应事先报经开户银行审查批准。单位借出款项必须执行严格的授权批准程序,严禁擅自挪用、借出货币资金。

4. 企业取得的货币资金收入必须及时入账,不得私设"小金库",不得账外设账,严禁收款不入账。

5. 企业应当严格按照《支付结算办法》等国家有关规定,加强银行账户的管理,严格按照规定开立账户,办理存款、取款和结算。银行账户的开立应当符合企业经营管理实际需要,不得随意开立多个账户,禁止企业内设管理部门自行开立银行账户。

企业应当定期检查、清理银行账户的开立及使用情况,发现问题应及时处理。

企业应当加强对银行结算凭证的填制、传递及保管等环节的管理与控制。

6. 企业应当严格遵守银行结算纪律,不准签发没有资金保证的票据或远期支票,套取银行信用;不准签发、取得和转让没有真实交易和债权债务的票据,套取银行和他人资金;不准违反规定开立和使用银行账户。

7. 企业应当指定专人定期核对银行账户(每月至少核对一次),编制银行存款余额调节表,使银行存款账面余额与银行对账单调节相符。如调节不符,应查明原因,及时处理。

【例6-2】 审计人员对新宇公司货币资金审计发现,2018年12月28日,公司收到客户交来的产品定金10 000元,由于将近假期,公司生产亟须购入一批原材料,价值11 200元,银行核定的公司库存现金额度2 000元,公司当时库存现金1 500元,于是公司直接将收到的货款支付了购买原材料的价款。

【分析要点】

这是坐支现金行为,违反了现金管理条例。

4. 单位应当指定专人定期核对银行账户,每月至少核对一次,编制银行存款余额调节表,使银行存款账面余额与银行对账单调节相符。如调节不符,应查明原因,及时处理。

【例6-3】 信诚会计师事务所对亚美食品有限公司现金付款凭证审计时发现，该公司9月6日有一张摘要为退回甲公司包装物押金2 500元，所附原始凭证仅有邮局汇款的收款收据，审计人员认为记账依据不全，缺少退还押金的收款收据。经进一步查账发现，该公司相关人员于10月9日又以甲公司收到退还押金的收款收据为原始凭证再次报销出账，金额同样为2 500元。审计人员将邮局汇款的收款收据与甲公司收到退款押金的收款收据核对，查实相关人员一笔支出的原始凭证分作两处重复报账，贪污现金2 500元。

（三）票据及有关印章的管理

1. 单位应当加强与货币资金相关的票据的管理，明确各种票据的购买、保管、领用、背书转让、注销等环节的职责权限和程序，并专设登记簿进行记录，防止空白票据的遗失和被盗用。

2. 单位应当加强银行预留印鉴的管理。财务专用章应由专人保管，个人名章必须由本人或其授权人员保管。严禁一人保管支付款项所需的全部印章。按规定需要有关负责人签字或盖章的经济业务，必须严格履行签字或盖章手续。

【例6-4】 审计人员对新宇公司货币资金审计发现，该公司虽制定了货币资金内部控制制度，但对内部控制进行测试发现，公司的银行印鉴、银行支票分别由会计张某和出纳李某保管，但是由于出纳李某母亲病重，经常请假，为方便公司办理现金收支业务，李某经常将支票本交给张某保管，收回后也没有及时进行清点核对，支票的签发也没有严格执行出纳和财务主管共同签发的规定。

【分析要点】

公司印鉴和支票经常由张某一人保管，是货币资金内部控制的一大漏洞。后进一步核实发现，支票的购买与领用没有按顺序变化并详细登记于支票登记簿，支票存根没有单独保管，2018年该公司有3张支票存根丢失，被张某私自提取现金，对支票存根与开户银行核对发现，3张支票共提取现金5万元。

（四）监督检查

1. 单位应当建立对货币资金业务的监督检查制度，明确监督检查机构或人员的职责权限，定期和不定期地进行检查。

2. 货币资金监督检查的内容主要包括：

（1）货币资金业务相关岗位及人员的设置情况。重点检查是否存在货币资金业务不相容岗位职责未分离的现象。

（2）货币资金授权批准制度的执行情况。重点检查货币资金支出的授权批准手续是否健全，是否存在越权审批行为。

（3）支付款项印章的保管情况。重点检查是否存在办理付款业务所需的全部印章交由一人保管的现象。

（4）票据的保管情况。重点检查票据的购买、领用、保管手续是否健全，票据保管是否存在漏洞。

3. 对监督检查过程中发现的货币资金内部控制中的薄弱环节，应当及时采取措施，加以纠正和完善。

二、货币资金的控制测试

(一)了解现金内部控制

在对中小企业进行审计时,注册会计师应根据观察所获得的第一手资料以及通过对相关人员进行询问所了解的信息,对被审计单位内部控制进行评价。在对大公司进行审计时,注册会计师通常采用流程图和内部控制调查表来了解内部控制。有时,注册会计师还需要执行穿行测试来了解内部控制。

(二)测试内部控制

1. 抽取并检查收款凭证。

如果货币资金内部控制不强,很可能会发生贪污舞弊或挪用等情况。为测试收款内部控制,注册会计师应按货币资金的收款凭证分类,选取适当的样本量,做如下检查:

(1)核对现金、银行存款日记账的收入金额是否正确。

(2)核对收款凭证与银行对账单是否相符。

(3)核对收款凭证与应收账款明细账的有关记录是否相符。

(4)核对实收金额与销货发票所列金额是否一致等等。

2. 抽取并检查付款凭证。为测试付款内部控制,注册会计师应按照货币资金付款凭证分类,选取适当的样本量,做如下检查:

检查付款的授权批准手续是否符合规定。

(1)核对现金、银行存款日记账的付出金额是否正确。

(2)核对付款凭证与银行对账单是否相符。

(3)核对付款凭证与应付账款明细账的有关记录是否一致。

(4)核对实付金额与购货发票所列金额是否相符等等。

3. 抽取一定期间的现金、银行存款日记账与总账核对。注册会计师应抽取一定期间的现金、银行存款日记账,检查其加总是否正确无误,日记账是否与总分类账核对相符。

4. 抽取一定期间的库存现金盘点表与银行存款余额调节表。

(1)注册会计师应抽查库存现金盘点表,与相应月份的现金日记账核对,验证一致性,并核实溢缺现金的处理是否符合规定。

(2)注册会计师应抽取一定期间的银行存款余额调节表,并注明编制人,然后根据会计记录、银行对账单和支票存根等重新执行银行存款余额调节表的编制程序,从而检查银行存款余额调节表的编制是否正确、真实。同时注意银行存款余额调节表是否由独立人员及时编制,是否存在出租、出借银行账户的情况,是否存在与本单位无关的收付款业务。

5. 检查外币资金的折算方法是否符合有关规定,是否与上年度一致。对于有外币银行存款的被审计单位,应确定有关外币银行存款的增减变动是否采用交易发生日的即期汇率将外币金额折算为记账本位币金额,或者采用按照系统合理的方法确定的、与交易发生日即期汇率近似的汇率折算为记账本位币,选择采用汇率的方法前后各期是否一致;检查企业的外币银行存款的余额是否采用期末即期汇率折算为记账本位币金额;折算差额的会计处理是否正确。

6. 实地观察、检查账簿凭证,检查不相容职务的划分。

(1)抽查银行存款余额调节表,了解编制人签章是否为出纳以外的人员。

(2)抽查日记账记录与相应的会计凭证,检查凭证上是否有会计人员的审核签章。

(3)支票保管、登记与印章的保管是否分别由不同人员负责。

(4)各项货币资金的收、付程序有无明确的制度规定。

(三)评价内部控制

注册会计师在完成上述程序之后,即可对货币资金的内部控制进行评价。评价时,注册会计师应首先确定货币资金内部控制可信赖的程度以及存在的薄弱环节,然后据以确定在货币资金实质性程序中对哪些环节可以适当减少或增加审计程序,重点检查,以减少审计风险。

第三节 库存现金审计

一、库存现金的审计目标

1. 审查确定被审计单位资产负债表中的现金在财务报表日是否确实存在,是否为被审计单位所拥有。

2. 确定被审计单位在特定期间内发生的现金收支业务是否均已记录完毕,有无遗漏。

3. 确定现金余额是否正确。

4. 确定现金是否按企业会计准则的规定在财务报表中做出适当列报。

二、库存现金审计实务中常见的错弊

1. 现金短缺或挪用现金。通常采用“白条抵库”或将短缺数计入其他应收款,表面上保持账款相符。

2. 账外现金。为单位所拥有,但没有在账上反映,使得无法实施有效监督,容易流失的现金,也称为“小金库”。

3. 以少报多或以多报少。出纳人员在汇总原始凭证时,对现金支出多记账,现金收入少记账,将差额据为己有。

4. 无证无账。通常在对方交款不需报销的情况下,相关人员对现金收入不开收据、发票,不记账,直接侵吞现金。

5. 重复报账。对一笔现金支出业务两次或多次报账,采用的手段主要有:采取正本、副本两次报账;用以往年度签字齐全的已报账单据重复报账;以单据遗失为由,请对方单位或经手人不开单据或证明再次报账。

6. 现金日记账余额差错。原因主要是出纳员登记现金日记账时,少列收入或多列支出,减少账面余额,将多余现金据为已有,并为保持账面平衡,在其他账户中制造相应余额,

或在月终汇总时，在其他科目错汇相应的金额。

7. 分录差错。其中有无意错误，也有故意作弊，后者较前者更隐蔽。

三、库存现金的审计程序

（一）核对库存现金

核对库存现金日记账与总账的余额是否相符，是注册会计师测试库存现金余额的起点，如果不相符，应查明原因，并建议被审计单位做出适当调整。

（二）盘点库存现金

盘点库存现金是证实资产负债表中所列库存现金是否存在的一项重要程序。盘点库存现金的步骤和方法有：

1. 库存现金的盘点范围。盘点的范围一般包括被审计单位各部门经管的库存现金，通常包括被审计单位已收到但未存入银行的现金、零用金、找换金等的盘点。

2. 库存现金的盘点时间。库存现金的盘点实施突击性的检查，最佳盘点时间为上午上班前或下午下班时。

3. 库存现金的盘点人员。参加库存现金盘点的人员，应视被审计单位的具体情况而定，但必须有被审计单位出纳员和会计主管人员参加，并由注册会计师进行监盘。

4. 库存现金的盘点步骤。

（1）库存现金盘点前，应由出纳员将库存现金集中起来存入保险柜。必要时可加以封存，然后由出纳员把已办妥现金收付手续的收付款凭证登入现金日记账。如被审计单位现金存放在多处，可同时盘点或封存后逐一盘点。

（2）库存现金盘点过程中，首先，审阅现金日记账并同时与库存现金收付凭证相核对：一方面检查日记账的记录与凭证的内容和金额是否相符；另一方面了解凭证日期与日记账日期是否相符或接近；

（3）由出纳员根据现金日记账结出现金结余额。

（4）盘点保险柜的库存现金实存数，同时编制“库存现金盘点表”，分币种、面值列示盘点金额。

（5）将盘点金额与现金日记账余额进行核对，如有差异，应查明原因，并做出记录或适当调整。

5. 库存现金盘点中需特别注意的事项。如果盘点是在资产负债表日后进行，应将盘点金额调整至资产负债表日的金额；若有冲抵库存现金的借条、未提现支票、未做报销的原始凭证，应在“库存现金盘点表”中注明或做出必要的调整；库存现金的盘点实施突击性的检查，注册会计师不可将盘点计划告知被审计单位。库存现金监盘表格式如表 6－3 所示。

表 6-3 库存现金监盘表

被审计单位：　　　　索引号：

项目：　　　　财务报表截止日：

编制人：　　　　复核人：

日期：　　　　日期：

检查盘点记录						实有库存现金盘点记录						
项目		项次	人民币	美元	某外币	面额/元	人民币		美元		某外币	
							张	金额	张	金额	张	金额
上一次账面库存余额		①				1 000						
盘点日未记账传票收入金额		②				500						
盘点日未记账传票支出金额		③										
盘点日账面应有金额		④=①+②-③				100						
盘点实有库存现金数额		⑤				50						
盘点日实有与应有差异		⑥=④-⑤				10						
差异原因分析	白条抵库（张）					5						
						2						
						1						
						0.5						
						0.2						
						0.1						
						合计						
追溯调整	报表日至审计日库存现金支出总额					审计说明及审计结论：						
	报表日至审计日库存现金收入总额											
	报表日库存现金应有余额											
	报表日账面汇率											
	报表日余额折合本位币金额											
本位币合计												

出纳员：　　　　会计主管人员：　　　　监盘员：　　　　检查日期：

【例 6-5】 2018 年 12 月 31 日，信诚注册会计师对亚美食品有限公司库存现金进行审计。据查库存现金日记账当日账面余额 3 500 元，采购员张三预借差旅费 1 500 元、变卖废旧报纸收入 400 元、职工李四借款白条 500 元、收到销售产品款 800 元（已开销售发票）均未入账。库存现金盘点结果为：实有数额 2 631 元，其中 100 元币 10 张，50 元币 10 张，20 元币 20 张，10 元币 40 张，5 元币 40 张，1 元币 100 张，0.5 元币 50 张，0.1 元币 60 张。银行对该企业核定的库存限额为 2 000 元。审计人员据此编制库存现金盘点表，如下表所示。

库存现金监盘表

被审计单位:亚美食品公司　　　　索引号:

项目:库存现金监盘　　　　财务报表截止日:

编制人:　　　　复核人:

日期:2018 年 12 月 31 日　　　　日期:

<table>
<tr><th colspan="3">检查盘点记录</th><th colspan="3">实有库存现金盘点记录</th></tr>
<tr><th colspan="2">项目</th><th>金额</th><th>面额/元</th><th>张</th><th>金额</th></tr>
<tr><td colspan="2">盘点日现金账面余额</td><td>3 500</td><td>100</td><td>10</td><td>1 000</td></tr>
<tr><td colspan="2">加:未记账收款金额</td><td>1 200</td><td>50</td><td>10</td><td>500</td></tr>
<tr><td colspan="2">1. 变卖废旧报纸收入</td><td>400</td><td>20</td><td>20</td><td>400</td></tr>
<tr><td colspan="2">2. 小额产品销售收入</td><td>800</td><td>10</td><td>40</td><td>400</td></tr>
<tr><td colspan="2">减:未记账付款金额</td><td>1 500</td><td>5</td><td>40</td><td>200</td></tr>
<tr><td colspan="2">1. 采购员张三预借差旅费</td><td>1 500</td><td>1</td><td>100</td><td>100</td></tr>
<tr><td colspan="2">盘点日账面应有余额</td><td>3 200</td><td>0.5</td><td>50</td><td>25</td></tr>
<tr><td colspan="2">盘点日账面实有余额</td><td>2 631</td><td>0.1</td><td>60</td><td>6</td></tr>
<tr><td colspan="2">盘点日实有与应有差异</td><td>短缺 569</td><td>合计</td><td></td><td>2 631</td></tr>
<tr><td rowspan="2">差异原因分析</td><td>白条抵库(李四)</td><td>500</td><td></td><td></td><td></td></tr>
<tr><td>丢失或错发</td><td>69</td><td></td><td></td><td></td></tr>
<tr><td>追溯调整</td><td colspan="2">报表日至盘点日库存现金支出总额
报表日至盘点日库存现金收入总额
报表日库存现金应有余额
报表日库存现金账面汇率
审计差异</td><td colspan="3">审计说明及审计结论:
1. 白条抵库违反规定;
2. 收付款入账不及时;
3. 超库存限额;
4. 保管不善</td></tr>
<tr><td colspan="3">库存限额:2 000</td><td></td><td colspan="2"></td></tr>
</table>

出纳员:　　　　会计主管人员:　　　　监盘员:　　　　检查日期:

【分析要点】

根据库存现金盘点表,注册会计师可得出如下结论:(1)职工李四借款白条500元,违反规定;(2)采购员张三预借差旅费1 500元、变卖废旧报纸收入400元、收到销售产品款800元均未入账,入账不及时;(3)银行对该企业规定的库存限额为2 000元,盘点日实有现金2 631元,超库存限额631;(4)丢失或错发现金69元,属于保管不善,应加强管理。

(三)抽查大额现金收支原始凭证

抽取的样本主要是大额现金原始凭证,抽查大额现金收支是证实库存现金收支业务是否合理正确、记录完整的重要程序,同时也是证实库存现金存在性的方法。注册会计师应抽查大额库存现金收支的原始凭证是否齐全、内容是否完整、有无授权批准、记账凭证与原始凭证是否相符、账务处理是否正确、是否记录于恰当的会计期间等项内容。如有与被审计单位生产经营业务无关的收支事项，应查明原因，并作相应的记录。

【例6-6】 审计人员对三泰股份公司货币资金审计程序表的安排，对公司货币资金实施了核查大额货币资金收支的审计程序，并编制了如下大额现金收支抽查表。

索引号：C1-5(2-1)

大额现金收支抽查表

单位名称：三泰股份公司　　　　抽查人员：杨洪飞

日期：2018.02.01

截止日期：2018.12.31　　　　复核人员：李根生

日期：2018.02.05

抽查凭证内容					核对内容							备注
日期	凭证号	摘要	对方科目	金额	1	2	3	4	5	…	8	
01.02	现收005	收货款	Dr：应收账款	55 000	√	√		√	√	√	√	
03.04	现收010	收货款	Dr：应收账款	65 234	√	√		√	√	√	√	
05.07	现收015	收货款	Dr：应收账款	78 500	√	√		√	√	√	√	
07.23	现收085	收货款	Dr：应收账款	54 010	√	√		√	√	√	√	
08.12	现付021	支费用	Cr：管理费用	12 020	√	√	√	√	√	√	√	
10.04	现付008	购材料	Cr：原材料	13 222	√	√	√	√	√	√	√	
12.14	现付045	支费用	Cr：管理费用	3 600	√	√	√	√	√	√	√	

*核对内容：

①原始凭证是否齐全；　②原始凭证内容是否完整；

③费用支出合理；　④有无授权批准；

⑤账务处理是否正确；　⑥记账凭证与原始凭证是否相符；

⑦是否记录于恰当的会计期间；　⑧是否记录于相关账户。

审计说明：经抽查，未发现误差。

（四）库存现金收支的截止性审计

库存现金截止测试的目标是确定现金交易是否记入恰当的期间，进而能够帮助确定库存现金余额是否正确。因此，注册会计师应以结账日实有数额为准，抽取结账日前后一段时期内库存现金收支凭证进行审计，验证库存现金收支的截止日期，以确定是否存在跨期事项。

【例6-7】 假设2019年1月15日注册会计师张宏对科贸公司进行审计，查得该公司2018年12月31日资产负债表"货币资产"项目中的库存现金为3 000元，经核对1月1日—20日的收付款凭证和库存现金日记账，核实1月1日—20日收入现金数为12 000元、支出现金数为13 000元。假设1月20日盘点日调整后余额为2 800元。

【分析要点】

注册会计师应根据追溯调整法进行如下调整：

库存现金盘点日调整后余额2 800元

加：审计截止日至现金盘点日的支出13 000元

减：审计截止日至现金盘点日的收入12 000元

报表日库存现金应有余额为3 800元

报表日库存现金账面余额为3 000元,审计差异为800元。可见,该企业对2018年度资产负债表中"货币资金"项目包含的库存现金没有进行恰当披露。

(五)外币现金折算的审计

对于有外币库存现金的被审计单位,注册会计师应检查被审计单位对外币库存现金的收支是否按交易发生日的即期汇率或按照系统合理的方法确定的与交易发生日即期汇率近似的汇率折合为记账本位币金额;资产负债表日库存现金余额是否按资产负债表日即期汇率折合为记账本位币金额;外币折合差额是否按规定记入当期损益。

(六)库存现金披露的审计

注册会计师应在实施上述审计程序后,确定库存现金账户的期末余额是否恰当,据以确定库存现金是否在资产负债表中"货币资金"项下正确反映。

第四节 银行存款审计

一、银行存款的审计目标

1. 确定被审计单位资产负债表中的银行存款在财务报表日是否确实存在,是否为被审计单位所拥有;

2. 确定被审计单位在特定期间内发生的银行存款收支业务是否均记录完毕,有无遗漏;

3. 确定银行存款余额是否正确;

4. 确定银行存款在财务报表上的披露是否恰当。

二、银行存款审计实务中常见的的错弊

1. 账外存款。

2. 私领存款。支票管理制度不健全时,支票存根不单独保管,以致不易发现支票存根缺号,并且月终由出纳核对对账单与日记账,以及编制银行存款余额调节表时,出纳私自签发现金支票领款后,不留现金支票存根,也不记账。

3. 虚报冒领。会计人员用伪造的和不经审批的假凭证,登记银行存款日记账,虚列开支或银行本票等结算方式支出货款或转移资金。

4. 转借银行账号。表现形式是:银行对账单一收一付,收支相抵。

5. 金额差错。会计人员为弥补漏洞或保持银行存款余额调节表的平衡,故意算错日记账余额,再在有关账户的对方制造相同金额的差错,制造账面的虚假平衡,或者月终试算不平时,制造余额差错,为以后舞弊做准备。

6. 涂改对账单。此时,审计人员应向银行发询证函,取得对账单。

7. 抵减现金。会计人员通过银行账户故意用错对方科目,抵减账面现金,然后从库存

中取得现金占为己有。

8. 贪污利息。会计人员在月末结算利息时，只记借款利息，不计存款利息，日记账余额小于对账余额，而后对支出存款不记账，余额自动平衡，利息为贪污。

【例 6-8】 信诚会计师事务所于 2018 年 1 月 20 日对环宇商贸有限公司的财务报表审计时，在现金盘点时发现该公司保险柜内有一余额为 23 768 元的私人活期存折，存折开折日期为 2017 年 4 月 5 日，并有 3 笔支出分别为 9 800 元、8 500 元和 5 700 元。同时，该存折所在信封内还有飞机票、餐费发票和现金领用表等资料，票据金额合计共 23 000 元。

【分析要点】

私人存折放置在单位保险柜的行为应引起审计人员关注，而且相关票据金额总数与该存折支出金额相符，表明企业可能存在公款私存、设置"小金库"的行为。需要审计人员与财务人员进一步了解存折资金来源和相关票据的用途。通过核对 2017 年 3 月、4 月份银行存款日记账与对账单核对发现，对账单上有一笔 4 万余元的代销商品款，两天后有一笔数额相同的现金支票开出，但银行存款日记账却没有登记相关，提取现金也没有在现金日记账登记，现金支票的存根也不知去向。进一步审计核实发现代销商品款的付款单位并非企业代销商品企业，款项实际为公司出租柜台的租金收入，收入未入账，租金成为公司的小金库，支出主要为用于企业招待费支出 9 800 元，领导外地出差 8 500 元和管理人员奖金发放 5 700 元，说明公司货币资金内部控制制度不健全。审计人员应要求企业调整相关会计分录，将租金收入纳入企业其他业务收入，支出列为企业管理费用。

借：银行存款　　　23 768

　　管理费用　　　24 000

　贷：其他业务收入　　　47 768

三、银行存款的审计程序

(一)核对银行存款

核对银行存款日记账与总账的余额是否相符，是审计人员测试银行存款余额的起点，如果不相符，应查明原因，并建议被审计单位做出适当调整。

(二)银行存款实质性分析程序

计算银行存款累计余额应收利息收入，分析比较被审计单位银行存款应收利息收入与实际利息收入的差异是否恰当，评估利息收入的合理性，检查是否存在高息资金拆借，确认银行存款余额是否存在，利息收入是否已经完整记录。

(三)检查银行存单

检查是否与账面记录金额一致，是否被质押或限制使用，存单是否为被审计单位所拥有。对已质押的定期存款，检查定期存单复印件，并与相应的质押合同核对。对于质押借款的定期存单，关注定期存单对应的质押借款有无入账，对于超过借款期限但仍处于质押状态的定期存款，还应关注相关借款的偿还情况，了解相关质权是否已被行使；对于为他人担保的定期存单，关注担保是否逾期及相关质权是否已被行使。对未质押的定期存款，检查开户证实书原件，以防止被审计单位提供的复印件是未质押（或未提现）前原件的复印件。在检查时，还要认真核对相关信息，包括存款人、金额、期限等，如有异常，需实施进一步审计程序。

（四）银行存款余额调节表的审计

检查银行存款余额调节表是证实资产负债表中所列银行存款是否存在的重要程序。由被审计单位根据不同的银行账户及货币种类分别编制银行存款余额调节表，取得银行存款余额调节表后，审计人员应检查调节表中未达账项的真实性，以及资产负债表日后的进账情况，如果存在应于资产负债表日之前进账的应作相应的调整。其程序一般包括：

1. 将被审计单位资产负债表日的银行存款余额对账单与银行询证函回函核对，确认是否一致，核对账面记录的存款金额是否与对账单记录一致。

2. 获取资产负债表日的银行存款余额调节表，检查调节表中加计数是否正确，调节后银行存款日记账余额与银行对账单余额是否一致。

3. 检查调节事项的性质和范围是否合理。检查是否存在跨期收支和跨行转账的调节事项；检查大额在途存款和未付票据。检查在途存款的日期，查明发生在途存款的具体原因，追查期后银行对账单存款记录日期，确定被审计单位与银行记账时间差异是否合理，确定在资产负债表日是否需提请被审计单位进行适当调整；检查被审计单位的未付票据明细清单，查明被审计单位未及时入账的原因，确定账簿记录时间晚于银行对账单的日期是否合理；检查被审计单位未付票据明细清单中有记录但截至资产负债表日银行对账单无记录且金额较大的未付票据，获取票据领取人的书面说明，确认资产负债表日是否需要进行调整；检查资产负债表日后银行对账单是否完整地记录了调节事项中银行未付票据金额。

4. 检查是否存在未入账的利息收入和利息支出。

5. 检查是否存在其他跨期收支事项，检查相应的原始交易单据或者银行收付款单据。

6. 当未经授权或授权不清支付货币资金的现象比较突出时，检查银行存款余额调节表中支付异常的领款（包括没有载明收款人）、签字不全、收款地址不清、金额较大票据的调整事项，确认是否存在舞弊。

【例6－9】 审计人员张亮对环宇商贸有限公司审计时发现，公司销货业务、购货业务繁多，还具有大量的代销业务，经常要与客户结算，银行往来业务较多，截至2018年12月31日，该公司银行存款日记账余额1 068 000元，取得的银行对账单余额为868 000元，相差200 000元，张亮对银行对账单和银行存款日记账进行核对，发现下列未达账项：(1)12月5日销售产品168 890，收到乙公司签发的支票，企业登记银行存款，银行未入账；(2)企业收到丁企业预交产品款支票84 910，未送存银行；(3)企业购买原材料验收入库，转账支付141 800，银行未付；(4)银行代扣企业水电费60 000元和电话费17 000元，企业未入账。张亮据此编制了银行存款余额调节表如下表所示。

银行存款余额调节表

被审计单位:环宇商贸有限公司　　日期:2018 年 12 月 31 日　　索引号:

编制人:张亮　　复核人:　　币别:人民币

项目	金额/元	项目	金额/元
银行对账单	868 000	企业银行存款日记账	1 068 000
加:企业已收,银行未收款	254 800	加:银行已收,企业未收款	0
其中,1. 企业销售收到转账支票,银行未到账;	168 890		
2. ……		减:银行已付,企业未入账金额	87 000
		其中:1. 银行代扣水电费;	60 000
		2. 银行代扣电话费	17 000
减:企业已付,银行未入账款	141 800		
其中:1. 购买材料入库	141 800		
调整后银行对账单余额	981 000	调整后银行存款日记账余额	981 000

经办会计人员:

审计分析,尽管上述银行存款余额调节表调整后金额平衡,但审计人员还要企业货币资金内部控制测试结果,进一步分析企业货币资金内部控制的薄弱环节,开展实质性程序。如对上述未达账项,与银行进一步函证确认。

(五)函证银行存款

函证是指审计人员为了获取影响财务报表或相关披露认定的项目的信息,验证银行存款的真实性、完整性、合法性和所有权,了解被审计单位的债务、票据贴现、抵押等情况,通过直接来自第三方对有关信息和现存状况的声明,获取和评价审计证据的过程。函证银行存款余额,编制银行函证结果汇总表,检查银行回函。应注意:银行函证程序是证实资产负债表所列银行存款是否存在的重要程序。通过向往来银行函证,注册会计师不仅可了解企业资产的存在,还可了解企业账面反映所欠银行债务的情况,并有助于发现企业未入账的银行借款和未披露的或有负债。

注册会计师应当对银行存款(包括零余额账户和在本期内注销的账户)、借款及与金融机构往来的其他重要信息实施函证程序,除非有充分证据表明某一银行存款、借款及与金融机构往来的其他重要信息对财务报表不重要且与之相关的重大错报风险很低。如果不对这些项目实施函证程序,注册会计师应当在审计工作底稿中说明理由。当实施函证程序时,注册会计师应当对询证函保持控制,当函证信息与银行回函结果不符时,注册会计师应当调查不符事项,以确定是否表明存在错报。

【例 6-10】 承上例,为证实银行存款是否存在,发现可能存在的银行贷款,审计人员张亮对环宇公司本会计年度所有开过户的银行进行函证。函证结果表明,除中国工商银行北京分行红旗支行外,其余开户行的银行存款、银行借款等均已入账,没发现其他不符事项。红旗支行回函说明该公司在其还有一笔200 万元的短期银行贷款。以下为发给中国工商银行红旗支行的询证函和该行反馈信息内容:

银行询证函

中国工商银行红旗支行:

本公司聘请的信诚会计师事务所正在对本公司2018年度财务报表进行审计,按照中国审计人员审计准则的要求,应当函证本公司与贵行相关的信息。下列信息出自本公司记录,如与贵行记录相符,请在本函下端“信息证明无误”处签章证明;如有不符,请在“信息不符”处列明不符项目及具体内容;如存在与本公司有关的未列入本函的其他重要信息,也请在“信息不符”处列出其详细资料。回函请直接寄至信诚会计师事务所。

回函地址:北京市西城区金融街 ** 号　　　　邮编:100039

电话:　　　　联系人:张亮

截至2018年12月31日,本公司与贵行相关的信息列示如下:

1. 银行存款

账户名称	银行账号	币种	利率	余额	起止日期	是否被质押或用于担保或存在其他限制	备注
人民币存款	××××	RMB		1 068 238 782			
专用存款	××××	RMB		89 621 028			

除上述列示的银行存款外,本公司并无在贵行的其他存款。

注:“起止日期”一栏仅适用于定期存款,如为活期或保证金存款,可只填写“活期”或“保证金字样。”

2. 银行借款

借款人	币种	本息余额	借款日期	到期日期	利率	借款条件	抵押品/担保人	备注
环宇公司	RMB	4 000 000	2018.03.01	2019.01.31		信用		短期贷款
环宇公司	RMB	8 000 000	2018.06.01	2020.06.30		担保		长期贷款

除上述列示的银行借款外,本公司并无在贵行的其他借款。

注:此项仅函证截至资产负债日本公司尚未归还的借款。

3. 截至函证日前12个月内注销的账号

账户名称	银行账户	币种	注销账户日期
××××临时账户	××××	RMB	2018.04.01

注:除上述列示的账户外,本公司并无.截至函证日前12个月内在贵行注销的其他账号。

4. 担保

(1)本公司为其他单位提供的、以贵行为担保受益人的担保

被担保人	担保方式	担保金额	担保期限	担保事由	合同编号	被担保人与贵行就担保事项的内容		备注
嘉信公司	信用担保	20 000 000						

除上述列示的担保外,本公司并无其他以贵行为担保受益人的担保。

注:如采用抵押或质押方式提供担保的,应在备注中说明抵押物或质押物情况。

(2)贵行向本公司提供的担保

被担保人	担保方式	担保金额	担保期限	担保事由	担保合同编号	被担保人与贵行就担保事项往来的内容	备注

注:除上述列示的担保外,本公司并无贵行提供的其他担保。

……

其他重大事项

注:此项应填列审计人员认为重大且应予函证的其他事项,如无则应填写“不适用”。

环宇商贸有限公司(公司盖章)

2019 年 1 月 15 日

以下仅供被函证银行使用

结论:1. 信息证实无误。

(公司盖章)

经办人:　　　　年　　月　　日

2. 信息不符,请列明不符项目及具体内容(对于在本函前述第 1 项至第 13 项中漏列的其他重要信息,请列出详细资料)。

短期贷款除了表中所列金额外,该公司还在 11 月 15 日取得一笔贷款,期限为 6 个月,金额为人民币 200 万元整。

中国工商银行红旗支行(银行盖章)

经办人:陈鑫　　　　2019 年 1 月 20 日

【分析要点】

审计人员要询问财务经理和相关经办人员该笔贷款事宜,经了解环宇公司将该笔贷款存入子公司账户,暂由子公司使用,但双方未办理相关手续。张亮要求公司提供相关文件,作为工作底稿,并建议环宇公司加强贷款申请、资金使用等各项管理工作。

(六)检查银行存款账户存款人是否为被审计单位

若存款人非被审计单位,应获取该账户户主和被审计单位的书面声明,确认资产负债表日是否需要提请被审计单位进行调整。

(七)关注是否存在质押、冻结等对变现有限制或存在境外的款项

如果存在,是否已提请被审计单位做必要的调整和披露。

列明等价条件的银行存款

对不符合现金及现金等价物条件的银行存款在审计工作底稿中予以列明,以考虑对现

金流量表的影响。

（九）抽查大额银行存款收支的原始凭证

检查原始凭证是否齐全、记账凭证与原始凭证是否相符、账务处理是否正确、是否记录于恰当的会计期间等项内容。检查是否存在非营业目的的大额货币资金转移，并核对相关账户的进账情况；如有与被审计单位生产经营无关的收支事项，应查明原因并作相应的记录。

【例6－11】 信诚会计师事务所审计人员在对宏鑫股份有限公司2018年财务报表审计，在抽查公司大额银行存款收支时，该公司9月银行存款日记账摘要显示有3笔机器修理费，分别为15万元、20万元和25万元，共计60万元，计入制造费用，进一步查阅三笔支出的原始凭证发现，三张三张发票均出自宏鑫劳动服务公司，为宏鑫公司的下属控股子公司，两者属于关联方交易，经与有关经手人员询问，得到的信息是该公司九月份并没进行设备的大规模修理，审计人员为了确定这笔支出，调阅了相关会计账簿和这3张发票存根联，核对后发现与这三张发票实际金额分别为1.5万元、2万元和2.5万元，在对方单位的会计分录如下所示，维修费外的金额为应付宏鑫股份有限公司的应付账款。

借：银行存款　　150 000
　贷：主营业务收入　　15 000
　　应付账款　　135 000

在9、10月份宏鑫劳动服务公司已开出现金支票将3笔应付账款共计54万元分两次归还，将应付账款转平。从双方的处理看，宏鑫劳动服务公司明显存在开“阴阳”发票的问题，宏鑫股份有限公司通过多记费用达到套取现金用于非法开支，并可少交所得税。在这项业务中共多记费用54万元，从而使当期利润少记54万元，并影响所得税和未分配利润。54万元款项成为公司小金库，没在正式的日记账中登记。到审计时已将其用于业务招待费开支共10元，并有相关的发票，假定业务招待费均为该年度发生的，并在规定的控制数额之内，不需进行所得税调整，并将修理费调入业务招待费用。对上项业务的调整分录为：

借：银行存款　　440 000
　贷：本年利润　　440 000
借：管理费用　　10
　贷：制造费用　　10

（十）检查银行存款收支的截止是否正确

选取资产负债表日前后若干张、一定金额以上的凭证实施截止测试，关注业务内容及对应项目，如有跨期收支事项，应考虑是否提请被审计单位进行调整。

（十一）检查银行存款是否在财务报表中做出恰当列报

根据有关规定，企业的银行存款在资产负债表的“货币资金”项目中反映，所以，审计人员应在实施上述审计程序后，确定银行存款账户的期末余额是否恰当，进而确定银行存款是否在资产负债表中恰当披露。此外，如果企业的银行存款存在抵押、冻结等使用限制情况或者潜在回收风险，审计人员应关注企业是否已经恰当披露有关情况。

【例6-12】 审计人员张亮对环宇商贸有限公司254 800元企业已入账、银行未收到的银行存款未达账项进一步审查发现,截至2018年1月15日,除其中2017年12月5日的168 890元企业产品销售收入银行仍未收到相应款项外,其余未达账项均已到账。审计人员与银行联系结果表明,该支票为空头支票,已在年前退回企业,询问企业会计人员表明确有其事,但会计人员认为购货方是企业长期客户,只是暂时账上没钱,等客户账上有钱后款项就可支付,该业务并不影响企业收益和资产,就没进行调整。审计人员应如何处理?

【分析要点】

审计人员应要求企业必须调整,虽然该业务不影响收益,但金额相对企业银行存款余额来说金额较大,并影响企业现金流量指标,应将其调入应收账款,必要时要提取坏账准备。

借:应收账款　　　　168 890

　贷:银行存款　　　　168 890

第五节　其他相关项目审计

其他货币资金包括企业到外地进行临时或零星采购而汇往采购地银行开立采购专户的款项所形成的外埠存款、企业为取得银行汇票按照规定存入银行的款项所形成的银行汇票存款、企业为取得银行本票按照规定存入银行的款项而形成的银行本票存款、信用卡存款和信用证保证金存款等。

一、其他货币资金的审计目标

其他货币资金的审计目标一般包括:确定被审计单位资产负债表中的其他货币资金在财务报表日是否确实存在,是否为被审计单位所拥有;确定被审计单位在特定期间内发生的其他货币资金收支业务是否均已记录完毕,有无遗漏;确定其他货币资金余额是否正确;确定其他货币资金在财务报表上的披露是否恰当。

二、其他货币资金的审计程序

(一)核对

核对外埠存款、银行汇票存款、银行本票存款、信用卡存款和信用证保证金存款等各明细账期末合计数与总账数是否相符。如果不相符,应查明原因,并建议被审计单位做出适当调整。

(二)函证

函证外埠存款、银行汇票存款、银行本票存款。

(三)抽查原始凭证

抽查一定样本量的外埠存款、银行汇票存款、银行本票存款、信用卡存款和信用证保证金存款的收支原始凭证进行测试。抽查原始凭证,是证实其他货币资金收支业务是否记录完整的重要程序,同时也是证实其存在性的方法。审计人员应抽查其他货币资金收支的原始凭证内容是否完整,有无授权批准,并核对相关账户的进账情况,如有与被审计单位生产经营业务无关的收支事项,应查明原因,并作相应的记录。

(四)截止性测试

其他货币资金截止测试的目标是确定交易是否记入恰当的期间,进而能够帮助确定其他货币资金余额是否正确。因此,审计人员应以结账日实有数额为准,抽取结账日前后一段时期内其他货币资金收支凭证进行审计,验证其他货币资金收支的截止日期,以确定是否存在跨期事项。

(五)其他货币资金披露的审计

审计人员应在实施上述审计程序后,确定其他货币资金账户的期末余额是否恰当,据以其是否在资产负债表中"货币资金"项下正确反映。

本章小结

1. 货币资金是流动性最强的资产,主要包括库存现金、银行存款和其他货币资金。由于货币资金容易发生舞弊,因此,货币资金审计的风险较高,需要与其他业务循环内容结合才能有效展开。

2. 货币资金内部控制一般包括岗位分工及授权批准、现金和银行存款的管理、票据及有关印章的管理和监督检查等方面的控制,审计人员应了解被审计单位情况,开展内部控制测试。

3. 库存现金审计的重点在于对库存现金进行盘点和实施截止性测试,掌握库存现金盘点的范围、程序等内容,有效组织实施库存现金盘点。

4. 银行存款审计的重点是对银行存款进行函证和实施截止性测试。

5. 正确编制银行存款余额调节表。

练习题

一、单项选择题

1. 以下各项中,货币资金审计涉及的凭证和会计记录的是(　　)。

A. 应收账款账龄分析表　　B. 销售发票

C. 现金盘点表　　D. 存货计价审计表

2. 下列有关货币资金的内部控制中,企业存在设计缺陷的是(　　)。

A. 财务专用章应由专人保管,个人名章必须由本人或其授权人员保管

B. 严禁未经授权的机构或人员办理货币资金业务或直接接触货币资金

C. 因特殊情况需坐支现金的,应事先报经财务总监审查批准

D. 企业有关部门或个人用款时,应当提前向审批人提交货币资金支付申请,注明款项的用途、金额、预算、支付方式等内容,并附有效经济合同或相关证明

3. 下列各项中,企业出纳可以兼任的工作是(　　)。

A. 应付账款明细账登记　　B. 固定资产明细账的登记
C. 销售费用总账登记　　D. 会计档案保管

4. 被审计单位下列与货币资金相关的内部控制中，存在缺陷的是(　　)。
A. 大额支付须办理支票
B. 登记现金日记账人员应与现金出纳职责分离
C. 现金折扣需经过审批
D. 出纳员每日盘点库存现金并与账面现金余额核对

5. 注册会计师实施的下列针对银行存款账户发生额的审计程序中，不正确的是(　　)。
A. 分析不同账户发生银行存款日记账漏记银行交易的可能性，获取相关账户相关期间的全部银行对账单
B. 如果对被审计单位银行对账单的真实性存有疑虑，可以再次从被审计单位获取银行对账单
C. 从被审计单位银行存款日记账上选取样本，核对至银行对账单
D. 浏览银行对账单，选取大额异常交易

6. 下列各项中，不属于银行存款的内部控制测试程序的是(　　)。
A. 抽取并检查银行存款收款凭证
B. 检查外币银行存款的折算方法是否符合有关规定，是否与上年度一致
C. 抽取一定期间银行存款余额调节表，验证其是否按月正确编制并复核
D. 获取或编制银行存款余额明细表，复核加计是否正确，并与总账数和日记账合计数核对是否相符

7. 如果被审计单位某银行账户的银行对账单余额与银行存款日记账由于未达账项的原因导致余额不符，最有效的审计程序是(　　)。
A. 重新测试相关的内部控制
B. 检查银行对账单中记录的资产负债表日前后的收付情况
C. 检查银行存款日记账中记录的资产负债表日前后的收付情况
D. 检查该银行账户的银行存款余额调节表

8. 2019 年 3 月 5 日对 N 公司全部现金进行监盘后，确认实有现金数额为 1 000 元。N 公司 3 月 4 日账面库存现金余额为 2 000 元，3 月 5 日发生的现金收支全部未登记入账，其中收入金额 3 000 元、支出金额为 4 000 元，2019 年 1 月 1 日至 3 月 4 日现金收入总额为 165 200 元、现金支出总额为 165 500 元，则推断 2018 年 12 月 31 日库存现金余额应为(　　)元。
A. 1 300　　B. 2 300　　C. 700　　D. 2 700

9. N 公司某银行账户的银行对账单余额为 585 000 元，在审查 N 公司编制的该账户银行存款余额调节表时，A 注册会计师注意到以下事项：N 公司已收、银行尚未入账的某公司销货款 100 000 元；N 公司已付、银行尚未入账的预付某公司材料款 50 000 元；银行已收、N 公避开尚未入账的某公司退回的押金 35 000 元；银行已代扣、N 公司尚未入账的水电费 25 000 元。假定不考虑审计重要性水平，A 注册会计师审计后确认该账户的银行存款日记账余额应是(　　)。
A. 625 000 元　　B. 635 000 元　　C. 575 000 元　　D. 595 000 元

10. 针对被审计单位存在的大额定期存款，注册会计师拟实施的下列审计程序中不恰

当的是(　　)。

A. 监盘库存现金的同时,监盘定期存款凭据

B. 对未质押的定期存款,检查开户证实书复印件

C. 对已质押的定期存款,检查定期存单复印件,并与相应的质押合同核对

D. 资产负债表日后已提取的定期存款,核对相应的兑付凭证

二、多选题

1. 针对被审计单位以下与货币资金相关的内部控制,审计人员应提出改进建议的有(　　)。

A. 现金收入必须及时存入银行,不得直接用于公司的支出

B. 在办理费用报销的付款手续后,出纳人员应及时登记现金、银行存款日记账和相关费用明细账

C. 指定负责成本核算的会计人员每月核对一次银行存款账户

D. 期末应当核对银行存款日记账余额和银行对账单余额,对余额核对相符的银行存款账户,无须编制银行存款余额调节表

2. 对被审计单位库存现金盘点,应当有以下人员(　　)参加。

A. 注册会计师　　B. 出纳员

C. 会计机构负责人　　D. 被审计单位负责人

3. 为了做到银行存款在财务报表上正确截止,对于以下未达账项(　　),注册会计师应当要求被审计单位编制会计分录调整。

A. 银行已付,企业未入账的支出　　B. 银行已收,企业未入账的收入

C. 企业已付,银行未入账的支出　　D. 企业已收,银行未入账的收入

4. 下列与货币资金内部控制相关的说法中,不正确的有(　　)。

A. 对于审批人超越授权范围审批的货币资金业务,经办人员可以先办理,然后向审批人的上级授权部门报告

B. 出纳人员应当根据复核无误的支付申请,按规定办理货币资金支付手续,及时登记库存现金和银行存款日记账

C. 企业应当定期和不定期地进行现金盘点,确保现金账面余额与实际库存相符

D. 出纳人员支付货币资金后,复核人员应立即进行复核

5. A 公司编制的 2018 年 12 月末银行存款余额调节表显示存在 120 000 元的未达账项,其中包括 A 公司已付而银行未付的材料采购款 100 000 元。以下审计程序中,可能为该材料采购款未达账项的真实性提供审计证据的有(　　)。

A. 检查 2019 年 1 月份的银行对账单

B. 检查相关的采购合同、供应商销售发票和付款审批手续

C. 就 2018 年 12 月末银行存款余额向银行寄发银行询证函

D. 向相关的原材料供应商寄发询证函

三、判断题

1. 注册会计师通过询问或观察可以证实货币资金业务不相容岗位是否分离。(　　)

2. 由于库存现金余额比较小,产生错弊金额也比较小,因此,注册会计师可以不实施实

质性程序。( )

3. 如果现金盘点不是在资产负债表日进行,注册会计师应将资产负债表日至盘点日金额调整至盘点日金额。( )

4. 被审计单位资产负债表上的银行存款数额,应以编制或取得的银行存款余额调节表调整后的数额为准。( )

5. 注册会计师对银行存款的函证,一律采用积极式,不能采用消极式。( )

四、简答题

1. 简要回答库存现金盘点的目的、时间、范围和程序。

2. 为什么要函证银行存款,范围包括哪些,如何函证?

五、分析题

1. G 公司是 ABC 会计师事务所的常年审计客户,在对 G 公司 2018 年度财务报表进行审计时,M 审计人员负责审计货币资金项目。G 公司在总部和营业部均设有出纳部门。为顺利监盘库存现金,M 审计人员在监盘前一天通知 G 公司会计主管人员做好监盘准备。考虑到出纳日常工作安排,对总部和营业部库存现金的监盘时间分别定在上午 10 点和下午 3 点。监盘时,出纳把现金放入保险柜,并将已办妥现金收付手续的交易登入现金日记账,结出现金日记账余额;然后,M 审计人员当场盘点现金,在与现金日记账核对后填写“库存现金盘点表”,并在签字后形成审计工作底稿。

要求:请指出上述库存现金监盘工作中有哪些不当之处,并提出改进建议。

2. 信达会计师事务所的注册会计 A 和 B 接受委托,审计 XYZ 公司 2018 年度的财务报表。根据以往经验,决定依赖客户的内部控制,为此决定对相关内部控制进行了解和控制测试。通过了解,A 和 B 注册会计师发现以下情况:

(1)关于银行存款的内部控制:财务处处长负责支票的签署,外出时其职责由副处长代为履行;副处长负责银行预留印鉴的保管和财务专用章的管理,外出时其职责由处长代为履行;财务人员乙负责空白支票的管理,仅在出差期间交由财务处长管理。负责签署支票的财务处长的个人名章由其本人亲自掌管仅在出差期间交由副处长临时代管。

(2)关于货币资金支付的规定:部门或个人用款时,应提前向审批人提交申请,注明款项的用途、金额、支付方式、经济合同或相关证明;对于金额在 10 000 元以下的用款申请,必须经过财务副处长的审批,金额在 10 000 元以上的用款申请,应经过财务处长的审批;出纳人员根据已经批准的支付申请,按规定办理货币资金支付手续,及时登记现金和银行存款日记账;货币资金支付后,应由专职的复核人员进行复核,复核货币资金的批准范围、权限、程序、手续、金额、支付方式、时间等,发现问题后及时纠正。

要求:请分析指出上述内控存在的问题并提出改进建议。

3. 注册会计师对某被审计单位进行监督检查时发现,该单位设置了以下货币资金内部控制程序:(1)每日所收到的现金应当日存入银行;(2)报销费用时应将所有的附件、单据打孔或盖章注销;(3)由独立人员核对银行存款日记账和银行对账单,对针对未达账项编制银行存款余额调节表;(4)开票和收款工作由不同人员来担任。

要求:分析被审计单位设置上述各项控制措施有何特点、目的?

4. 2018 年 1 月 20 日,审计人员王英、李强在对某企业 2017 年 12 月 31 日资产负债表审计中，查得“货币资金”项目中的库存现金为1 062.10元。1月21日上午8时，王英、李强对归企业出纳员张华所经管的现金进行了清点。该企业1月20日现金日记账余额是832.10元，清点结果如下：

（1）现金实有数627.34元。

（2）在保险柜中有下列单据已收、付款但未入账。

ⅰ职工刘阳6月4日预借差旅费200元，已经领导批准。

ⅱ职工刘钢借据一张，金额140元，未经批准，也没有说明用途。

ⅲ在保险柜中，有已收款但未记账的凭证共4张，金额135.24元。

（3）银行核定该企业现金限额为800元。

（4）经核对1月1－20日的收付款凭证和现金日记账，核实1月1－20日收入现金数位2 350元、支出现金数为2 580元正确无误。

要求：根据以上资料，编制库存现金盘点表，核实库存现金实有数，并核实2017年12月31日资产负债表所列数字是否正确，对现金收支、留存管理的合法性提出审计意见。

5. 审计人员A和B对华彩纺织有限公司2018年12月31日的资产负债表进行审计。在审查资产负债表“货币资金”项目时，发现该公司2018年12月31日的银行存款数额为

4 100 000元，银行存款账面余额为4 065 000元。审计助理人员向开户银行取得对账单一张，2018年12月31日的银行存款余额为4 200 000元。另外，查有下列未达账款和记账差错：

（1）12月23日公司送存转账支票55 800元，银行尚未入账。

（2）12月24日公司开出转账支票55 800元，持票人尚未到银行办理转账手续。

（3）12月25日委托银行收款123 000元，银行收妥入账，但收款通知尚未到达公司。

（4）12月30日银行代付水费13 000元，但银行付款通知单尚未到达该公司。

（5）12月15日收到银行收款通知单金额385 000元，公司入账时将银行存款增加数错记成350 000元。

要求：根据上述资料，编制银行存款余额调节表，核实2018年12月31日资产负债表上“货币资金”项目中银行存款数额的正确性。

银行存款余额调节表

被审计单位：华彩纺织有限公司　　日期：2018年12月31日　　索引号：

编制人：　　复核人：　　币别：人民币

项目	金额/元	项目	金额/元
银行对账单 加：企业已收，银行未收款 减：企业已付，银行未入账款		企业银行存款日记账 加：银行已收，企业未收款 减：银行已付，企业未入账金额	
调整后银行对账单余额		调整后银行存款日记账余额	

经办会计人员：

第七章　特殊项目审计

学习目标

1. 理解并掌握首次接受委托时对期初余额的审计的目标与程序。
2. 理解并掌握期后事项的审计目标与程序。
3. 理解并掌握或有事项的审计目标与程序。
4. 对持续经营能力产生疑虑事项的识别、评估与应对。

重要概念

期初余额；期后事项；或有事项；律师声明书；持续经营假设

第一节　期初余额审计

一、首次接受委托时对期初余额审计的原则

期初余额是指期初存在的账户余额。期初余额以上期期末余额为基础，反映了以前期间的交易和事项以及上期采用的会计政策的结果。审计人员对财务报表进行审计，是对被审计单位所审期间财务报表发表审计意见，一般无须专门对期初余额发表审计意见，但因为期初余额是本期财务报表的基础，所以审计人员首次接受委托对被审计单位的财务报表进行审计时，审计人员应当根据期初余额对财务报表的影响程度，合理运用职业判断，坚持“不能不审，还不能详审，只能适度地审计”的原则，合理确定期初余额的审计范围。判断期初余额对本期财务报表的影响程度应着眼于以下三方面：一是上期结转至本期的金额；二是上期所采用的会计政策；三是上期期末已存在的或有事项及承诺。

二、期初余额的审计目标

在执行首次审计业务时，注册会计师针对期初余额的目标是，获取充分、适当的审计证据以证实：(1)期初余额是否含有对本期财务报表产生重大影响的错报；(2)期初余额反映的恰当的会计政策是否在本期财务报表中得到一贯运用，或会计政策的变更是否已按照适用的财务报告编制基础做出恰当的会计处理和充分的列报与披露；(3)企业采用的会计政策，在每一会计期间和前后各期应当保持一致，不得随意变更。

三、期初余额的审计程序

为达到上述期初余额审计目标，注册会计师应当阅读审计单位最近期间的财务报表和相关披露，以及前任注册会计师出具的审计报告(如有)，获取与期初余额相关的信息。审计程序通常包括：

(一)确定上期期末余额是否已正确结转至本期,或在适当的情况下已做出重新表述

上期期末余额通常应直接结转至本期。但在出现某些情形时,上期期末余额不应直接结转至本期,而应当做出重新表述。例如,企业会计准则和相关会计制度的要求发生变化;或者上期期末余额存在重大的前期差错,如果前期差错累积影响数能够确定,按规定应当采用追溯重述法进行更正。

上期期末余额已正确结转至本期,包括上期总账余额与各明细账余额合计数或日记账余额分别计算正确并且合计数相等;上期各总账余额和相应的明细账余额或日记账余额已经分别恰当地过入本期的总账和相应的明细账或日记账。

(二)确定期初余额是否反映对恰当会计政策的运用

注册会计师首先应了解、分析被审计单位所选用的会计政策是否恰当,是否符合适用的财务报告编制基础的要求,按照所选用会计政策对被审计单位发生的交易或事项进行处理,是否能够提供可靠、相关的会计信息;其次,如果认定被审计单位所选用的会计政策恰当,应确认该会计政策是否在每一会计期间和前后各期得到一贯执行,有无变更;最后,如果发现会计政策发生变更,应审核其变更理由是否充分,是否按规定予以变更,或者由于具体情况发生变化,会计政策变更能够提供更可靠、更相关的会计信息,并关注被审计单位是否已经按照适用的财务报告编制基础的要求,对会计政策变更做出适当的会计处理和充分披露。

如果被审计单位上期适用的会计政策不恰当或与本期不一致,注册会计师在实施期初余额审计时应提请被审计单位进行调整或予以披露。

【例7-1】 信恒会计师事务所首次接受三和股份有限公司的委托,对公司2018年财务报表进行审计,小张刚毕业首次参加财务报表审计,针对审计项目组组长老王确定的对公司期初余额进行审计的审计程序,小张表示不理解,认为三和公司每年都进行财务报表审计,只要把去年审计过的财务报表数直接作为今年的期初余额就可以了,为何还要审计。老王让小张比对公司去年审计过的财务报表各项期末数与公司2018年年初数,小张比对后发现折旧等项数额与上期不一致;另外,前任事务所Y对公司2017年财务报表出具了保留意见的审计报告。

问:信恒事务所的注册会计师是否需要对公司期初余额进行审计?如果需要采取审计程序,需要考虑哪些事项?

【分析要点】

在首次接受委托进行财务报表审计时,注册会计师针对期初余额进行审计。上期期末余额通常应直接结转至本期。但在出现某些情形时,上期期末余额不应直接结转至本期,而应当做出重新表述。折旧等期初余额发生变化,如果被审计单位上期适用的会计政策不恰当或与本期不一致,注册会计师在实施期初余额审计时应提请被审计单位进行调整或予以披露,并应审核其变更理由是否充分,是否按规定予以变更,或者由于具体情况发生变化,会计政策变更能够提供更可靠、更相关的会计信息。另外,公司上年审计报告为保留意见,注册会计师应关注导致保留意见的相关事项对本期财务报表的影响是否已消除,是否存在对本期财务报表有重大影响的错报、漏报。

(三)实施一项或多项审计程序

审计人员实施的一项或多项审计程序包括:

1. 如果上期财务报表已经审计,查阅前任注册会计师的审计工作底稿,以获取有关期初余额的审计证据。(1)查阅前任注册会计师的工作底稿,利用前任注册会计师的工作,重点限于对本期审计产生重大影响的事项。(2)考虑前任注册会计师的独立性和专业胜任能力。(3)与前任注册会计师沟通时,注册会计师应当遵守职业道德守则和有关规定。发现前任注册会计师审计的财务报表可能存在重大错报时,应当采取相应的措施。

2. 通过本期实施的审计程序收集有关期初余额的审计证据。

如果上期财务报表未经审计或对审计结论不满意时,可以通过对本期财务报表实施的审计程序获取某些审计证据。期初流动资产和流动负债在本期的交易事项中通常会有所反映,在对流动资产或流动负债的期初余额审计时,一般结合当期审计程序进行。例如,应收账款或应付账款的期初余额,通常在本期内即可收回或支付,则此后收回或支付的事实即可视为应收账款或应付账款的期初余额存在、权利和义务、完整性和计价提供了部分审计证据。

3. 根据有关账户的性质和对于本期财务报表中的重大错报风险,实施其他专门的审计程序,以获取有关期初余额的审计证据。

有些项目的期初余额仅通过对本期财务报表实施的审计程序难以获取期初余额是否适当的审计证据,因此注册会计师通常必须实施其他专门的审计程序,以获取有关期初余额的审计证据。如对于非流动资产和流动负债,可向第三方函证期初余额,或实施追加的审计程序,审核相应的合同、发票等。

四、审计结论和审计报告

在对期初余额实施审计程序后,注册会计师应当分析已获取的审计证据,区分不同情况形成对被审计单位期初余额的审计结论,在此基础上确定其对本期财务报表出具审计报告的影响。

(一)审计后不能获取有关期初余额的充分、适当的审计证据

如果不能针对期初余额获取充分、适当的审计证据,注册会计师需要在审计报告中发表下列类型之一的非无保留意见:

1. 发表适合具体情况的保留意见或无法表示意见;

2. 除非法律法规禁止,对经营成果和现金流量(如相关)发表保留意见或无法表示意见,而对财务状况发表无保留意见。

(二)期初余额存在对本期财务报表产生重大影响的错报

如果期初余额存在对本期财务报表产生重大影响的错报,注册会计师应当告知管理层;还应当考虑提请管理层告知前任注册会计师。如果错报的影响未能得到正确的会计处理和恰当的列报,注册会计师应当对财务报表发表保留意见或否定意见。

(三)会计政策变更对审计报告的影响

如果认为按照适用的财务报告编制基础与期初余额相关的会计政策未能在本期得到

一贯运用,或者会计政策的变更未能得到恰当的会计处理或适当的列报与披露,注册会计师应当对财务报表发表保留意见或否定意见。

【例7-2】 信恒会计师事务所对A公司2018年财务报表审计发现,公司主营业务等经营管理等活动未发生明显改变的情况下,2018年对应收账款坏账准备政策进行变更,将提取比例由应收账款余额5%提高到10%,并追溯调整至以前年度坏账准备200万元,公司2018年实现净利润100万元。公司在财务报表附注中对该项会计政策变更进行披露,指出按照谨慎性原则,为了提高公司应收账款信息质量,公司变更了应收账款坏账准备计提比例。审计人员对上述问题,应如何应对?

【分析要点】

注册会计师应审核其会计政策变更理由是否充分,能够提供更可靠、更相关的会计信息。公司在主营业务收入等经营管理环境未发生明显变化,国家也没有任何政策要求的情况下大幅提高计提比例,不符合会计政策的一贯性原则,存在滥用谨慎性原则的问题。另外,通过这项政策变化,存在着将公司本年成本费用追溯调整至以前年度,实现本年扭亏转盈的问题,没有公允的反映企业本年度财务状况和经营成果,应要求公司管理层更正上述财务信息,否则应出具否定意见的审计报告。

(四)前任注册会计师对上期财务报表发表了非无保留意见

如果前任注册会计师对上期财务报表发表了非无保留意见,注册会计师应当考虑该审计报告对本期财务报表的影响。如果导致出具非无保留审计报告的事项对本期财务报表仍然相关和重大,注册会计师应当对本期财务报表发表非无保留意见。

前任注册会计师对上期财务报表出具了非标准审计报告,对本期财务报表可能产生影响,也可能不再产生影响,注册会计师在审计中应当对具体问题做具体分析。如,上期存在范围限制,但在本期导致范围限制的事项已得到解决,那么注册会计师在本期审计时就无须因此而发表非无保留意见。反之,如果该重大事项在本期仍然存在并且对本期财务报表的影响仍然大,而被审计单位继续坚持不在本期财务报表附注中予以披露,那么注册会计师在本期审计时仍需因此而发表非无保留意见。

第二节 期后事项审计

注册会计师在审计被审计单位某一会计年度的财务报表时,除了对所审会计年度内发生的交易和事项实施必要的审计程序外,还必须考虑所审会计年度之后发生和发现的事项对财务报表和审计报告的影响,以保证一个会计期间的财务报表的真实性和完整性。

一、期后事项的种类

期后事项是指财务报表日至审计报告日之间发生的事项,以及注册会计师在审计报告日后知悉的事实。财务报表可能受到财务报表日后发生的事项的影响。期后事项一般区分为下列两类:一是对财务报表日已经存在的情况提供证据的事项,即对财务报表日已经存在的情况提供了新的或进一步证据的事项,这类事项影响财务报表金额,需提请被审计单位管理层调整财务报表及与之相关的披露信息,称为“财务报表日后调整事项”;二是对财务报表日后发生的情况提供证据的事项,即表明财务报表日后发生的情况的事项。这类事项虽不影响财务报表金额，但可能影响对财务报表的正确理解，需提请被审计单位管理层在财务报表附注中作适当披露，称为“财务报表日后非调整事项”。期后事项分类如表7－1所示。

表7－1　期后事项分类

财务报表日后调整事项	财务报表日后非调整事项
1. 财务报表日后诉讼案件结案，法院判决证实了企业在财务报表日已经存在现时义务 2. 财务报表日后取得确凿证据，表明某项资产在财务报表日发生了减值或者需要调整该项资产原先确认的减值金额 3. 财务报表日后进一步确定了财务报表日前购入资产的成本或售出资产的收入 4. 财务报表日后发现了财务报表舞弊或差错	1. 财务报表日后发生重大诉讼、仲裁、承诺 2. 财务报表日后资产价格、税收政策、外汇汇率发生重大变化 3. 财务报表日后因自然灾害导致资产发生重大损失 4. 财务报表日后发行股票和债券以及其他巨额举债 5. 财务报表日后资本公积转增资本 6. 财务报表日后发生巨额亏损 7. 财务报表日后发生企业合并或处置子公司 8. 财务报表日后企业利润分配方案中拟分配的以及经审议批准宣告发放的股利或利润

【例7－3】　被审计单位由于某种原因在财务报表日前被起诉，法院于财务报表日后判决被审计单位应赔偿对方损失。因这一负债实际上在财务报表日之前就已存在，所以，如果赔偿数额比较大，注册会计师应考虑提请被审计单位调整或增加财务报表有关负债项目的金额，并加以说明

【例7－4】　财务报表日被审计单位认为可以收回的大额应收款项，因财务报表日后债务人突然破产而无法收回。在这种情况下，债务人财务状况显然早已恶化，所以注册会计师应考虑提请被审计单位计提坏账准备或增加计提坏账准备，调整财务报表有关项目的金额。

【例7－5】　XYZ股份有限公司2018年11月销售一批A产品，按规定在当月确认收入2 000万元、结转成本1 400万元。由于质量问题，该批产品于2019年1月15日被退回。XYZ股份有限公司2018年财务报告批准报出日为2019年1月25日。XYZ股份有限公司将该项销售退回事宜在2018年度合并财务报表附注的“资产负债表日后事项”部分披露为：本公司于2018年11月销售一批Y产品，按规定在当月确认收入2 000万元、结转成本1 400万元。由于质量问题，该批产品于2019年1月15日被退回，本公司因此将调整2019年1月份的主营业务收入和主营业务成本。

要求：指出上述附注内容中存在或可能存在的不合理之处，并简要说明理由。

【分析要点】

该项销售退回事宜不应在2018年度合并财务报表附注的“资产负债表日后事项”部分披露，而应调整2018年度财务报表的主营业务收入和主营业务成本。因为，根据《企业会计准则资产负债表日后事项》的规定，在财务报表日后至审计报告日之间所取得的证据证明该批已确认为销售的商品确实已经退回，金额较大，这项销售退回属于“调整事项”，注册会计师应提请被审计单位调整财务报表有关项目的金额。

另外，期后事项涉及的几个时点主要包括：(1)财务报表日，指财务报表涵盖的最近期间的截止日期；(2)财务报表报出日，指审计报告和已审计财务报表提供给第三方的日期；(3)财务报表批准日，指构成整套财务报表的所有报表(包括相关附注)已编制完成，并且被审计单位的董事会、管理层或类似机构已经认可其对财务报表负责的日期；(4)审计报告日，指注册会计师按照规定在对财务报表出具的审计报告上签署的日期，在实务中审计报告日与财务报表批准日通常是相同的日期。如图7－1所示，根据期后事项的上述定义，期后事项可以按时段分为三个时段：第一个时段是财务报表日后至审计报告日，我们可以把在这一期间发生的事项称为“第一时段期后事项”；第二时段是审计报告日后至财务报表报出日，我们可以把这一期间发现的事实称为“第二时段期后事项”；第三个时段是财务报表报出日后，我们可以把这一期间发现的事实称为“第三时段期后事项”。期后事项分段示意图如7－1所示，注册会计师对不同时间段期后事项的责任划分如表7－2所示。

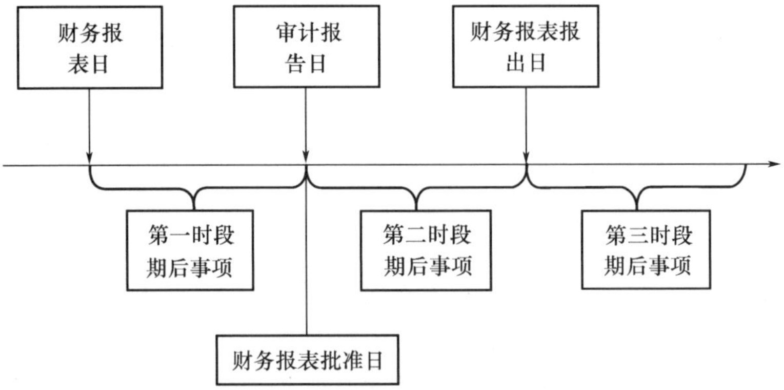

图7－1　期后事项分段示意图

表7－2　注册会计师对不同时间段期后事项的责任划分

期后事项时段	起止日期	责任定位	责任的具体体现
第一时段（发生的事项）	财务报表日后至审计报告日	主动识别（负有主动识别的义务）	应当设计专门的审计程序来识别这些期后事项，并根据这些事项的性质判断其对财务报表的影响，进而确定是进行调整还是披露
第二时段（知悉的事实）	审计报告日后至财务报表报出日	被动识别（考虑知悉事项对财务报表的影响）	(1)在这一时段如果知悉了某事实，且若在审计报告日知悉可能导致修改审计报告，应当与管理层和治理层讨论该事项 (2)确定财务报表是否需要修改 (3)如需修改，询问管理层将如何在财务报表处理该事项
第三时段（知悉的事实）	财务报表报出日后	没有义务识别（没有义务针对财务报表事实任何审计程序）	(1)与管理层和治理层讨论该事项 (2)确定财务报表是否需要修改 (3)如需修改，询问管理层将如何在财务报表处理该事项

二、财务报表日至审计报告日之间发生的事项

(一)主动识别第一时段期后事项

财务报表日至审计报告日之间发生的期后事项属于第一时段期后事项。对于这一时段的期后事项,注册会计师负有主动识别的义务,应当设计专门的审计程序来识别这些期后事项,并根据这些事项的性质判断其对财务报表的影响,进而确定是进行调整还是披露。注册会计师应当设计和实施审计程序,获取充分、适当的审计证据,以确定所有在财务报表日至审计报告日之间发生的、需要在财务报表中调整或披露的事项均已得到识别。但是,注册会计师并不需要对之前已实施审计程序并已得出满意结论的事项执行追加的审计程序。

【例7-6】 信宏注册会计师事务所审计人员审计龙腾股份公司2018年度财务报表,审计报告日为2019年3月15日,财务报表公布日为3月20日。龙腾公司应收宏飞公司一笔较大货款,在2018年12月31日,宏飞公司经营状况良好,并无显示财务困难的迹象。但在2019年3月10日,宏飞公司发生火灾,无力偿还龙腾公司的货款。假定注册会计师在2019年3月11日获知宏飞公司发生火灾,并于当日实施了必要审计程序后,应当提请龙腾公司如何处理?

【分析要点】

该事项是在资产负债表日后、审计报告目前发生的,虽不影响2018年度财务报表的金额,但可能影响对财务报表的正确理解,乙注册会计师应当提请龙腾公司在财务报表中予以适当披露。

(二)用以识别期后事项的审计程序

审计人员应当按照审计准则的规定实施审计程序,以使审计程序能够涵盖财务报表日至审计报告日(或尽可能接近审计报告日)之间的期间。通常情况下,针对期后事项的专门审计程序,其实施时间越接近审计报告日越好。越接近审计报告日,也就意味着离财务报表日越远,被审计单位这段时间内累积的对财务报表日已经存在的情况提供的进一步证据也就越多;越接近审计报告日,注册会计师遗漏期后事项的可能性也就越小。

在确定审计程序的性质和范围时,注册会计师应当考虑风险评估的结果。用以识别第一时段期后事项的审计程序通常包括:

1. 了解管理层为确保识别期后事项而建立的程序;

2. 询问管理层和治理层(如适用),确定是否已发生可能影响财务报表的期后事项。注册会计师可以询问根据初步或尚无定论的数据做出会计处理的项目的现状,以及是否已发生新的承诺、借款或担保,是否计划出售或购置资产等。

3. 查阅被审计单位的所有者、管理层和治理层在财务报表日后举行会议的纪要,在不能获取会议纪要的情况下,询问此类会议讨论的事项。

4. 查阅被审计单位最近的中期财务报表(如有)。

(三)知悉对财务报表有重大影响的期后事项时的考虑

在实施上述审计程序后,如果注册会计师识别出对财务报表有重大影响的期后事项,

应当确定这些事项是否按照适用的财务报告编制基础的规定在财务报表中得到恰当反映。

如果所知悉的期后事项属于调整事项,注册会计师应当考虑被审计单位是否已对财务报表做出适当的调整。如果所知悉的期后事项属于非调整事项,注册会计师应当考虑被审计单位是否在财务报表附注中予以充分披露。

三、审计报告日后至财务报表报出日前知悉的事实

(一)被动识别第二时段期后事项

在审计报告日后,注册会计师没有义务针对财务报表实施任何审计程序。审计报告日后至财务报表报出日前发现的事实属于"第二时段期后事项",注册会计师针对被审计单位的审计业务已经结束,要识别可能存在的期后事项比较困难,因而无法承担主动识别第二时段期后事项的审计责任。但是,在这一阶段,被审计单位的财务报表并未报出,管理层有责任将发现的可能影响财务报表的事实告知注册会计师。当然,注册会计师还可能从媒体报道、举报信或者证券监管部门告知等途径获悉影响财务报表的期后事项。

(二)知悉第二时段期后事项时的考虑

在审计报告日后至财务报表报出日前,如果知悉了某事实,且若在审计报告日知悉可能导致修改审计报告,注册会计师应当与管理层和治理层(如适用)讨论该事项;确定财务报表是否需要修改,如果注册会计师认为期后事项的影响足够大,需要修改,询问管理层将如何在财务报表中处理该事项,或审计报告是否已提交等具体情况采取不同措施。

1. 管理层修改财务报表时的处理。管理层修改财务报表时,注册会计师应当根据具体情况对有关修改实施必要的审计程序,将用以识别期后事项的上述审计程序延伸至新的审计报告日,并针对修改后的财务报表出具新的审计报告,新的审计报告日不应早于修改后的财务报表被批准的日期。

2. 管理层不修改财务报表且审计报告未提交时的处理。如果认为管理层应当修改财务报表而没有修改,并且审计报告尚未提交给被审计单位,注册会计师应当按照规定发表非无保留意见,然后再提交审计报告。

3. 管理层不修改财务报表且审计报告已提交时的处理。管理层不修改财务报表且审计报告已提交时,注册会计师应当通知管理层和治理层(除非治理层全部成员参与管理被审计单位)在财务报表做出必要修改前不要向第三方报出。如果财务报表在未经必要修改的情况下仍被报出,注册会计师应当采取适当措施,以设法防止财务报表使用者依赖该审计报告。例如,针对上市公司,注册会计师可以利用证券传媒等刊登必要的声明,防止使用者依赖审计报告。注册会计师采取的措施取决于自身的权利和义务以及所征询的法律意见。

【例7-7】 信宏注册会计师事务所审计人员审计龙腾股份公司2018年度财务报表,审计报告日为2019年3月15日,财务报表公布日为3月20日。龙腾公司在2018年5月由于未能履行供货合同,致使D公司遭受5 000万元损失。D公司已在2018年11月通过法律途径索赔。2019年3月16日,经法院一审判决,龙腾公司需要赔偿D公司经济损失5 000万元,龙腾公司决定不再上诉。假定该审计人员在2019年3月17日获知龙腾公司需要赔偿D公司经济损失后,于3月18日实施了追加审计程序,并已作适当处理。请简要说

明该审计人员如何确定审计报告日期。

【分析要点】

在审计报告日后至财务报表报出日前，该审计人员知悉龙腾公司需要赔偿D公司经济损失5 000万元，该期后事项的影响足够大，注册会计师应当根据具体情况对有关修改实施必要的审计程序，将用以识别期后事项的上述审计程序延伸至新的审计报告日，并针对修改后的财务报表出具新的审计报告，新的审计报告日不应早于修改后的财务报表被批准的日期，即将原定审计报告日期2019年3月15日推迟至完成追加审计程序时的报告日期2019年3月18日。

四、财务报表报出后知悉的事实

（一）没有义务识别第三时段的期后事项

财务报表报出日后发现的事实属于第三时段期后事项，注册会计师没有义务针对财务报表实施任何审计程序。但是，并不排除注册会计师通过媒体等其他途径获悉可能对财务报表产生重大影响的期后事项的可能性。

（二）知悉第三时段期后事项时的考虑

在财务报表报出后，如果知悉了某事实，且若在审计报告日知悉可能导致修改审计报告，注册会计师应当：

1. 与管理层和治理层（如适用）讨论该事项；
2. 确定财务报表是否需要修改；
3. 如果需要修改，询问管理层将如何在财务报表中处理该事项。

应当指出的是，需要注册会计师在知悉后采取行动的第三时段期后事项是有严格限制的：其一是这类期后事项应当是在审计报告日已经存在的事实；其二是该事实如果被注册会计师在审计报告日前获知，可能影响审计报告。只有同时满足这两个条件，注册会计师才需要采取行动。

【例7-8】 信宏注册会计师事务所注册会计师审计龙腾股份公司2018年度财务报表，审计报告日为2019年3月15日，财务报表公布日为3月20日。龙腾公司内部审计人员于3月21日发现2018年度已审计财务报表存在200万元的重大错报，并向公司最高管理层做了汇报。假定注册会计师在2019年3月22日获知龙腾公司已审计财务报表中存在着200万元的重大错报，如不改正，将影响财务报表使用者的判断，该注册会计师应当采取何种最适当的补救措施？

【分析要点】

该事务所应要求B公司立即发布一个修改后的财务报表，并解释修改原因。

第三节　或有事项审计

一、或有事项的审计目标

（一）或有事项的含义

或有事项，是指过去的交易或事项形成的，其结果须由某些未来事项的发生或不发生才能决定的不确定事项。常见的或有事项主要包括：未决诉讼或仲裁、债务担保、产品质量保证（含产品安全保证）、承诺、亏损合同、重组义务、环境污染整治等。

（二）或有事项的审计目标

注册会计师对或有事项进行审计要达到的审计目标一般包括：确定或有事项是否存在和完整；确定或有事项的确认和计量是否符合企业会计准则的规定；确定或有事项的列报或披露是否恰当。在审计或有事项时，注册会计师尤其要关注财务报表反映的或有事项的完整性。

二、或有事项的审计程序

由于或有事项的种类不同，注册会计师在审计被审计单位的或有事项时，所采取的程序也各不相同。但总结起来，针对或有事项完整性的审计程序通常包括：

1. 了解被审计单位与识别或有事项有关的内部控制。

2. 审阅截至审计工作完成日被审计单位历次董事会纪要和股东大会会议记录，确定是否存在未决诉讼或仲裁、未决索赔、税务纠纷、债务担保、产品质量保证、财务承诺等方面的记录。

3. 向与被审计单位有业务往来的银行函证，或检查被审计单位与银行之间的借款协议和往来函件，以查找有关票据贴现、背书、应收账款抵借、票据背书和担保。

4. 检查与税务征管机构之间的往来函件和税收结算报告，以确定是否存在税务争议。

5. 向被审计单位的法律顾问和律师进行函证，分析被审计单位在审计期间发生的法律费用，以确定是否存在未决诉讼、索赔等事项。

6. 向被审计单位管理层获取书面声明，声明其已按照企业会计准则的规定，对全部或有事项作了恰当反映。注册会计师还应当确定或有事项的确认、计量和列报是否符合《企业会计准则第 13 号——或有事项》的规定。

三、获取律师声明书

在对被审计单位期后事项和或有事项等进行审计时，注册会计师往往要向被审计单位的法律顾问和律师进行函证，以获取与资产负债表日业已存在的，以及资产负债表日至复函日这一时期内存在的期后事项和或有事项等有关的审计证据。被审计单位律师对函证问题的答复和说明，就是律师声明书。对律师的函证，通常以被审计单位的名义，通过寄发审计询证函的方式实施。律师声明书所用的格式和措辞并没有定式。单位不同或情况不同，律师出具的声明书也不相同。

注册会计师应根据该律师的职业水准和声誉情况来确定律师声明书的可靠性。如果注册会计师对代理被审计单位重大法律事务的律师并不熟悉，则应查询诸如该律师的职业背景、声誉及其在法律界的地位等情况，并考虑从律师协会获取信息。如果律师声明书表明或暗示律师拒绝提供信息，或隐瞒信息，注册会计师应将其视为审计范围受到限制。

【例7－9】 A公司2016年为其大股东B公司自某银行取得的1 000万、3 000万两笔贷款提供连带责任担保，两笔贷款分别于2018年9月和2019年6月到期，B公司因财务困难，无法偿付到期债务。2019年1月，银行向当地法院提起诉讼，要求B公司及A公司偿付所欠第1笔贷款本息共计1 120万元。法院判决A公司按照担保合同承担连带还款责任。因此A公司在其2019年的财务报表中，确认了应收B公司1 120万元的款项。2019年6月，B公司因财务困难，第二笔3 000万贷款仅支付利息，本金仍无法偿付，至2019年12月31日，银行尚未提起诉讼。A公司认为对于尚未提起诉讼的事项；不符合会计制度中关于确认负债的有关条件，对于上述债务担保可能产生的损失在其2019年度财务报表中未确认任何预计负债。请判断A公司对于上述债务担保事项的会计处理是否正确，并说明理由。

【分析要点】

（1）对于A公司将代B偿付的1 120万元本息，虽然有权要求B公司偿还，但要在其2019年年报中确认一项应收款项，必须满足“基本确定”这一确认条件，分析其从B公司得到补偿的可能性。基于B公司的财务状况，A公司获得B公司赔偿的可能性并未达到基本确定的程度，不符合确认补偿的条件，因此不能予以确认。（2）第2笔贷款3 000万元本金已于2019年6月到期，虽然该银行未提起诉讼，但作为同一家贷款银行在就前笔贷款已经法院判决胜诉，并取得A公司代B公司偿付有关款项的情况下，该贷款银行提起诉讼的可能性极大，而且一旦提起诉讼，按照担保合同，A公司将会被要求代B公司支付全部3 000万元贷款，A公司的法律顾问对审计人员也提供意见予以证明。因而，A公司在提供2019年财务报表时，应根据预计的3 000万元赔偿金额确认有关的预计负债。

第四节　持续经营假设审计

持续经营假设是指被审计单位在编制财务报表时，假定其经营活动在可预见的将来会继续下去，不拟也不必终止经营或破产清算，可以在正常的经营过程中变现资产、清偿债务。持续经营假设是会计确认和计量的四项基本假定之一，对财务报表的编制和审计关系重大。是否以持续经营假设为基础编制财务根表，对会计确认、计量和列报将产生很大影响。对于固定资产，企业在持续经营假设基础上，以历史成本计价，并在预计使用年限内对该项资产计提折旧。通过此方式，可将资产的成本分摊到不同期间的费用中去，据以核算各个期间的损益。如果这一假设不再成立，该项资产应以清算价格计价。

一、持续经营假设审计目标

1. 就管理层编制财务报表时运用持续经营假设的适当性，获取充分、适当的审计证据；

2. 根据获取的审计证据，就可能导致对被审计单位持续经营能力产生重大疑虑的事项或情况是否存在重大不确定性得出结论；

3. 确定对审计报告的影响。

二、风险评估程序和相关活动

注册会计师实施风险评估程序时，应当考虑是否存在可能导致对被审计单位持续经营能力产生重大疑虑的事项或情况，并确定管理层是否已对被审计单位持续经营能力做出初步评估。如果管理层已对持续经营能力做出初步评估，注册会计师应当与管理层进行讨论，并确定管理层是否已识别出单独或汇总起来可能导致对被审计单位持续经营能力产生重大疑虑的事项或情况。如果管理层已识别出这些事项或情况，注册会计师应当与其讨论应对计划。

对持续经营假设产生重大疑虑的主要风险如表7－3所示。

表7－3　对持续经营假设产生重大疑虑的主要风险

风险类别	具体事项或情况
财务方面	(1)净资产为负或营运资金出现负数； (2)定期借款即将到期，但预期不能展期或偿还，或过度依赖短期借款为长期资产筹资； (3)存在债权人撤销财务支持的迹象； (4)历史财务报表或预测性财务报表表明经营活动产生的现金流量净额为负数； (5)关键财务比率不佳； (6)发生重大经营亏损或用以产生现金流量的资产的价值出现大幅下跌； (7)拖欠或停止发放股利； (8)在到期日无法偿还债务； (9)无法履行借款合同的条款； (10)与供应商由赊购变为货到付款； (11)无法获得开发必要的新产品或进行其他必要的投资所需的资金
经营方面	(1)管理层计划清算被审计单位或终止经营； (2)关键管理人员离职且无人替代； (3)失去主要市场、关键客户、特许权、执照或主要供应商； (4)出现用工困难问题； (5)重要供应短缺； (6)出现非常成功的竞争者
其他方面	(1)违反有关资本或其他法定要求； (2)未决诉讼或监管程序，可能导致其无法支付索赔金额； (3)法律法规或政府政策的变化预期会产生不利影响； (4)对发生的灾害未购买保险或保额不足

在计划审计工作和实施风险评估程序时，注册会计师应当考虑是否存在可能导致对持

续经营能力产生重大疑虑的事项或情况及相关的经营风险,评价管理层对持续经营能力做出的评估,并考虑已识别的事项或情况对重大错报风险评估的影响。

三、评价管理层对持续经营能力做出的评估

任何企业都可能面临终止经营的风险,因此,管理层应当定期对其持续经营能力做出分析和判断,确定以持续经营假设为基础编制财务报表的适当性。管理层对被审计单位持续经营能力的评估,是注册会计师考虑管理层运用持续经营假设的一个关键部分。注册会计师应当评价管理层对持续经营能力做出的评估。

(一)注册会计师评价管理层评估涵盖的期间

在评价管理层对被审计单位持续经营能力做出的评估时,注册会计师的评价期间应当与管理层按照适用的财务报告编制基础或法律法规(如果法律法规要求的期间更长)的规定做出评估的涵盖期间相同。

持续经营假设是指被审计单位在编制财务报表时,假定其经营活动在可预见的将来会继续下去,而可预见的将来通常是指财务报表日后 12 个月。因此,管理层对持续经营能力的合理评估期间应是自财务报表日起的下一个会计期间。如果管理层评估持续经营能力涵盖的期间短于自财务报表日起的 12 个月,注册会计师应当提请管理层将其至少延长至自财务报表日起的 12 个月。

(二)超出管理层评估期间的事项或情况

注册会计师应当询问管理层是否知悉超出评估期间的、可能导致对持续经营能力产生重大疑虑的事项或情况。可能存在着已知的事项(预定的或非预定的)或情况,是超出管理层评估期间发生的,可能导致注册会计师对管理层编制财务报表时运用持续经营假设的适当性产生怀疑。注册会计师需要对存在这些事项或情况的可能性保持警觉。由于事项或情况发生的时点距离做出评估的时点越远,与事项或情况的结果相关的不确定性的程度也相应增加,因此在考虑更远期间发生的事项或情况时,只有持续经营事项的迹象达到重大时,注册会计师才需要考虑采取进一步措施。如果识别出这些事项或情况,注册会计师可能需要提请管理层评价这些事项或情况对于其评估被审计单位持续经营能力的潜在重要性。在这种情况下,注册会计师应当通过实施追加的审计程序(包括考虑缓解因素),获取充分、适当的审计证据,以确定是否存在重大不确定性。

除询问管理层外,注册会计师没有责任实施其他任何审计程序,以识别超出管理层评估期间并可能导致对被审计单位持续经营能力产生重大疑虑的事项或情况。

四、识别出事项或情况时实施追加的审计程序

如果识别出可能导致对持续经营能力产生重大疑虑的事项或情况,注册会计师应当通过实施追加的审计程序(包括考虑缓解因素)获取充分、适当的审计证据,以确定是否存在重大不确定性。这些程序应当包括:

1. 如果管理层尚未对被审计单位持续经营能力做出评估,提请其进行评估。

如果管理层没有对持续经营能力做出初步评估,注册会计师应当与管理层讨论运用持续经营假设的理由,询问是否存在导致对持续经营能力产生重大疑虑的事项或情况,并提请管理层对持续经营能力做出评估。

2. 评价管理层与经营能力评估相关的未来应对计划,这些计划的结果是否可能改善目前的状况,以及管理层的计划对于具体情况是否可行。评价管理层未来应对计划可能包括向管理层询问该计划。管理层的应对计划可能包括管理层变卖资产、对外借款、重组债务、削减或延缓开支或者获得新的资本。

3. 如果被审计单位已编制现金流量预测,且对预测的分析是评价管理层未来应对计划时考虑的事项或情况的未来结果的重要因素,评价用于编制预测的基础数据的可靠性,并确定预测所基于的假设是否具有充分的支持。

此外,注册会计师还可能:(1)将最近若干期间的预测性财务信息与实际结果相比较;(2)将本期预测性财务信息与截至目前的实际结果相比较。

如果管理层的假设包括第三方通过放弃贷款优先求偿权、承诺保持或提供补充资金或担保等方式向被审计单位提供持续的支持,且这种支持对于被审计单位的持续经营能力很重要,注册会计师可能需要考虑要求该第三方提供书面确认(包括条款和条件),并获得有关该第三方有能力提供这种支持的证据。

4. 考虑自管理层做出评估后是否存在其他可获得的事实或信息。

5. 要求管理层和治理层(如适用)提供有关未来应对计划及其可行性的书面声明。

如果合理预期不存在其他充分、适当的审计证据,注册会计师应当就对财务报表有重大影响的事项向管理层和治理层(如适用)获取书面声明。

由于管理层就持续经营能力而提出的应对计划和其他缓解措施通常基于假设基础之上,注册会计师在进行评价时,取得的审计证据多为说服性而非结论性的,因此,注册会计师应当向管理层获取有关应对计划的书面声明。

此外,尽管被审计单位当前可能是盈利的,但一些特殊的事项或情况可能导致被审计单位发生重大损失。为避免诸如诉讼事项可能发生的巨额赔偿支出,管理层将会考虑主动寻求破产保护。在这种情况下,获取管理层和治理层(如适用)声明是非常有必要的。注册会计师可以要求管理层和治理层(如适用)做出如下声明:“在财务报表日起的十二个月内,管理层和治理层(如适用)没有申请破产保护的计划。”

五、审计结论与报告

注册会计师应当根据获取的审计证据,运用职业判断,确定是否存在与事项或情况相关的重大不确定性(且这些事项或情况单独或汇总起来可能导致对被审计单位持续经营能力产生重大疑虑)并考虑对审计意见的影响。

如果注册会计师根据职业判断认为,鉴于不确定性潜在影响的重要程度和发生的可能性,为了使财务报表实现公允反映,有必要适当披露该不确定性的性质和影响,则表明存在重大不确定性。

(一)被审计单位运用持续经营假设适当但存在重大不确定性

如果认为运用持续经营假设适合具体情况,但存在重大不确定性,注册会计师应当

确定:

1. 财务报表是否已充分描述可能导致对持续经营能力产生重大疑虑的主要事项或情况,以及管理层针对这些事项或情况的应对计划;

2. 财务报表是否已清楚披露可能导致对持续经营能力产生重大疑虑的事项或情况存在重大不确定性,并由此导致被审计单位可能无法在正常的经营过程中变现资产和清偿债务。

(1)如果财务报表已做出充分披露,注册会计师应当发表无保留意见,并在审计报告中增加强调事项段,强调可能导致对持续经营能力产生重大疑虑的事项或情况存在重大不确定性的事实,提醒财务报表使用者关注财务报表附注中对有关事项的披露。

【例7-10】 ABC会计师事务所对华宇公司审计后发表无保留意见,但增加了强调事项段:"我们提醒财务报表使用者关注,如财务报表附注×所述,华宇公司在2018年发生亏损200万元,在2018年12月31日,流动负债高于资产总额20万元。华宇公司已在财务报表附注中充分披露了拟采取的改善措施,但其持续经营能力仍然存在重大不确定性,可能无法在正常的经营过程中变现资产、清偿债务。本段内容不影响已发表的审计意见。"

(2)当存在多项对财务报表整体具有重要影响的重大不确定性时,在极少数情况下,注册会计师可能认为发表无法表示意见而非增加强调事项段是适当的。原因在于,当被审计单位存在多项可能导致对其持续经营能力产生重大疑虑的事项或情况存在重大不确定性时,如果注册会计师难以判断财务报表的编制基础是否适合继续采用持续经营假设,应将其视为对审计范围构成重大限制,注册会计师应当考虑出具无法表示意见的审计报告,而不是在意见段之后增加强调事项段。

【例7-11】 ABC会计师事务所对XY公司2018年财务报表审计后出具的审计意见部分内容为"XY公司已连续三个会计年度发生巨额亏损,主要财务指标显示其财务状况严重恶化,巨额逾期债务无法偿还,且存在巨额对外担保。截至审计报告日,XY公司管理层在其书面评价中表示已开始采取包括债务重组、资产置换在内的多项措施;但由于该等措施正处于实施初期,我们无法获取充分、适当的审计证据以确证其能否有效改善XY公司的持续经营能力,因此无法判断XY公司继续按照持续经营假设编制2018年度财务报表是否适当。"表明XY公司存在多项可能导致对其持续经营能力产生重大疑虑的事项,注册会计师难以判断财务报表的编制基础是否适合继续采用持续经营假设,应将其视为对审计范围构成重大限制,注册会计师了出具无法表示意见的审计报告,而不是在意见段之后增加强调事项段,"三、审计意见 由于上述审计范围受到限制可能产生的影响非常重大和广泛,我们无法对XY公司财务报表发表意见。"

(3)如果财务报表未做出充分披露,注册会计师应当恰当发表保留意见或否定意见。注册会计师应当在审计报告中说明,存在可能导致对被审计单位持续经营能力产生重大疑虑的重大不确定性。

【例7-12】 ABC会计师事务所对XY公司2018年财务报表审计后出具的审计意见部分内容为内容显示"XY公司的借款合同已经到期,按照合同规定,应于2019年3月20日偿还借款5 600万元。截至审计报告日,XY公司尚未偿还该笔借款,也未获得该笔借款的展期协议或取得新的借款。这一情况表明XY公司的持续经营能力存在重大不确定性,可能无法在正常的经营过程中变现资产、清偿债务。”而XY公司2018年度财务报表未充分披露上述情况。因而ABC会计师事务所注册会计师对其出具了保留意见的审计报告。如“四、审计意见 我们认为,除了前段所述事项的重大影响外,XY公司财务报表已经按照企业会计准则和《××会计制度》的规定编制,在所有重大方面公允反映了XY公司2018年12月31日的财务状况以及2018年度的经营成果和现金流量。”

(二)运用持续经营假设不适当

如果财务报表按照持续经营基础编制,而注册会计师运用职业判断认为管理层在编制财务报表时运用持续经营假设是不适当的,则无论财务报表中对管理层运用持续经营假设的不适当性是否做出披露,注册会计师均应发表否定意见。

如果在具体情况下运用持续经营假设是不适当的,但管理层被要求或自愿选择编制财务报表,则可以采用替代基础(如清算基础)编制财务报表。注册会计师可以对财务报表进行审计,前提是注册会计师确定替代基础在具体情况下是可接受的编制基础。如果财务报表对此做出了充分披露,注册会计师可以发表无保留意见,但也可能认为在审计报告中增加强调事项段是适当或必要的,以提醒财务报表使用者注意替代基础及其使用理由。

【例7-13】 ABC会计师事务所对GC公司2018年财务报表审计发现导致否定意见的事项“GC公司已连续三个会计年度发生巨额亏损,主要财务指标显示其财务状况严重恶化,巨额逾期债务无法偿还,且存在巨额对外担保。截至审计报告日,无任何证据表明GC公司采取的各项措施能够有效改善公司的财务和经营状况。根据我们的判断,GC公司不具有持续经营能力。因此,GC公司继续按照持续经营假设编制2018年度财务报表是不适当的。”而公司财务报表按照持续经营基础编制,因而出具了否定意见的审计报告“四、审计意见 我们认为,由于受到前段所述事项的重大影响,GC公司财务报表没有按照企业会计准则和《××会计制度》的规定编制,未能在所有重大方面公允反映GC公司2018年12月31日的财务状况以及2018年度的经营成果和现金流量。”

(三)严重拖延对财务报表的批准

如果管理层或治理层在财务报表日后严重拖延对财务报表的批准,注册会计师应当询问拖延的原因。如果认为拖延可能涉及与持续经营评估相关的事项或情况,注册会计师有必要实施前述识别出可能导致对持续经营能力产生重大疑虑的事项或情况时追加的审计程序,并就存在的重大不确定性考虑对审计结论的影响。

本章小结

1. 为实现期初余额审计目标,注册会计师应获取充分、适当的审计证据以确定上期期末余额是否已正确结转至本期或在适当的情况下已做出重新表述,确定期初余额是否反映对恰当会计政策的运用,注册会计师应当阅读被审计单位最近期间的财务报表和相关披露,以及前任注册会计师出具的审计报告(如有),获取与期初余额相关的信息以出具适当的审计报告。

2. 注册会计师必须考虑所审会计年度之后发生和发现的事项对所审会计年度财务报表和审计报告的影响，以保证一个会计期间的财务报表的真实性和完整性。对于财务报表日至审计报告日之间发生的第一时段期后事项，注册会计师应当设计专门的审计程序来识别这些期后事项，并根据这些事项的性质判断其对财务报表的影响。

3. 审计报告日后至财务报表报出日前发现的事实属于第二时段期后事项，且若注册会计师在审计报告日知悉可能导致修改审计报告，注册会计师应当与管理层和治理层（如适用）讨论该事项：确定财务报表是否需要修改；如果需要修改，询问管理层将如何在财务报表中处理该事项。

4. 财务报表报出日后发现的事实属于第三时段期后事项，注册会计师没有义务针对财务报表实施任何审计程序。但是，并不排除注册会计师通过媒体等其他途径获悉可能对财务报表产生重大影响的期后事项的可能性。

5. 在审计或有事项时，特别是注册会计师针对或有事项完整性的审计，除了实施检查、询问等一般审计程序外，获取律师声明书和管理层声明书也很重要。

6. 注册会计师对持续经营假设的审计包括确定审计目标，进行风险评估，评价管理层对持续经营能力做出的评估。注册会计师应当通过实施追加的审计程序（包括考虑缓解因素）获取充分、适当的审计证据，以确定是否存在重大不确定性，并考虑重大不确定性对审计意见的影响。

练 习 题

一、单项选择题

1. 下列有关注册会计师首次接受委托时就期初余额获取审计证据的说法中，不正确的有（　　）。

A. 对流动资产和流动负债，注册会计师可以通过本期实施的审计程序获取有关期初余额的审计证据

B. 注册会计师可以通过向第三方函证获取有关期初余额的审计证据

C. 如果上期财务报表已经审计，注册会计师应当通过查阅前任注册会计师的审计工作底稿获取有关期初余额的审计证据

D. 对非流动资产和非流动负债，注册会计师可以通过检查形成期初余额的会计记录和其他信息获取有关期初余额的审计证据

2. 在下列事项中，最可能引起注册会计师对持续经营能力产生疑虑的是（　　）。

A. 难以获得开发必要新产品所需要资金

B. 投资活动产生的现金流量为负数

C. 以股票股利替代现金股利

D. 存在重大关联方交易

3. 在下列审计程序中，最有助于注册会计师识别对持续经营能力产生重大疑虑的事项和情况的是（　　）。

A. 检查重要资产所有权文件，证实是否将资产作为抵押品

B. 向甲公司的律师函证，确认因对外巨额担保等或有事项引发的或有负债

C. 将折旧政策与同行业的其他企业进行比较，确认折旧政策是否合理

D. 检查银行存款余额对账单和银行存款余额调节表，确认银行存款是否存在

4. 以下与持续经营假设相关的说法中，正确的是（　　）。

A. 如果财务报告编制基础没有要求管理层对持续经营能力做出专门评估，注册会计师就没有责任对持续经营能力是否存在重大不确定性得出结论

B. 如果存在可能导致被审计单位不再持续经营的未来事项或情况，审计的固有限制对注册会计师发现重大错报能力的潜在影响会有所降低

C. 如果注册会计师没有在审计报告中提及持续经营的不确定性，就意味着默认被审计单位对其未来 12 个月的持续经营能力具有合理保证

D. 注册会计师应当从被审计单位的财务、经营以及其他方面存在的某些事项或情况判断是否可能导致经营风险，进而导致对持续经营假设产生重大疑虑

5. 在确定管理层评估持续经营能力的适当性时，下列判断中正确的是（　　）。

A. 管理层评估持续经营能力的期间不得少于自资产负债表日起的 6 个月

B. 如果甲公司具有良好的盈利能力和外部资金支持，管理层无须针对持续经营能力做出评估

C. 如果存在超出评估期间但可能对持续经营能力产生疑虑的事项，管理层没有义务确定其潜在的影响

D. 管理层对持续经营能力做出评估时考虑的信息，应当包括注册会计师实施审计程序获取的信息

6. 在管理层提出的下列应对计划中，最有可能缓解注册会计师对持续经营能力的重大疑虑的是（　　）。

A. 建设新产品生产线，提高生产能力

B. 以低于市场的价格购买已租入的设备

C. 计划出售部分固定资产

D. 将经营租赁固定资产转换为融资租赁固定资产

7. 关于或有事项，下列说法中正确的是（　　）。

A. 待执行合同变成亏损合同的，该亏损合同产生的义务满足或有事项确认预计负债规定的，应当确认为预计负债

B. 待执行合同变成亏损合同的，应当确认为预计负债

C. 企业应当就未来经营亏损确认预计负债

D. 企业在一定条件下应当将未来经营亏损确认预计负债

8. 在下列审计程序中，A 注册会计师最有可能获取期后事项审计证据的是（　　）。

A. 调查期后发生的长期负债的变化

B. 重新计算在期后处置的固定资产的折旧费

C. 确定期后人工费用率的变化是否已被授权

D. 询问在资产负债表日前记录但在期后支付的预计负债

9. 在向管理层询问可能影响财务报表的期后事项时，下列事项中不相关的是(　　)。

A. 是否发生新的担保　　B. 是否发生重要人事变动

C. 是否签订或计划签订合并或清算协议　　D. 是否计划发行新的债券

10. 关于A注册会计师对期后事项的责任，下列表述中错误的是(　　)。

A. 有责任实施必要的审计程序，以确定截至审计报告发生的期后事项是否均已得到识别

B. 在审计报告日后，没有责任针对财务报表实施审计程序

C. 在审计报告日后至财务报表报出日前，如果知悉可能对财务报表产生重大影响的事实，有责任采取措施

D. 在财务报表报出后，如果知悉可能对财务报表产生重大影响的事实，没有责任采取措施

二、多项选择题

1. B注册会计师负责对乙公司2018年度财务报表进行审计，B注册会计师出具审计报告的日期为2019年3月15日，财务报表报出日为2019年3月20日。在审计过程中，B注册会计师遇到下列事项，请代为做出正确的专业判断。B注册会计师了解到的下列资产负债表日后事项，属于非调整事项的有(　　)。

A. 2019年2月1日，乙公司2018年末的某项交易性金融资产发生大幅贬值

B. 2019年2月10日，乙公司发生重大诉讼

C. 2019年2月15日，乙公司于2017年确认的一笔大额销售被退回

D. 2019年3月16日，乙公司发生企业合并

2. B注册会计师负责对乙公司2018年度财务报表进行审计，B注册会计师出具审计报告的日期为2019年3月15日，财务报表报出日为2019年3月20日。在审计过程中，B注册会计师遇到下列事项，请代为做出正确的专业判断。对于截至2019年3月15日发生的期后事项，B注册会计师的下列做法正确的有(　　)。

A. 设计专门的审计程序识别这些期后事项

B. 尽量在接近资产负债表日时实施针对期后事项的专门审计程序

C. 尽时在接近审计报告日时实施针对期后事项的专门审计程序

D. 不专门设计审计程序识别这些期后事项

3. B注册会计师负责对乙公司2018年度财务报表进行审计，B注册会计师出具审计报告的日期为2019年3月15日，财务报表报出日为2019年3月20日。在审计过程中，B注册会计师遇到下列事项，请代为做出正确的专业判断。如果针对2019年3月20日后发现的事实，乙公司管理层修改了2018年度财务报表，B注册会计师应当采取的措施有(　　)。

A. 对有关修改实施必要的审计程序

B. 复核管理层采取的措施能否确保所有收到原财务报表和审计报告的人士了解这一情况

C. 针对修改后的2018年度财务报表出具新的审计报告

D. 在针对乙公司2019年度财务报表的审计报告中增加强调事项段，提醒财务报表

使用者注意修改2018年度财务报表的原因

4. G注册会计师负责对B公司2018年度财务报表进行审计。在审计期后事项过程中,G注册会计师需要考虑以下事项,请代为做出正确的专业判断。

(1)G注册会计师有可能针对期后事项实施的审计程序有(　　)。

A. 检查资产负债表日后发生企业合并的情况

B. 重新计算资产负债表日后售出固定资产的处置损益

C. 检查资产负债表日后诉讼案件的结案情况

D. 检查资产负债表日后资本公积转增资本的情况

(2)B公司2018年度财务报表公布后,在G注册会计师获知的以下事项中,需要对2018年度财务报表采取适当措施的有(　　)。

A. B公司2018年度财务报表可能存在重大错报

B. B公司2018年度财务报表中披露的或有事项在财务报表公布后得到解

C. B公司2018年度采用的收入确认会计政策不符合企业的具体情况

D. 公司在2018年度财务报表公布后,出售了占其2018年度合并净利润30%的一家子公司

(3)以下关于注册会计师对期后事项责任的表述中,正确的有(　　)。

A. 注册会计师应当实施必要的审计程序,获取充分、适当的审计证据,以确定截至审计报告日发生的、需要在财务报表中调整或披露的事项是否均已得到识别

B. 在外勤审计工作完成后,注册会计师没有责任针对期后事项实施审计程序

C. 在审计报告日至财务报表公布日之间获知可能影响财务报表的期后事项,注册会计师应当及时与被审计单位讨论,必要时实施适当的审计程序

D. 在财务报表公布后,注册会计师没有义务专门对财务报表进行查询

5. 下列关于或有事项的说法中,正确的是(　　)。

A. 或有资产和或有负债均不确认

B. 当或有资产可能给企业带来经济利益时,则应在会计报表附注中披露

C. 或有资产一般不应在会计报表附注中披露,当或有资产很可能给企业带来经济利益时,则应在会计报表附注中披露

D. 一桩经济案件,若企业有98%的可能性获得补偿100万元,则企业就应将其确认为资产

三、判断题

1. 注册会计师对财务报表进行审计,是对被审计单位所审期间财务报表发表审计意见,一般无须专门对期初余额发表审计意见。(　　)

2. 如果不能针对期初余额获取充分、适当的审计证据,注册会计师就必须需要在审计报告列出强调事项段(　　)

3. 财务报表日至审计报告日之间发生的期后事项属于第一时段期后事项。对于这一时段的期后事项,注册会计师不负有主动识别的义务(　　)

4. 在审计报告日后,注册会计师没有义务针对财务报表实施任何审计程序。(　　)

5. 如果识别出可能导致对持续经营能力产生重大疑虑的事项或情况，注册会计师应当通过实施追加的审计程序（包括考虑缓解因素）获取充分、适当的审计证据，以确定是否存在重大不确定性。（　　）

四、简答题

1. 简述期初余额的审计目标与审计程序。

2. 初次接受业务委托时注册会计师如何考虑期初余额对所出具的审计报告类型的影响。

3. 会计师事务所首次承接审计公司财务报表。如果上期财务报表已经审计，注册会计师需要考虑从哪些方面获取对期初余额的审计证据。

4. 简述或有事项的审计程序。

5. 简要说明什么是期后事项，包括哪三个时段的事项或事实，注册会计师对于这三个时段的期后事项的责任是什么？

6. 简述如果识别出可能导致对持续经营能力产生重大疑虑的事项或情况时，注册会计师应当实施哪些进一步审计程序。

五、分析题

1. ABC 会计师事务所首次接受委托审计甲公司 2018 年度财务报表，A 注册会计师是本期财务报表的项目合伙人，甲公司的上期财务报表由 XYZ 会计师事务所审计，上期财务报表的项目负责人是 X 注册会计师。审计中的相关事项如下：

（1）A 注册会计师在确定期初余额的审计目标时认为，审计项目组应当针对期初余额是否含有重大错报获取充分、适当的审计证据。

（2）在实施审计程序时，审计项目组查阅了 X 注册会计师审计工作底稿中的所有重要审计领域。

（3）审计项目组在审计中发现期初余额存在对本期财务报表产生重大影响的错报，A 注册会计师认为仅告知甲公司管理层即可。

（4）X 注册会计师因审计范围受到限制，对上期财务报表发表了非无保留意见，A 注册会计师认为应当考虑此事项对本期财务报表的影响，即使本期审计范围并未受限，也应当发表非无保留意见。

要求：假定不考虑其他事项，请分别针对上述情况，指出 ABC 会计师事务所的审计项目组或者 A 注册会计师的做法是否适当，如果存在不当之处，请简要说明理由。

2. X 会计师事务所审计了甲公司 2017 年度财务报表，并出具了保留意见审计报告。2019 年 1 月，甲公司决定改聘 Y 会计师事务所审计 2018 年度财务报表，并与其签订了审计业务约定书。在该审计业务约定书中，甲公司同意 Y 会计师事务所与 X 会计师事务所联系，以了解相关情况。Y 会计师事务所于 2019 年 4 月出具了无保留意见审计报告。

要求：请根据上述资料简要回答：

（1）Y 会计师事务所通常应当采用什么方式了解期初余额的情况？了解的重点内容有哪些？

(2)Y 会计师事务所对期初余额通常应当实施哪些主要审计程序？

(3)针对 X 会计师事务所对甲公司 2017 年度财务报表审计意见中的保留事项，Y 会计师事务所对甲公司 2018 年度财务报表出具无保留意见的前提是什么？

3. A 注册会计师负责审计甲公司 2018 年财务报表。A 注册会计师发现：(1)甲公司于 2018 年 11 月 30 日遭到起诉，原告是乙公司，乙公司起诉甲公司是由于甲公司违反双方签订的合同，乙公司要求甲公司赔偿其直接经济损失 600 万元(假设重要性水平为 100 万，甲公司的利润总额为 1 000 万)。甲公司在 2018 年 12 月 31 日财务报表中未对该事项进行会计确认和会计估计，该事项也未在财务报表附注中披露。(2)A 注册会计师对该诉讼案件继续追查，发现该案件已经于 2019 年 2 月 10 日判决结案，法院判决结果是甲公司赔偿乙公司经济损失 580 万元。(3)假设注册会计师拟出具审计报告日期为 2019 年 3 月 5 日，董事会批准的财务报表对外公布日是 2019 年 3 月 15 日。

要求：根据以上事项回答：(1) 注册会计师于 2019 年 3 月 1 日发现该诉讼案件，这一事项属于哪一时段的期后事项？A 注册会计师对该事项的审计建议是什么？如果甲公司拒绝接受注册会计师的审计建议，A 注册会计师应当如何考虑该事项对审计报告的影响。

(2) 注册会计师于 2019 年 3 月 8 日发现该诉讼案件，由于 A 注册会计师于 2019 年 3 月 5 日前未发现该事项，已将标准审计报告提交给了甲公司董事会，但财务报表尚未对外公布。这一事项属于哪一时段的期后事项？A 注册会计师对该事项的审计建议是什么？如果甲公司拒绝接受注册会计师的审计建议，A 注册会计师应如何考虑该事项对审计报告的影响。

(3)A 注册会计师于 2019 年 3 月 16 日发现该诉讼案件，甲公司已经对外公布了标准审计报告。这一事项属于哪一时段的期后事项？A 注册会计师对该事项的审计调整建议是什么？如果甲公司拒绝接受注册会计师的审计建议，A 注册会计师应如何考虑该事项对审计报告的影响。

第八章　审 计 报 告

学习目标

1. 掌握审计差异调整分录的编制。
2. 了解试算平衡表的编制。
3. 掌握并理解审计报告的含义和作用。
4. 掌握并理解审计意见的形成条件。
5. 掌握审计报告的基本内容。
6. 掌握审计报告的类型和不同审计报告的格式和内容。

重要概念

审计报告;审计差异;无保留意见;保留意见;否定意见;无法表示意见

第一节　审计报告编制前的工作

审计报告编制前的工作是注册会计师最终编制审计报告的必要性的准备工作,是更具综合性的审计工作。主要是评价审计中的重大发现,汇总审计差异,复核审计工作底稿和财务报表等基础上,评价审计结果,在与客户沟通以后,获取管理层声明,确定应出具审计报告的意见类型和措辞,进而为编制并致送审计报告、终结审计工作打下基础。

一、评价审计中的重大发现

在此阶段,项目合伙人和审计项目组考虑的重大发现和事项的例子包括:

1. 期中复核中的重大发现及其对审计方法的影响;
2. 涉及会计政策的选择、运用和一贯性的重大事项,包括相关的披露;
3. 就识别出的重大风险,对审计策略和计划的审计程序所做的重大修正;
4. 在与管理层和其他人员讨论重大发现和事项时得到的信息;
5. 与注册会计师的最终审计结论相矛盾或不一致的信息。

对实施的审计程序的结果进行评价,可能全部或部分地揭示出以下事项:

1. 为了实现计划的审计目标,是否有必要对重要性进行修订;
2. 对审计策略和计划的审计程序的重大修正,包括对重大错报风险评估结果的重要变动;
3. 对审计方法有重要影响的值得关注的内部控制缺陷和其他缺陷;
4. 财务报表中存在的重大错报或漏报,包括相关披露和其他审计调整;
5. 项目组成员内部,或项目组与项目质量控制复核人员或提供咨询的其他人员之间,就重大会计和审计事项达成最终结论所存在的意见分歧;

6. 在实施审计程序时遇到的重大困难；

7. 向事务所内部有经验的专业人士或外部专业顾问咨询的事项；

8. 与管理层或其他人员就重大发现以及与注册会计师的最终审计结论相矛盾或不一致的信息进行的讨论。

注册会计师在审计计划阶段对重要性的判断，与其在评估审计差异时对重要性的判断是不同的。如果在审计完成阶段修订后的重要性水平远远低于在计划阶段确定的重要性水平，注册会计师应重新评估已经获得的审计证据的充分性和适当性。重要性的任何变化都要求注册会计师重新评估重大错报上限和审计策略。

如果审计项目组内部、项目组与被咨询者之间以及项目合伙人与项目质量控制复核人员之间存在意见分歧，审计项目组应当遵循事务所的政策和程序予以妥善处理。

二、汇总审计差异

（一）编制审计差异调整表

审计差异按是否需要调整账户记录可分为核算错误和重分类错误。核算错误是因被审计单位对经济业务进行了不正确的会计核算而引起的错误，用重要性原则来衡量核算错误，又可把这些核算错误区分为建议调整的不符事项和不建议调整的不符事项（即未调整不符事项）；重分类错误是因被审计单位未按适用的财务报告编制基础列报财务报表而引起的错误。例如，被审计单位在应付账款项目中反映的预付款项、在应收账款项目中反映的预收款项等。

无论是建议调整的不符事项、重分类错误还是未调整不符事项，在审计工作底稿中通常都是以会计分录的形式反映的。由于审计中发现的错误往往不止一两项，为便于审计项目的各级负责人综合判断、分析和决定，也为了便于有效编制试算平衡表以评价经审计的财务报表，通常需要将这些建议调整的不符事项、重分类错误以及未调整不符事项分别汇总至“账项调整分录汇总表”“重分类调整分录汇总表”与“未更正错报汇总表”。三张汇总表的参考格式分别如表8－1、表8－2和表8－3所示。

表8－1　账项调整分录汇总表

序号	内容及说明	索引号	调整内容				影响利润表＋(－)	影响资产负债表＋(－)
			借方项目	借方金额	贷方项目	贷方金额		

与被审计单位的沟通：
参加人员：
被审计单位：________________
审计项目组：________________
被审计单位的意见：
____
____
____
____
结论：
是否同意上述审计调整：________________
被审计单位授权代表签字：________________日期：________________

表8－2　重分类调整分录汇总表

序号	内容及说明	索引号	调整项目和金额			
			借方项目	借方金额	贷方项目	贷方金额

与被审计单位的沟通：
参加人员：
被审计单位：________________
审计项目组：________________
被审计单位的意见：
____
____
____
____
结论：
是否同意上述审计调整：________________
被审计单位授权代表签字：________________日期：________________

表8-3 未更正错报汇总表

序号	内容及说明	索引号	未调整内容				备注
			借方项目	借方金额	贷方项目	贷方金额	

未更正错报的影响:

项目	金额	百分比	计划百分比
1. 总资产	________	________	________
2. 净资产	________	________	________
3. 销售收入	________	________	________
4. 费用总额	________	________	________
5. 毛利	________	________	________
6. 净利润	________	________	________

结论:

被审计单位授权代表签字:____________________日期:____________________

注册会计师确定了建议调整的不符事项和重分类错误后,应以书面方式及时征求被审计单位对需要调整财务报表事项的意见。若被审计单位予以采纳,应取得被审计单位同意调整的书面确认;若被审计单位不予采纳,应分析原因,并根据未调整不符事项的性质和重要程度,确定是否在审计报告中予以反映,以及如何反映。

(二)编制试算平衡表

试算平衡表是注册会计师在被审计单位提供未审财务报表的基础上,考虑调整分录、重分类分录等内容以确定已审数与报表披露数的表式。有关资产负债表和利润表的试算平衡表的参考格式分别如表8-4和表8-5所示。需要说明以下几点:

(1)试算平衡表中的“期末未审数”和“审计前金额”列,应根据被审计单位提供的未审计财务报表填列。

(2)试算平衡表中的“账项调整”和“调整金额”列,应根据经被审计单位同意的“账项调整分录汇总表”填列。

(3)试算平衡表中的“重分类调整”列,应根据经被审计单位同意的“重分类调整分录汇总表”填列。

(4)在编制完试算平衡表后,应注意核对相应的勾稽关系。例如,资产负债表试算平衡表左边的“期末未审数”列合计数、“期末审定数”列合计数应分别等于其右边相应各列合计数;资产负债表试算平衡表左边的“账项调整”列中的借方合计数与贷方合计数之差应等于右边的“账项调整”列中的贷方合计数与借方合计数之差;资产负债表试算平衡表左边的“重分类调整”列中的借方合计数与贷方合计数之差应等于右边的“重分类调整”列中的贷方合计数与借方合计数之差等。

表 8－4　资产负债表试算平衡表

项目	期末未审数	账项调整		重分类调整		期末审定数	项目	期末未审数	账项调整		重分类调整		期末审定数
		借方	贷方	借方	贷方				借方	贷方	借方	贷方	
货币资金							短期借款						
交易性金融资产							交易性金融负债						
应收票据							应付票据						
应收账款							应付账款						
预付款项							预收款项						
应收利息							应付职工薪酬						
应收股利							应交税费						
其他应收款							应付利息						
存货							应付股利						
一年内到期的非流动资产							其他应付款						
其他流动资产							一年内到期的非流动负债						
可代出售金融资产							其他流动负债						
持有至到期投资							长期借款						
长期应收款							应付债券						
长期股权投资							长期应付款						
投资性房地产							专项应付款						
固定资产							预计负债						
在建工程							递延所得税负债						
工程物资							其他非流动负债						
固定资产清理							实收资本(或股本)						

表 8－4（续）

项目	期末未审数	账项调整		重分类调整		期末审定数	项目	期末未审数	账项调整		重分类调整		期末审定数
		借方	贷方	借方	贷方				借方	贷方	借方	贷方	
无形资产							资本公积						
开发支出							盈余公积						
商誉							未分配利润						
长期待摊费用													
递延所得税资产													
其他非流动资产													
合计							合计						

表 8－5　利润表试算平衡表工作底稿

被审计单位：________	索引号：________
项目：________	财务报表截止日/期间：________
编制：________	复核：________
日期：________	日期：________

项目		审计前金额	调整金额		审定金额
			借方	贷方	
一、	营业收入				
	减：营业成本				
	营业税金及附加				
	销售费用				
	管理费用				
	财务费用				
	资产减值损失				
	加：公允价值变动损益				
	投资收益				
二、	营业利润				
	加：营业外收入				
	减：营业外支出				
三、	利润总额				
	减：所得税费用				
四、	净利润				

小提示：

对于审计差异，无论是建议调整的不符事项、重分类错误还是未调整不符事项，在审计工作底稿中通常都是以会计分录的形式反映的，这样的会计分录称为调整分录。注册会计师在编制调整分录时，应当遵循以下原则：(1)哪错了调哪，不错不调：即在同一笔会计分录中，注册会计师只对记错的账项进行调整，没有错的账项不调整。(2)调表不调账：注册会计师在做调整分录时，用报表项目名称，不用会计科目名称，因为对于审计差异，只需要被审计单位调整财务报表，不需要被审计单位调整账簿。

三、复核审计工作底稿和财务报表

(一)对财务报表总体合理性进行总体复核

在审计结束或临近结束时，注册会计师需要运用分析程序的目的是确定经审计调整后的财务报表整体是否与对被审计单位的了解一致，是否具有合理性。注册会计师应当围绕这一目的运用分析程序。

在运用分析程序进行总体复核时，如果识别出以前未识别的重大错报风险，注册会计师应当重新考虑对全部或部分各类交易、账户余额、披露评估的风险是否恰当，并在此基础上重新评价之前计划的审计程序是否充分，是否有必要追加审计程序。

(二)评价审计结果

注册会计师评价审计结果，主要是为了确定审计意见的类型以及在整个审计工作中是否遵循了审计准则。为此，注册会计师必须完成两项工作：一是对重要性和审计风险进行最终的评价；二是对财务报表形成审计意见并草拟审计报告。

1. 对重要性和审计风险进行最终的评价。对重要性和审计风险进行最终评价，是注册会计师决定发表何种类型审计意见的必要过程。该过程可通过以下两个步骤来完成：

(1)确定可能的错报金额。可能的错报金额包括已经识别的具体错报和推断误差。

(2)根据财务报表层次的重要性水平，确定可能的错报金额的汇总数(即可能错报总额)对整个财务报表的影响程度。

这里的“财务报表层次的重要性水平”是指审计计划阶段确定的重要性水平，如果该重要性水平在审计过程中已做过修正，则应当按修正后的财务报表层次重要性水平进行比较。

这里的可能错报总额一般是指各财务报表项目可能的错报金额的汇总数，也包括上一期间的任何未更正可能错报对本期财务报表的影响。上一期间的未更正可能错报与本期未更正可能错报累计起来，可能会导致本期财务报表产生重大错报。因此，注册会计师估计本期的可能错报总额时，应当包括上一期间的未更正可能错报。

注册会计师在审计计划阶段已确定了审计风险的可接受水平。随着可能错报总额的增加，财务报表可能发生重大错报的风险也会增加。如果注册会计师得出结论，审计风险处在一个可接受的水平，则可以直接根据审计结果发表意见；如果注册会计师认为审计风险不能接受，则应追加审计测试或者说服被审计单位做必要调整，以便将重要错报的风险降低到可接受的水平。否则，注册会计师应慎重考虑该审计风险对审计报告的影响。

2. 对财务报表形成审计意见并草拟审计报告。在审计过程中，要实施各种测试。这些测试通常是由参与本次审计工作的审计项目组成员来执行的，而每个成员所执行的测试可能只限于某几个领域或账项，所以，在每个业务循环或报表项目的测试都完成之后，审计项目经理应汇总所有成员的审计结果。

在完成审计工作阶段，为了对财务报表整体发表适当的意见，必须将这些分散的审计结果加以汇总和评价，综合考虑在审计过程中收集到的全部证据。项目合伙人对这些工作负有最终责任。在有些情况下，这些工作可以先由审计项目经理初步完成，然后再逐级交给部门经理和项目合伙人认真复核。

在对审计意见形成最后决定之前，会计师事务所通常要与被审计单位召开沟通会。在沟通会上，注册会计师可口头报告本次审计所发现的问题，并说明建议被审计单位做必要调整或表外披露的理由。当然，管理层也可以在会上申辩其立场。最后，双方达成一致意见。如达成了一致意见，注册会计师一般即可签发标准审计报告，否则，注册会计师则可能不得不发表其他类型的审计意见。

（三）复核审计工作底稿

会计师事务所应当建立完善的审计工作底稿分级复核制度。对审计工作底稿的复核可分为两个层次：项目组内部复核和独立的项目质量控制复核。

1. 项目组内部复核

（1）复核人员

《质量控制准则第5101号——会计师事务所对执行财务报表审计和审阅、其他鉴证和相关服务业务实施的质量控制》规定，会计师事务所在安排复核工作时，应当由项目组内经验较多的人员复核经验较少的人员的工作。会计师事务所应当根据这一原则，确定有关复核责任的政策和程序。项目组需要在制定审计计划时确定复核人员的指派，以确保所有工作底稿均得到适当层级人员的复核。

对一些较为复杂、审计风险较高的领域，例如：舞弊风险的评估与应对、重大会计估计及其他复杂的会计问题、审核会议记录和重大合同、关联方关系和交易、持续经营存在的问题等，需要指派经验丰富的项目组成员执行复核，必要时可以由项目合伙人执行复核。

（2）复核范围

所有的审计工作底稿至少要经过一级复核。

执行复核时，复核人员需要考虑的事项包括：审计工作是否已按照职业准则和适用的法律法规的规定执行；重大事项是否已提请进一步考虑；相关事项是否已进行适当咨询，由此形成的结论是否已得到记录和执行；是否需要修改已执行审计工作的性质、时间安排和范围；已执行的审计工作是否支持形成的结论，并已得到适当记录；已获取的审计证据是否充分、适当；审计程序的目标是否已实现。

（3）复核时间

审计项目复核贯穿审计全过程，随着审计工作的开展，复核人员在审计计划阶段、执行阶段和完成阶段及时复核相应的工作底稿，例如：在审计计划阶段复核记录审计策略和审计计划的工作底稿，在审计执行阶段复核记录控制测试和实质性程序的工作底稿，在审计完成阶段复核记录重大事项、审计调整及未更正错报的工作底稿等。

(4)项目合伙人复核

根据审计准则的规定:项目合伙人应当对会计师事务所分派的每项审计业务的总体质量负责;项目合伙人应当对项目组按照会计师事务所复核政策和程序实施的复核负责。

《中国注册会计师审计准则第 1121 号——对财务报表审计实施的质量控制》应用指南指出,项目合伙人在审计过程的适当阶段及时实施复核,有助于重大事项在审计报告日之前得到及时满意的解决。项目合伙人复核的内容包括:对关键领域所做的判断,尤其是执行业务过程中识别出的疑难问题或争议事项;特别风险;项目合伙人认为重要的其他领域。项目合伙人无须复核所有审计工作底稿。《中国注册会计师审计准则第 1131 号——审计工作底稿》要求项目合伙人记录复核的范围和时间。在审计报告日或审计报告日之前,项目合伙人应当通过复核审计工作底稿和与项目组讨论,确信已获取充分、适当的审计证据,支持得出的结论和拟出具的审计报告。

2. 项目质量控制复核

根据《质量控制准则第 5101 号——会计师事务所对执行财务报表审计和审阅、其他鉴证和相关服务业务实施的质量控制》的规定,会计师事务所应当制定政策和程序,要求对特定业务(包括所有上市实体财务报表审计)实施项目质量控制复核,以客观评价项目组做出的重大判断以及在编制报告时得出的结论。

会计师事务所应当制定政策和程序,以明确项目质量控制复核的性质、时间安排和范围。这些政策和程序应当要求,只有完成项目质量控制复核,才可以签署业务报告。

(1)质量控制复核人员

《质量控制准则第 5101 号——会计师事务所对执行财务报表审计和审阅、其他鉴证和相关服务业务实施的质量控制》规定,会计师事务所应当制定政策和程序,解决项目质量控制复核人员的委派问题,明确项目质量控制复核人员的资格要求,包括:履行职责需要的技术资格,包括必要的经验和权限;在不损害其客观性的前提下,项目质量控制复核人员能够提供业务咨询的程度。会计师事务所在确定质量控制复核人员的资格要求时,需要充分考虑质量控制复核工作的重要性和复杂性,安排经验丰富的注册会计师担任项目质量控制复核人员,例如:有一定执业经验的合伙人,或专门负责质量控制复核的注册会计师等。

(2)质量控制复核范围

《中国注册会计师审计准则第 1121 号——对财务报表审计实施的质量控制》规定,项目质量复核人员应当客观地评价项目组做出的重大判断以及在编制审计报告时得出的结论。

评价工作应当涉及下列内容:与项目合伙人讨论重大事项;复核财务报表和拟出具的审计报告;复核选取的与项目组做出的重大判断和得出的结论相关的审计工作底稿;评价在编制审计报告时得出的结论,并考虑拟出具审计报告的恰当性。

对于上市实体财务报表审计,项目质量控制复核人员在实施项目质量控制复核时,还应当考虑:项目组就具体审计业务对会计师事务所独立性做出的评价;项目组是否已就涉及意见分歧的事项,或者其他疑难问题或争议事项进行适当咨询,以及咨询得出的结论;选取的用于复核的审计工作底稿,是否反映了项目组针对重大判断执行的工作,以及是否支持得出的结论。

(3)质量控制复核时间

《中国注册会计师审计准则第 1121 号——对财务报表审计实施的质量控制》规定,只有完成了项目质量控制复核，才能签署审计报告。

按照《中国注册会计师审计准则第1501号——对财务报表形成审计意见和出具审计报告》的规定，审计报告的日期不得早于注册会计师获取充分、适当的审计证据，并在此基础上对财务报表形成审计意见的日期。对于上市实体财务报表审计业务或符合标准需要实施项目质量控制复核的其他业务，这种复核有助于注册会计师确定是否已获取充分、适当的审计证据。

项目质量控制复核人员在业务过程中的适当阶段及时实施项目质量控制复核，有助于重大事项在审计报告日之前得到迅速、满意的解决。

注册会计师要考虑在审计过程与项目质量复核人员积极协调配合，使其能够及时实施质量控制复核，而非在出具审计报告前才实施复核。例如：在审计计划阶段，质量控制复核人员复核项目组对会计师事务所独立性做出的评价、项目组在制定审计策略和审计计划时做出的重大判断及发现的重大事项等。

第二节　审计报告概述

一、审计报告的涵义

审计报告是指注册会计师根据审计准则的规定，在执行审计工作的基础上，对财务报表发表审计意见的书面文件。

审计报告是注册会计师在完成审计工作后向委托人提交的最终产品，具有以下特征：

1. 注册会计师应当按照审计准则的规定执行审计工作。
2. 注册会计师在实施审计工作的基础上才能出具审计报告。
3. 注册会计师通过对财务报表发表意见履行业务约定书约定的责任。
4. 注册会计师应当以书面形式出具审计报告。

注册会计师应当根据由审计证据得出的结论，清楚表达对财务报表的意见。无论是出具标准审计报告，还是非标准审计报告，注册会计师一旦在审计报告上签名并盖章，就表明对其出具的审计报告负责。

审计报告是注册会计师对财务报表是否在所有重大方面按照财务报告编制基础编制并实现公允反映发表审计意见的书面文件，因此，注册会计师应当将已审计的财务报表附于审计报告之后，以便于财务报表使用者正确理解和使用审计报告，并防止被审计单位替换、更改已审计的财务报表。

二、审计报告的作用

注册会计师签发的审计报告，主要具有鉴证、保护和证明三方面的作用。

（一）鉴证作用

注册会计师签发的审计报告，不同于政府审计和内部审计的审计报告，是以超然独立的第三者身份，对被审计单位财务报表合法性、公允性发表意见。这种意见，具有鉴证作用，得到了政府及其各部门和社会各界的普遍认可。政府有关部门，如财政部门、税务部门等了解、掌握企业的财务状况和经营成果的主要依据是企业提供的财务报表。财务报表是否合法、公允，主要依据注册会计师的审计报告做出判断。股份制企业的股东，主要依据注册会计师的审计报告来判断被投资企业的财务报表是否公允地反映了财务状况和经营成果，以进行投资决策等。

（二）保护作用

注册会计师通过审计，可以对被审计单位财务报表出具不同类型审计意见的审计报告，以提高或降低财务报表使用者对财务报表的信赖程度，能够在一定程度上对被审计单位的财产、债权人和股东的权益及企业利害关系人的利益起到保护作用。如投资者为了减少投资风险，在进行投资之前，需要查阅被投资企业的财务报表和注册会计师的审计报告，了解被投资企业的经营情况和财务状况。投资者根据注册会计师的审计报告做出投资决策，可以降低其投资风险。

（三）证明作用

审计报告是对注册会计师审计任务完成情况及其结果所做的总结，它可以表明审计工作的质量并明确注册会计师的审计责任。因此，审计报告可以对审计工作质量和注册会计师的审计责任起证明作用。通过审计报告，可以证明注册会计师在审计过程中是否实施了必要的审计程序，是否以审计工作底稿为依据发表审计意见，发表的审计意见是否与被审计单位的实际情况相一致，审计工作的质量是否符合要求。通过审计报告，可以证明注册会计师对审计责任的履行情况。

三、审计意见的形成

注册会计师应当就财务报表是否在所有重大方面按照适用的财务报告编制基础编制并实现公允反映形成审计意见。为了形成审计意见，针对财务报表整体是否不存在由于舞弊或错误导致的重大错报，注册会计师应当得出结论，确定是否已就此获取合理保证。在得出结论时，注册会计师应当考虑下列方面：

1. 按照《中国注册会计师审计准则第 1231 号——针对评估的重大错报风险采取的应对措施》的规定，是否已获取充分、适当的审计证据。

在得出总体结论之前，注册会计师应当根据实施的审计程序和获取的审计证据，评价对认定层次重大错报风险的评估是否仍然适当。在形成审计意见时，注册会计师应当考虑所有相关的审计证据，无论该证据与财务报表认定相互印证还是相互矛盾。

如果对重大的财务报表认定没有获取充分、适当的审计证据，注册会计师应当尽可能获取进一步的审计证据。

2. 按照《中国注册会计师审计准则第 1251 号——评价审计过程中识别出的错报》的规定，未更正错报单独或汇总起来是否构成重大错报。在确定时，注册会计师应当考虑：

（1）相对特定类别的交易、账户余额或披露以及财务报表整体而言，错报的金额和性质以及错报发生的特定环境；

（2）与以前期间相关的未更正错报对相关类别的交易、账户余额或披露以及财务报表整体的影响。

3. 评价财务报表是否在所有重大方面按照适用的财务报告编制基础编制。

注册会计师应当依据适用的财务报告编制基础特别评价下列内容：

(1)财务报表是否充分披露了选择和运用的重要会计政策。

(2)选择和运用的会计政策是否符合适用的财务报告编制基础,并适合被审计单位的具体情况。被审计单位选择和运用的会计政策既应符合适用的财务报告编制基础,也应适合被审计单位的具体情况。在考虑被审计单位选用的会计政策是否适当时,注册会计师还应当关注重要的事项。重要事项包括重要项目的会计政策和行业惯例、重大和异常交易的会计处理方法、在新领域和缺乏权威性标准或共识的领域采用重要会计政策产生的影响、会计政策的变更等。

(3)管理层做出的会计估计是否合理。由于会计估计的主观性、复杂性和不确定性,管理层做出的会计估计发生重大错报的可能性较大。因此,注册会计师应当判断管理层做出的会计估计是否合理,确定会计估计的重大错报风险是否是特别风险,是否采取了有效的措施予以应对。

(4)财务报表列报的信息是否具有相关性、可靠性、可比性和可理解性。财务报表反映的信息应当符合信息质量特征,具有相关性、可靠性、可比性和可理解性。注册会计师应当根据适用的财务报告编制基础的规定,考虑财务报表反映的信息是否符合信息质量特征。

(5)财务报表是否做出充分披露,使预期使用者能够理解重大交易和事项对财务报表所传递信息的影响。对于通用目的财务报表,注册会计师需要评价财务报表是否做出充分披露,以使财务报表预期使用者能够理解重大交易和事项对被审计单位财务状况、经营成果和现金流量的影响。

(6)财务报表使用的术语(包括每一财务报表的标题)是否适当。

(7)考虑被审计单位会计实务的质量,包括表明管理层的判断可能出现偏向的迹象。

管理层需要对财务报表中的金额和披露做出大量判断。在考虑被审计单位会计实务的质量时,注册会计师可能注意到管理层判断中可能存在的偏向。注册会计师可能认为,缺乏中立性产生的累积影响,连同未更正错报的影响,导致财务报表整体存在重大错报。管理层缺乏中立性可能影响注册会计师对财务报表整体是否存在重大错报的评价。缺乏中立性的迹象包括下列情形:

①管理层对注册会计师在审计期间提请其注意的错报进行选择性更正。例如,如果更正某一错报将增加盈利,则对该错报予以更正,反之如果更正某一错报将减少盈利,则对该错报不予更正。

②管理层在做出会计估计时可能存在偏向。

4. 评价财务报表是否实现公允反映。

在评价财务报表是否实现公允反映时,注册会计师应当考虑下列内容:

(1)财务报表的整体列报、结构和内容是否合理;

(2)财务报表(包括相关附注)是否公允地反映了相关交易和事项。

5. 评价财务报表是否恰当提及或说明适用的财务报告编制基础。

管理层和治理层(如适用)编制的财务报表需要恰当说明适用的财务报表编制基础。由于这种说明是向财务报表使用者告知编制财务报表所依据的编制基础,因此非常重要。但只有财务报表符合适用的财务报告编制基础(在财务报表所涵盖的期间内有效)的所有要求,声明财务报表按照该编制基础编制才是恰当的。在对适用的财务报告编制基础的说明中使用不严密的修饰语或限定性的语言(如“财务报表实质上符合国际财务报告准则的要求”)是不恰当的,因为这可能误导财务报表使用者。

在某些情况下，财务报表可能声明按照两个财务报告编制基础（如某一国家或地区的财务报告编制基础和国际财务报告准则）编制。这可能是因为管理层被要求或自愿选择同时按照两个编制基础的规定编制财务报表，在这种情况下，两个财务报告编制基础都是适用的财务报告编制基础。只有当财务报表分别符合每个财务报告编制基础的所有要求时，声明财务报表按照这两个编制基础编制才是恰当的。财务报表需要同时符合两个编制基础的要求并且不需要调节，才能被视为按照两个财务报告编制基础编制。在实务中，同时遵守两个编制基础的可能性很小，除非某一国家或地区采用另一财务报告编制基础（如国际财务报告准则）作为本国或地区的财务报告编制基础，或者已消除遵守另一财务报告编制基础的所有障碍。

四、审计意见的类型

审计意见的类型分为无保留意见和非无保留意见。

如果认为财务报表在所有重大方面按照适用的财务报告编制基础的规定编制并实现公允反映，注册会计师应当发表无保留意见。无保留意见是指注册会计师认为财务报表在所有重大方面按照适用的财务报告编制基础的规定编制并实现公允反映时发表的审计意见。

当存在下列情形之一时，注册会计师应当按照《中国注册会计师审计准则第1502号——在审计报告中发表非无保留意见》的规定，在审计报告中发表非无保留意见：

1. 根据获取的审计证据，得出财务报表整体存在重大错报的结论；

2. 无法获取充分、适当的审计证据，不能得出财务报表整体不存在重大错报的结论。

非无保留意见是指对财务报表发表的保留意见、否定意见或无法表示意见。

五、审计报告的要素

审计报告应当采用书面形式，包括下列要素：（一）标题；（二）收件人；（三）审计意见；（四）形成审计意见的基础；（五）管理层对财务报表的责任；（六）注册会计师对财务报表审计的责任；（七）按照相关法律法规的要求报告的事项（如适用）；（八）注册会计师的签名和盖章；（九）会计师事务所的名称、地址和盖章；（十）报告日期。

在适用的情况下，注册会计师还应当按照《中国注册会计师审计准则第1324号——持续经营》《中国注册会计师审计准则第1504号——在审计报告中沟通关键审计事项》《中国注册会计师审计准则第1521号——注册会计师对其他信息的责任》的相关规定，在审计报告中对与持续经营相关的重大不确定性、关键审计事项、被审计单位年度报告中包含的除财务报表和审计报告之外的其他信息进行报告。

（一）标题

审计报告应当具有标题，统一规范为“审计报告”。

（二）收件人

审计报告的收件人是指注册会计师按照业务约定书的要求致送审计报告的对象，一般是指审计业务的委托人。审计报告应当按照审计业务的约定载明收件人的全称。注册会计师应当与委托人在业务约定书中约定致送审计报告的对象，以防止在此问题上发生分歧或审计报告被委托人滥用。针对整套通用目的财务报表出具的审计报告,审计报告的致送对象通常为被审计单位的股东或治理层。

(三)审计意见

审计意见部分应当包括下列方面:

1. 指出被审计单位的名称;
2. 说明财务报表已经审计;
3. 指出构成整套财务报表的每一财务报表的名称;
4. 提及财务报表附注(包括重大会计政策和会计估计);
5. 指明构成整套财务报表的每一财务报表的日期或涵盖的期间。

将上述方面加以概括,应当说明:注册会计师审计了后附的被审计单位的财务报表,包括[指明适用的财务报告编制基础规定的构成整套财务报表的每一财务报表的名称、日期或涵盖的期间]以及重要会计政策概要和其他解释性信息。

如果对财务报表发表无保留意见,除非法律法规另有规定,审计意见应当使用"我们认为,后附的财务报表在所有重大方面按照[适用的财务报告编制基础(如企业会计准则等)]的规定编制,公允反映了[……]"的措辞。

如果适用的财务报告编制基础是国际财务报告准则、国际公共部门会计准则或者其他国家或地区的财务报告准则,注册会计师应当在审计意见部分指明适用的财务报告编制基础是国际财务报告准则、国际公共部门会计准则,或者指明财务报告编制基础所属的国家或地区。

审计意见应当涵盖由适用的财务报告编制基础所确定的整套财务报表。在许多通用目的编制基础上,财务报表包括资产负债表、利润表、股东权益变动表、现金流量表,以及重要会计政策概要和其他解释性信息。补充信息也可能被认为是财务报表的必要组成部分。

(四)形成审计意见的基础

审计报告应当包含标题为"形成审计意见的基础"的部分。该部分应当紧接在审计意见部分之后,并包括下列方面:

1. 说明注册会计师按照审计准则的规定执行了审计工作;
2. 提及审计报告中用于描述审计准则规定的注册会计师责任的部分;
3. 声明注册会计师按照与审计相关的职业道德要求独立于被审计单位,并履行了职业道德方面的其他责任。声明中应当指明适用的职业道德要求,如中国注册会计师职业道德守则;
4. 说明注册会计师是否相信获取的审计证据是充分、适当的,为发表审计意见提供了基础。

(五)管理层对财务报表的责任

审计报告应当包含标题为"管理层对财务报表的责任"的部分,审计报告中应当使用特定国家或地区法律框架下的恰当术语,而不必限定为"管理层"。在某些国家或地区,恰当的术语可能是"治理层"。用以描述被审计单位中负责编制财务报表的人员的责任。管理层对财务报表的责任部分应当说明管理层负责下列方面:

1. 按照适用的财务报告编制基础的规定编制财务报表，使其实现公允反映，并设计、执行和维护必要的内部控制，以使财务报表不存在由于舞弊或错误导致的重大错报；

2. 评估被审计单位的持续经营能力和使用持续经营假设是否适当，并披露与持续经营相关的事项（如适用）。对管理层评估责任的说明应当包括描述在何种情况下使用持续经营假设是适当的。

当对财务报告过程负有监督责任的人员与履行上述所述责任的人员不同时，管理层对财务报表的责任部分还应当提及对财务报告过程负有监督责任的人员。在这种情况下，该部分标题还应当提及"治理层"或者特定国家或地区法律框架中的恰当术语。

注册会计师按照审计准则的规定执行审计工作的前提是管理层和治理层（如适用）认可其按照适用的财务报告编制基础编制财务报表，并使其实现公允反映（如适用）的责任；管理层也认可其设计、执行和维护内部控制，以使编制的财务报表不存在由于舞弊或错误导致的重大错报的责任。审计报告中对管理层责任的说明包括提及这两种责任，这有助于向财务报表使用者解释执行审计工作的前提。

审计报告提及的管理层责任，与在审计业务约定书或其他适当形式的书面协议中约定的责任在表述形式上保持一致。

（六）注册会计师对财务报表审计的责任

审计报告应当包含标题为"注册会计师对财务报表审计的责任"的部分。注册会计师对财务报表审计的责任部分应当包括下列内容：

1. 说明注册会计师的目标是对财务报表整体是否不存在由于舞弊或错误导致的重大错报获取合理保证，并出具包含审计意见的审计报告；

2. 说明合理保证是高水平的保证，但并不能保证按照审计准则执行的审计在某一重大错报存在时总能发现；

3. 说明错报可能由于舞弊或错误导致。

在说明错报可能由于舞弊或错误导致时，注册会计师应当从下列两种做法中选取一种：

①描述如果合理预期错报单独或汇总起来可能影响财务报表使用者依据财务报表做出的经济决策，则通常认为错报是重大的；

②根据适用的财务报告编制基础，提供关于重要性的定义或描述。

4. 说明在按照审计准则执行审计工作的过程中，注册会计师运用职业判断，并保持职业怀疑；

5. 通过说明注册会计师的责任，对审计工作进行描述。这些责任包括：

①识别和评估由于舞弊或错误导致的财务报表重大错报风险，设计和实施审计程序以应对这些风险，并获取充分、适当的审计证据，作为发表审计意见的基础。由于舞弊可能涉及串通、伪造、故意遗漏、虚假陈述或凌驾于内部控制之上，未能发现由于舞弊导致的重大错报的风险高于未能发现由于错误导致的重大错报的风险。

②了解与审计相关的内部控制，以设计恰当的审计程序，但目的并非对内部控制的有效性发表意见。当注册会计师有责任在财务报表审计的同时对内部控制的有效性发表意见时，应当略去上述"目的并非对内部控制的有效性发表意见"的表述。

③评价管理层选用会计政策的恰当性和做出会计估计及相关披露的合理性。

④对管理层使用持续经营假设的恰当性得出结论。同时，根据获取的审计证据，就可能导致对被审计单位持续经营能力产生重大疑虑的事项或情况是否存在重大不确定性得出结论。如果注册会计师得出结论认为存在重大不确定性，审计准则要求注册会计师在审计报告中提请报表使用者关注财务报表中的相关披露；如果披露不充分，注册会计师应当发表非无保留意见。注册会计师的结论基于截至审计报告日可获得的信息。然而，未来的事项或情况可能导致被审计单位不能持续经营。

⑤评价财务报表的总体列报、结构和内容（包括披露），并评价财务报表是否公允反映相关交易和事项。

6. 说明注册会计师与治理层就计划的审计范围、时间安排和重大审计发现等事项进行沟通，包括沟通注册会计师在审计中识别的值得关注的内部控制缺陷；

7. 对于上市实体财务报表审计，指出注册会计师就已遵守与独立性职业道德要求向治理层提供声明，并与治理层沟通可能被合理认为影响注册会计师独立性的所有关系和其他事项，以及相关的防范措施（如适用）；

8. 对于上市实体财务报表审计，以及决定按照《中国注册会计师审计准则第 1504 号——在审计报告中沟通关键审计事项》的规定沟通关键审计事项的其他情况，说明注册会计师从与治理层沟通过的事项中确定哪些事项对本期财务报表审计最为重要，因而构成关键审计事项。注册会计师应当在审计报告中描述这些事项，除非法律法规禁止公开披露这些事项，或在极少数情形下，注册会计师合理预期在审计报告中沟通某事项造成的负面后果超过在公众利益方面产生的益处，因而确定不应在审计报告中沟通该事项。

当《中国注册会计师审计准则第 1401 号——对集团财务报表审计的特殊考虑》适用时，通过说明下列事项，进一步描述注册会计师在集团审计业务中的责任：

1. 注册会计师的责任是就集团中实体或业务活动的财务信息获取充分、适当的审计证据，以对合并财务报表发表审计意见；

2. 注册会计师负责指导、监督和执行集团审计；

3. 注册会计师对审计意见承担全部责任。

（七）按照相关法律法规的要求报告的事项（如适用）

除审计准则规定的注册会计师责任外，如果注册会计师在对财务报表出具的审计报告中履行其他报告责任，应当在审计报告中将其单独作为一部分，并以“按照相关法律法规的要求报告的事项”为标题，或使用适用于该部分内容的其他标题，除非其他报告责任涉及的事项与审计准则规定的报告责任涉及的事项相同。如果涉及相同的事项，其他报告责任可以在审计准则规定的同一报告要素部分列示。

如果将其他报告责任在审计准则要求的同一报告要素部分列示，审计报告应当清楚区分其他报告责任和审计准则要求的报告责任。

如果审计报告将其他报告责任单独作为一部分，前述（三）至（六）项内容应当置于“对财务报表出具的审计报告”的标题下；“按照相关法律法规的要求报告的事项”部分置于“对财务报表出具的审计报告”部分之后。

（八）注册会计师的签名和盖章

审计报告应当由注册会计师签名并盖章。注册会计师在审计报告上签名并盖章，有利于明确法律责任。审计报告必须由负责审计项目的注册会计师本人签名盖章，未经授权，其他人员不得代行签名，会计师事务所也不得指定他人签名盖章。

审计报告应当由项目合伙人和另一名负责该项目的注册会计师签名和盖章。注册会计师应当在对上市实体整套通用目的财务报表出具的审计报告中注明项目合伙人。

（九）会计师事务所的名称、地址和盖章

审计报告应当载明会计师事务所的名称和地址，并加盖会计师事务所公章。

根据《注册会计师法》的规定，注册会计师承办业务，由其所在的会计师事务所统一受理并与委托人签订委托合同。因此，审计报告除了应由注册会计师签名和盖章外，还应载明会计师事务所的名称和地址，并加盖会计师事务所公章。

注册会计师在审计报告中载明会计师事务所地址时，标明会计师事务所所在的城市即可。

（十）报告日期

审计报告应当注明报告日期。审计报告日不应早于注册会计师获取充分、适当的审计证据（包括管理层认可对财务报表的责任且已批准财务报表的证据），并在此基础上对财务报表形成审计意见的日期。在确定审计报告日时，注册会计师应当确信已获取下列两方面的审计证据：(1)构成整套财务报表的所有报表（包括相关附注）已编制完成；(2)被审计单位的董事会、管理层或类似机构已经认可其对财务报表负责。

审计报告的日期非常重要。注册会计师对不同时段的财务报表日后事项有着不同的责任，而审计报告的日期是划分时段的关键时点。由于审计意见是针对财务报表发表的，并且编制财务报表是管理层的责任，所以，只有在注册会计师获取证据证明构成整套财务报表的所有报表（包括相关附注）已经编制完成，并且管理层已认可其对财务报表的责任的情况下，注册会计师才能得出已经获取充分、适当的审计证据的结论。在实务中，注册会计师在正式签署审计报告前，通常把审计报告草稿和已审计财务报表草稿一同提交给管理层。如果管理层批准并签署已审计财务报表，注册会计师即可签署审计报告。注册会计师签署审计报告的日期通常与管理层签署已审计财务报表的日期为同一天，或晚于管理层签署已审计财务报表的日期。

六、关键审计事项

（一）总体要求

沟通关键审计事项旨在通过提高已执行审计工作的透明度增加审计报告的沟通价值。沟通关键审计事项能够为财务报表预期使用者提供额外的信息，以帮助了解注册会计师根据职业判断认为对本期财务报表审计最为重要的事项。沟通关键审计事项还能够帮助财务报表预期使用者了解被审计单位，以及已审计财务报表中涉及重大管理层判断的领域。在审计报告中沟通关键审计事项，还能够为财务报表预期使用者就与被审计单位、已审计财务报表或已执行审计工作相关的事项进一步与管理层和治理层沟通提供基础。

关键审计事项是指注册会计师根据职业判断认为对本期财务报表审计最为重要的事项。关键审计事项从注册会计师与治理层沟通过的事项中选取。

关键审计事项部分的引言应当同时说明下列事项:

1. 关键审计事项是注册会计师根据职业判断,认为对本期财务报表审计最为重要的事项;

2. 关键审计事项的应对以对财务报表整体进行审计并形成审计意见为背景,注册会计师不对关键审计事项单独发表意见。

(二)关键审计事项的确定

注册会计师应当从与治理层沟通过的事项中确定在执行审计工作时重点关注过的事项。在确定时,注册会计师应当考虑下列方面:

1. 按照《中国注册会计师审计准则第 1211 号——通过了解被审计单位及其环境识别和评估重大错报风险》的规定,评估的重大错报风险较高的领域或识别出的特别风险;

2. 与财务报表中涉及重大管理层判断(包括被认为具有高度估计不确定性的会计估计)的领域相关的重大审计判断;

3. 本期重大交易或事项对审计的影响。

(三)关键审计事项的具体要求

如果按照《中国注册会计师审计准则第 1502 号——在审计报告中发表非无保留意见》的规定,某些事项导致注册会计师应当发表非无保留意见,注册会计师不得在审计报告的关键审计事项部分沟通这些事项。

在审计报告的关键审计事项部分逐项描述关键审计事项时,注册会计师应当分别索引至财务报表的相关披露(如有),并同时说明下列内容:

1. 该事项被认定为审计中最为重要的事项之一,因而被确定为关键审计事项的原因;

2. 该事项在审计中是如何应对的。

除非存在下列情形之一,注册会计师应当在审计报告中描述每项关键审计事项:

1. 法律法规禁止公开披露某事项。

2. 在极少数情形下,如果合理预期在审计报告中沟通某事项造成的负面后果超过在公众利益方面产生的益处,注册会计师确定不应在审计报告中沟通该事项。如果被审计单位已公开披露与该事项有关的信息,则本项规定不适用。

根据《中国注册会计师审计准则第 1502 号——在审计报告中发表非无保留意见》的规定导致非无保留意见的事项,或者根据《中国注册会计师审计准则第 1324 号——持续经营》的规定可能导致对被审计单位持续经营能力产生重大疑虑的事项或情况存在重大不确定性,就其性质而言都属于关键审计事项。然而,这些事项不得在审计报告的关键审计事项部分进行描述。注册会计师应当按照适用的审计准则的规定报告这些事项,并在关键审计事项部分提及形成保留(否定)意见的基础部分或与持续经营相关的重大不确定性部分。例如:除形成保留(否定)意见的基础部分或与持续经营相关的重大不确定部分所描述的事项外,我们确定不存在其他需要在审计报告中沟通的关键审计事项。

如果注册会计师根据被审计单位和审计业务的具体事实和情况,确定不存在需要沟通的关键审计事项,或者仅有的需要沟通的关键审计事项是前述例外情况,注册会计师应当在审计报告中单设的关键审计事项部分对此进行说明。例如:我们确定不存在需要在审计报告中沟通的关键审计事项。

（四）与治理层的沟通

注册会计师应当就下列事项与治理层沟通：

1. 注册会计师确定的关键审计事项；

2. 根据被审计单位和审计业务的具体事实和情况，注册会计师确定不存在需要在审计报告中沟通的关键审计事项（如适用）。

七、强调事项段

（一）强调事项段的含义

强调事项段是指审计报告中含有的一个段落，该段落提及已在财务报表中恰当列报或披露的事项，根据注册会计师的职业判断，该事项对财务报表使用者理解财务报表至关重要。

（二）增加强调事项段的情形

如果认为有必要提醒财务报表使用者关注已在财务报表中列报或披露，且根据职业判断认为对财务报表使用者理解财务报表至关重要的事项，在同时满足下列条件时，注册会计师应当在审计报告中增加强调事项段：

1. 按照《中国注册会计师审计准则第 1502 号——在审计报告中发表非无保留意见》的规定，该事项不会导致注册会计师发表非无保留意见；

2. 当《中国注册会计师审计准则第 1504 号——在审计报告中沟通关键审计事项》适用时，该事项未被确定为在审计报告中沟通的关键审计事项。

注册会计师可能认为需要增加强调事项段的情形举例如下：

1. 异常诉讼或监管行动的未来结果存在不确定性。

2. 在财务报表日至审计报告日之间发生的重大期后事项。

3. 在允许的情况下提前应用对财务报表有重大影响的新会计准则。

4. 存在已经或持续对被审计单位财务状况产生重大影响的特大灾难。

强调事项段的过多使用会降低注册会计师沟通所强调事项的有效性。此外，与财务报表中的列报或披露相比，在强调事项段中包括过多的信息，可能隐含着这些事项未被恰当列报或披露。因此，强调事项段应当仅提及已在财务报表中列报或披露的信息。

（三）在审计报告中包含强调事项段时注册会计师采取的措施

如果在审计报告中包含强调事项段，注册会计师应当采取下列措施：

1. 将强调事项段作为单独的一部分置于审计报告中，并使用包含"强调事项"这一术语的适当标题；当强调事项段与适用的财务报告编制基础相关时，包括当注册会计师确定法律法规规定的财务报告编制基础不可接受时，注册会计师可能认为有必要将强调事项段紧接在"形成审计意见的基础"部分之后，以为审计意见提供合适的背景信息；当审计报告中包含关键审计事项部分时，基于注册会计师对强调事项段中信息的相对重要程度的判断，强调事项段可以紧接在关键审计事项部分之前或之后。注册会计师可以在"强调事项"标题中增加进一步的背景信息，例如"强调事项——期后事项"，以将强调事项段和关键审计事项部分描述的每个事项予以区分。

2. 明确提及被强调事项以及相关披露的位置,以便能够在财务报表中找到对该事项的详细描述。强调事项段应当仅提及已在财务报表中列报或披露的信息。

3. 指出审计意见没有因该强调事项而改变。

由于增加强调事项段是为了提醒财务报表使用者关注某些事项,并不影响注册会计师的审计意见,为了使财务报表使用者明确这一点,注册会计师应当在强调事项段中指明,该段内容仅用于提醒财务报表使用者关注,并不影响已发表的审计意见。具体讲,增加强调事项段不能代替下列情形:(1)根据审计业务的具体情况,注册会计师需要发表保留意见、否定意见或无法表示意见(参见《中国注册会计师审计准则第1502号——在审计报告中发表非无保留意见》);(2)适用的财务报告编制基础要求管理层在财务报表中做出的披露。

例如:

(七)强调事项

我们提醒财务报表使用者关注,如财务报表附注×所述,截至财务报表批准日,XYZ公司对ABC公司提出的诉讼尚在审理中,其结果具有不确定性。本段内容不影响已发表的审计意见。

八、其他事项

(一)其他事项段的含义

其他事项段是指审计报告中含有的一个段落,该段落提及未在财务报表中列报或披露的事项,根据注册会计师的职业判断,该事项与财务报表使用者理解审计工作、注册会计师的责任或审计报告相关。

(二)需要增加其他事项段的情形

如果认为有必要沟通虽然未在财务报表中列报或披露,但根据职业判断认为与财务报表使用者理解审计工作、注册会计师的责任或审计报告相关的事项,在同时满足下列条件时,注册会计师应当在审计报告中增加其他事项段:

1. 未被法律法规禁止;

2. 当《中国注册会计师审计准则第1504号——在审计报告中沟通关键审计事项》适用时,该事项未被确定为在审计报告中沟通的关键审计事项。

如果在审计报告中包含其他事项段,注册会计师应当将该段落作为单独的一部分,并使用“其他事项”或其他适当标题。

具体讲,需要在审计报告中增加其他事项段的情形包括:

1. 与使用者理解审计工作相关的情形。

在极其特殊的情况下,即使由于管理层对审计范围施加的限制导致无法获取充分、适当的审计证据可能产生的影响具有广泛性,注册会计师也不能解除业务约定。在这种情况下,注册会计师可能认为有必要在审计报告中增加其他事项段,解释为何不能解除业务约定。

2. 与使用者理解注册会计师的责任或审计报告相关的情形。

法律法规或得到广泛认可的惯例可能要求或允许注册会计师详细说明某些事项，以进一步解释注册会计师在财务报表审计中的责任或审计报告。在这种情况下，注册会计师可以使用一个或多个子标题来描述其他事项段的内容。

但增加其他事项段不涉及以下两种情形：(1)除根据审计准则的规定有责任对财务报表出具审计报告外，注册会计师还有其他报告责任；(2)注册会计师可能被要求实施额外的规定的程序并予以报告，或对特定事项发表意见。

3. 对两套以上财务报表出具审计报告的情形。

被审计单位可能按照通用目的编制基础（如×国财务报告编制基础）编制一套财务报表，且按照另一个通用目的编制基础（如国际财务报告准则）编制另一套财务报表，并委托注册会计师同时对两套财务报表出具审计报告。如果注册会计师已确定两个财务报告编制基础在各自情形下是可接受的，可以在审计报告中增加其他事项段，说明该被审计单位根据另一个通用目的编制基础（如国际财务报告准则）编制了另一套财务报表以及注册会计师对这些财务报表出具了审计报告。

4. 限制审计报告分发和使用的情形。

为特定目的编制的财务报表可能按照通用目的编制基础编制，因为财务报表预期使用者已确定这种通用目的财务报表能够满足他们对财务信息的需求。由于审计报告旨在提供给特定使用者，注册会计师可能认为在这种情况下需要增加其他事项段，说明审计报告只是提供给财务报表预期使用者，不应被分发给其他机构或人员或者被其他机构或人员使用。

需要注意的是，其他事项段的内容明确反映了未被要求在财务报表中列报或披露的其他事项。其他事项段不包括法律法规或其他职业准则（如中国注册会计师职业道德守则中与信息保密相关的规定）禁止注册会计师提供的信息。其他事项段也不包括要求管理层提供的信息。

此外，其他事项段放置的位置取决于拟沟通信息的性质。当增加其他事项段旨在提醒使用者关注与其理解与财务报表审计相关的事项时，该段落需要紧接在强调事项段之后；当增加其他事项段旨在提醒使用者关注与审计报告中提及的其他报告责任相关的事项时，该段落可以置于“按照相关法律法规的要求报告的事项”的部分内；当其他事项段与注册会计师的责任或使用者理解审计报告相关时，可以单独作为一部分，置于“对财务报表出具的审计报告”和“按照相关法律法规的要求报告的事项”之后。

（三）与治理层的沟通

如果拟在审计报告中增加强调事项段或其他事项段，注册会计师应当就该事项和拟使用的措辞与治理层沟通。与治理层的沟通能使治理层了解注册会计师拟在审计报告中所强调的特定事项的性质，并在必要时为治理层提供向注册会计师做出进一步澄清的机会。当然，当审计报告中针对某一特定事项增加其他事项段在连续审计业务中重复出现时，注册会计师可能认为没有必要在每次审计业务中重复沟通。

无保留意见的审计报告的参考格式如下：

参考格式 8－1 列示了对上市实体财务报表出具的审计报告。背景信息如下：(1)对上市实体整套财务报表进行审计，该审计不属于集团审计；(2)管理层按照企业会计准则编制财务报表；(3)审计业务约定条款中说明的管理层对财务报表的责任，与《中国注册会计师审计准则第1111号——就审计业务约定条款达成一致意见》的规定一致;(4)基于获取的审计证据,注册会计师认为发表无保留意见是恰当的;(5)适用的相关职业道德要求为中国注册会计师职业道德守则;(6)基于获取的审计证据,注册会计师认为可能导致被审计单位持续经营能力产生重大疑虑的事项或情况不存在重大不确定性;(7)已按照《中国注册会计师审计准则第1504号——在审计报告中沟通关键审计事项》的规定沟通了关键审计事项;(8)注册会计师在审计报告日前已获取所有其他信息,且未识别出信息存在重大错报。

参考格式8-1:对上市实体财务报表出具的审计报告

审计报告

ABC股份有限公司全体股东:

一、对财务报表出具的审计报告

(一)审计意见

我们审计了ABC股份有限公司(以下简称"ABC公司")的财务报表,包括2018年12月31日的资产负债表,2018年度利润表、现金流量表和股东权益变动表以及财务报表附注。

我们认为,后附的财务报表在所有重大方面按照企业会计准则的规定编制,公允反映了ABC公司2018年12月31日的财务状况以及2018年度的经营成果和现金流量。

(二)形成审计意见的基础

我们按照中国注册会计师审计准则的规定执行了审计工作。审计报告的"注册会计师对财务报表审计的责任"部分进一步阐述了我们在这些准则下的责任。按照中国注册会计师职业道德守则,我们独立于ABC公司,并履行了职业道德方面的其他责任。我们相信,我们获取的审计证据是充分、适当的,为发表审计意见提供了基础。

(三)关键审计事项

关键审计事项是根据我们的职业判断,认为对本期财务报表审计最为重要的事项。这些事项的应对以对财务报表整体进行审计并形成审计意见为背景,我们不对这些事项单独发表意见。

[按照《中国注册会计师审计准则第1504号——在审计报告中沟通关键审计事项》的规定描述每一关键审计事项。]

(四)其他信息

ABC公司管理层(以下简称管理层)对其他信息负责。其他信息包括[X报告中涵盖的信息,但不包括财务报表和我们的审计报告。]

我们对财务报表发表的审计意见不涵盖其他信息,我们也不对其他信息发表任何形式的鉴证结论。

结合我们对财务报表的审计,我们的责任是阅读其他信息,在此过程中,考虑其他信息是否与财务报表或我们在审计过程中了解到的情况存在重大不一致或者似乎存在重大错报。

基于我们已执行的工作,如果我们确定其他信息存在重大错报,我们应当报告该事实。在这方面,我们无任何事项需要报告。

(五)管理层和治理层对财务报表的责任

ABC公司管理层(以下简称管理层)负责按照企业会计准则的规定编制财务报表,使其实现公允反映，并设计、执行和维护必要的内部控制，以使财务报表不存在由于舞弊或错误导致的重大错报。

在编制财务报表时，管理层负责评估 ABC 公司的持续经营能力，披露与持续经营相关的事项(如适用)，并运用持续经营假设，除非管理层计划清算 ABC 公司、终止运营或别无其他现实的选择。治理层负责监督 ABC 公司的财务报告过程。

(六)注册会计师对财务报表审计的责任

我们的目标是对财务报表整体是否不存在由于舞弊或错误导致的重大错报获取合理保证，并出具包含审计意见的审计报告。合理保证是高水平的保证，但并不能保证按照审计准则执行的审计在某一重大错报存在时总能发现。错报可能由于舞弊或错误所导致，如果合理预期错报单独或汇总起来可能影响财务报表使用者依据财务报表做出的经济决策，则通常认为错报是重大的。

在按照审计准则执行审计的过程中，我们运用职业判断，并保持职业怀疑。同时，我们也执行以下工作：

(1)识别和评估由于舞弊或错误导致的财务报表重大错报风险；设计和实施审计程序以应对这些风险，并获取充分、适当的审计证据，作为发表审计意见的基础。由于舞弊可能涉及串通、伪造、故意遗漏、虚假陈述或凌驾于内部控制之上，未能发现由于舞弊导致的重大错报的风险高于未能发现由于错误导致的重大错报的风险。

(2)了解与审计相关的内部控制，以设计恰当的审计程序，但目的并非对内部控制的有效性发表意见。

(3)评价管理层选用会计政策的恰当性和做出会计估计及相关披露的合理性。

(4)对管理层使用持续经营假设的恰当性得出结论。同时，根据获取的审计证据，就可能导致对 ABC 公司持续经营能力产生重大疑虑的事项或情况是否存在重大不确定性得出结论。如果我们得出结论认为存在重大不确定性，审计准则要求我们在审计报告中提请报表使用者注意财务报表中的相关披露；如果披露不充分，我们应当发表非无保留意见。我们的结论基于截至审计报告日可获得的信息。然而，未来的事项或情况可能导致 ABC 公司不能持续经营。

(5)评价财务报表的总体列报、结构和内容(包括披露)，并评价财务报表是否公允反映相关交易和事项。

我们与治理层就计划的审计范围、时间安排和重大审计发现等事项进行沟通，包括沟通我们在审计中识别出的值得关注的内部控制缺陷。

我们还就已遵守与独立性相关的职业道德要求向治理层提供声明，并与治理层沟通可能被合理认为影响我们独立性的所有关系和其他事项，以及相关的防范措施(如适用)。

从与治理层沟通过的事项中，我们确定哪些事项对本期财务报表审计最为重要，因而构成关键审计事项。我们在审计报告中描述这些事项，除非法律法规禁止公开披露这些事项，或在极少数情形下，如果合理预期在审计报告中沟通某事项造成的负面后果超过在公众利益方面产生的益处，我们确定不应在审计报告中沟通该事项。

二、按照相关法律法规的要求报告的事项

[本部分报告的格式和内容，取决于相关法律法规对其他报告责任性质的规定。本部分应当说明相关法律法规规定的事项(其他报告责任)，除非其他报告责任涉及的事项与审计准则规定的报告责任涉及的事项相同。如果涉及相同的事项，其他报告责任可以在审计

准则规定的同一报告要素部分列示。当其他报告责任和审计准则规定的报告责任涉及同一事项,并且审计报告中的措辞能够将其他报告责任与审计准则规定的责任(如存在差异)予以清楚地区分时,可以将两者合并列示(即包含在“对财务报表出具的审计报告”部分中,并使用适当的副标题)。]

××会计师事务所　　　　　　　　　　中国注册会计师:×××(项目合伙人)
(盖章)　　　　　　　　　　　　　　　(签名并盖章)
　　　　　　　　　　　　　　　　　中国注册会计师:×××
　　　　　　　　　　　　　　　　　　(签名并盖章)

中国××市　　　　　　　　　　　　　　二〇一九年三月十五日

第三节　非无保留意见审计报告

一、非无保留意见的审计报告概述

(一)非无保留意见的含义

非无保留意见是指保留意见、否定意见或无法表示意见。当存在下列情形之一时,注册会计师应当在审计报告中发表非无保留意见:

1. 根据获取的审计证据,得出财务报表整体存在重大错报的结论。为了形成审计意见,针对财务报表整体是否不存在由于舞弊或错误导致的重大错报,注册会计师应当得出结论,确定是否已就此获取合理保证。在得出结论时,注册会计师需要评价未更正错报对财务报表的影响。

2. 无法获取充分、适当的审计证据,不能得出财务报表整体不存在重大错报的结论。

如果注册会计师能够通过实施替代程序获取充分、适当的审计证据,则无法实施特定的程序并不构成对审计范围的限制。

下列情形可能导致注册会计师无法获取充分、适当的审计证据,也称为审计范围受到限制。

(1)超出被审计单位控制的情形。

超出被审计单位控制的情形如:被审计单位的会计记录已被毁坏;重要组成部分的会计记录已被政府有关机构无限期地查封。

(2)与注册会计师工作的性质或时间安排相关的情形。

与注册会计师工作的性质或时间安排相关的情形如:被审计单位需要使用权益法对联营企业进行核算,注册会计师无法获取有关联营企业财务信息的充分、适当的审计证据以评价是否恰当地运用了权益法;注册会计师接受审计委托的时间安排,使注册会计师无法实施存货监盘;注册会计师确定仅实施实质性程序是不充分的,但被审计单位的控制是无效的。

(3)管理层施加限制的情形。

管理层对审计范围施加的限制致使注册会计师无法获取充分、适当的审计证据的情形如:管理层阻止注册会计师实施存货监盘;管理层阻止注册会计师对特定账户余额实施函证。

(二)确定非无保留意见的类型

注册会计师确定恰当的非无保留意见类型,取决于下列事项:(1)导致非无保留意见的事项的性质,是财务报表存在重大错报,还是在无法获取充分、适当的审计证据的情况下,财务报表可能存在重大错报;(2)注册会计师就导致非无保留意见的事项对财务报表产生或可能产生影响的广泛性做出的判断。

广泛性是描述错报影响的术语,用以说明错报对财务报表的影响,或者由于无法获取充分、适当的审计证据而未发现的错报(如存在)对财务报表可能产生的影响。根据注册会计师的判断,对财务报表的影响具有广泛性的情形包括:(1)不限于对财务报表的特定要素、账户或项目产生影响;(2)虽然仅对财务报表的特定要素、账户或项目产生影响,但这些要素、账户或项目是或可能是财务报表的主要组成部分;(3)当与披露相关时,产生的影响对财务报表使用者理解财务报表至关重要。

二、保留意见审计报告

(一)发表保留意见审计报告的条件

当存在下列情形之一时,注册会计师应当发表保留意见:

1. 在获取充分、适当的审计证据后,注册会计师认为错报单独或汇总起来对财务报表影响重大,但不具有广泛性。

注册会计师在获取充分、适当的审计证据后,只有当认为财务报表就整体而言是公允的,但还存在对财务报表产生重大影响的错报时,才能发表保留意见。如果注册会计师认为错报对财务报表产生的影响极为严重且具有广泛性,则应发表否定意见。因此,保留意见被视为注册会计师在不能发表无保留意见情况下最不严厉的审计意见。

2. 注册会计师无法获取充分、适当的审计证据以作为形成审计意见的基础,但认为未发现的错报(如存在)对财务报表可能产生的影响重大,但不具有广泛性。

注册会计师因审计范围受到限制而发表保留意见还是无法表示意见,取决于无法获取的审计证据对形成审计意见的重要性。注册会计师在判断重要性时,应当考虑有关事项潜在影响的性质和范围以及在财务报表中的重要程度。只有当未发现的错报(如存在)对财务报表可能产生的影响重大但不具有广泛性时,才能发表保留意见。

(二)保留意见的审计报告的格式和内容

当由于财务报表存在重大错报而发表保留意见时,注册会计师应当根据适用的财务报告编制基础在审计意见段中说明:注册会计师认为,除了导致保留意见的事项段所述事项产生的影响外,财务报表在所有重大方面按照适用的财务报告编制基础编制,并实现公允反映。

当无法获取充分、适当的审计证据而导致发表保留意见时,注册会计师应当在审计意见段中使用"除……可能产生的影响外"等措辞。

当注册会计师发表保留意见时,在审计意见段中使用"由于上述解释"或"受……影响"等措辞是不恰当的,因为这些措辞不够清晰或没有足够的说服力。

保留意见的审计报告的参考格式如下：

参考格式8－2列示了由于财务报表存在重大错报而出具保留意见的审计报告。背景信息如下：(1)对上市实体整套财务报表进行审计，该审计不属于集团审计；(2)管理层按照企业会计准则编制财务报表；(3)审计业务约定条款中说明的管理层对财务报表的责任，与《中国注册会计师审计准则第1111号——就审计业务约定条款达成一致意见》的规定一致；(4)存货存在错报，该错报对财务报表影响重大但不具有广泛性；(5)适用的相关职业道德要求为中国注册会计师职业道德守则；(6)基于获取的审计证据，根据《中国注册会计师审计准则第1324号——持续经营》，注册会计师认为可能导致对被审计单位持续经营能力产生重大疑虑的事项或情况不存在重大不确定性；(7)已按照《中国注册会计师审计准则第1504号——在审计报告中沟通关键审计事项》的规定沟通了关键审计事项；(8)注册会计师在审计报告日前已获取所有其他信息，且导致对财务报表发表保留意见的事项也影响了其他信息；(9)负责监督财务报表的人员与负责编制财务报表的人员不同；(10)除对财务报表审计外，注册会计师还承担法律法规要求的其他报告责任，且注册会计师决定在审计报告中履行其他报告责任。

参考格式8－2　由于财务报表存在重大错报而出具保留意见的审计报告

审计报告

ABC股份有限公司全体股东：

一、对财务报表出具的审计报告

（一）保留意见

我们审计了ABC股份有限公司（以下简称“ABC公司”）的财务报表，包括2018年12月31日的资产负债表，2018年度利润表、现金流量表和股东权益变动表以及财务报表附注。

我们认为，除“形成保留意见的基础”部分所述事项产生的影响外，后附的财务报表在所有重大方面按照企业会计准则的规定编制，公允反映了ABC公司2018年12月31日的财务状况以及2018年度的经营成果和现金流量。

（二）形成保留意见的基础

ABC公司2018年12月31日资产负债表中存货的列示金额为×元。ABC公司管理层根据成本对存货进行计量，而没有根据成本与可变现净值孰低的原则进行计量，这不符合企业会计准则的规定。ABC公司的会计记录显示，如果管理层以成本与可变现净值孰低来计量存货，存货列示金额将减少×元。相应地，资产减值损失将增加×元，所得税、净利润和股东权益将分别减少×元、×元和×元。

我们按照中国注册会计师审计准则的规定执行了审计工作。审计报告的“注册会计师对财务报表审计的责任”部分进一步阐述了我们在这些准则下的责任。按照中国注册会计师职业道德守则，我们独立于ABC公司，并履行了职业道德方面的其他责任。我们相信，我们获取的审计证据是充分、适当的，为发表保留意见提供了基础。

（三）其他信息

[按照《中国注册会计师审计准则第1521号——注册会计师对其他信息的责任》的规定报告。]

（四）关键审计事项

关键审计事项是我们根据职业判断,认为对本期财务报表审计最为重要的事项。这些事项的应对以对财务报表整体进行审计并形成审计意见为背景,我们不对这些事项单独发表意见。除"形成保留意见的基础"部分所述事项外,我们确定下列事项是需要在审计报告中沟通的关键审计事项。

[按照《中国注册会计师审计准则第 1504 号——在审计报告中沟通关键审计事项》的规定描述每一关键审计事项。]

(五)管理层和治理层对财务报表的责任

[按照《中国注册会计师审计准则第 1501 号——对财务报表形成审计意见和出具审计报告》的规定报告,参见参考格式 8－1。]

(6)注册会计师对财务报表审计的责任

[按照《中国注册会计师审计准则第 1501 号——对财务报表形成审计意见和出具审计报告》的规定报告,参见参考格式 8－1。]

二、按照相关法律法规的要求报告的事项

[按照《中国注册会计师审计准则第 1501 号——对财务报表形成审计意见和出具审计报告》的规定报告,参见参考格式 8－1。]

××会计师事务所　　　　中国注册会计师:×××(项目合伙人)
(盖章)　　　　(签名并盖章)
　　　　中国注册会计师:×××
　　　　(签名并盖章)

中国××市　　　　二〇一九年三月十五日

三、否定意见审计报告

(一)发表否定意见审计报告的条件

在获取充分、适当的审计证据后,如果认为错报单独或汇总起来对财务报表的影响重大且具有广泛性,注册会计师应当发表否定意见。

(二)否定意见的审计报告的格式和内容

当发表否定意见时,注册会计师应当根据适用的财务报告编制基础在审计意见段中说明:注册会计师认为,由于导致否定意见的事项段所述事项的重要性,财务报表没有在所有重大方面按照适用的财务报告编制基础编制,未能实现公允反映。

否定意见的审计报告的参考格式如下:

参考格式 8－3 列示了由于合并财务报表存在重大错报而出具否定意见的审计报告。背景信息如下:(1)对上市实体整套合并财务报表进行审计。该审计属于集团审计,被审计单位拥有多个子公司;(2)管理层按照××财务报告编制基础编制合并财务报表,该编制基础允许被审计单位只列报合并财务报表;(3)审计业务约定条款中说明的管理层对合并财务报表的责任,与《中国注册会计师审计准则第 1111 号——就审计业务约定条款达成一致意见》的规定一致;(4)合并财务报表因未合并某一子公司而存在重大错报,该错报对合并财务报表影响重大且具有广泛性,但量化该错报对合并财务报表的影响是不切实际的;(5)

适用的相关职业道德要求为中国注册会计师职业道德守则;(6)基于获取的审计证据,根据《中国注册会计师审计准则第1324号——持续经营》,注册会计师认为可能导致对被审计单位持续经营能力产生重大疑虑的事项或情况不存在重大不确定性;(7)适用《中国注册会计师审计准则第1504号——在审计报告中沟通关键审计事项》。然而,注册会计师认为,除形成否定意见的基础部分所述事项外,无其他关键审计事项;(8)注册会计师在审计报告日前已获取所有其他信息,且导致对合并财务报表发表否定意见的事项也影响了其他信息;(9)负责监督合并财务报表的人员与负责编制合并财务报表的人员不同;(10)除合并财务报表审计外,注册会计师还承担法律法规要求的其他报告责任,且注册会计师决定在审计报告中履行其他报告责任。

参考格式8-3　由于合并财务报表存在重大错报而出具否定意见的审计报告

审计报告

ABC股份有限公司全体股东:

一、对合并财务报表出具的审计报告

(一)否定意见

我们审计了ABC股份有限公司及其子公司(以下简称"ABC集团")的合并财务报表,包括2018年12月31日的合并资产负债表,2018年度合并利润表、合并现金流量表和合并股东权益变动表以及相关合并财务报表附注。

我们认为,由于"形成否定意见的基础"部分所述事项的重要性,后附的合并财务报表没有在所有重大方面按照××财务报告编制基础的规定编制,未能公允反映ABC集团2018年12月31日的合并财务状况以及2018年度的合并经营成果和合并现金流量。

(二)形成否定意见的基础

如财务报表附注×所述,ABC集团于2018年2月通过非同一控制下的企业合并获得对XYZ公司的控制权,因未能取得购买日XYZ公司某些重要资产和负债的公允价值,故未将XYZ公司纳入合并财务报表的范围。按照××财务报告编制基础的规定,该集团应将这一子公司纳入合并范围,并以暂估金额为基础核算该项收购。如果将XYZ公司纳入合并财务报表的范围,后附的ABC集团合并财务报表的多个报表项目将受到重大影响。但我们无法确定未将XYZ公司纳入合并范围对合并财务报表产生的影响。

我们按照中国注册会计师审计准则的规定执行了审计工作。审计报告的"注册会计师对合并财务报表审计的责任"部分进一步阐述了我们在这些准则下的责任。按照中国注册会计师职业道德守则,我们独立于ABC集团,并履行了职业道德方面的其他责任。我们相信,我们获取的审计证据是充分、适当的,为发表否定意见提供了基础。

(三)其他信息

[按照《中国注册会计师审计准则第1521号——注册会计师对其他信息的责任》的规定报告。]

(四)关键审计事项

除"形成否定意见的基础"部分所述事项外,我们认为,没有其他需要在我们的报告中沟通的关键审计事项。

(五)管理层和治理层对合并财务报表的责任

[按照《中国注册会计师审计准则第1501号——对财务报表形成审计意见和出具审计

报告》的规定报告,参见参考格式 8－1。]

(六)注册会计师对财务报表审计的责任

[按照《中国注册会计师审计准则第 1501 号——对财务报表形成审计意见和出具审计报告》的规定报告,参见参考格式 8－1。]

二、按照相关法律法规的要求报告的事项

[按照《中国注册会计师审计准则第 1501 号——对财务报表形成审计意见和出具审计报告》的规定报告,参见参考格式 8－1。]

××会计师事务所　　　　　　　　　　中国注册会计师:×××(项目合伙人)

(盖章)　　　　　　　　　　　　　　　　(签名并盖章)

　　　　　　　　　　　　　　　　　　中国注册会计师:×××

　　　　　　　　　　　　　　　　　　　　(签名并盖章)

中国××市　　　　　　　　　　　　　　　　二〇一九年三月十五日

四、无法表示意见审计报告

(一)发表无法表示意见审计报告的条件

如果无法获取充分、适当的审计证据以作为形成审计意见的基础,但认为未发现的错报(如存在)对财务报表可能产生的影响重大且具有广泛性,注册会计师应当发表无法表示意见的审计报告。

在极其特殊的情况下,可能存在多个不确定事项,即使注册会计师对每个单独的不确定事项获取了充分、适当的审计证据,但由于不确定事项之间可能存在相互影响,以及可能对财务报表产生累积影响,注册会计师不可能对财务报表形成审计意见。在这种情况下,注册会计师应当发表无法表示意见的审计报告。

(二)无法表示意见的审计报告的格式和内容

当由于无法获取充分、适当的审计证据而发表无法表示意见时,注册会计师应当在审计意见段中说明:由于导致无法表示意见的事项段所述事项的重要性,注册会计师无法获取充分、适当的审计证据以为发表审计意见提供基础,因此,注册会计师不对这些财务报表发表审计意见。

无法表示意见的审计报告的参考格式如下:

参考格式 8－4 列示了由于注册会计师无法针对财务报表单一要素获取充分、适当的审计证据而发表无法表示意见的审计报告。背景信息如下:(1)对非上市实体整套合并财务报表进行审计。该审计属于集团审计,被审计单位拥有多个子公司;(2)管理层按照××财务报告编制基础编制合并财务报表,该编制基础允许被审计单位只列报合并财务报表;(3)审计业务约定条款中说明的管理层对合并财务报表的责任,与《中国注册会计师审计准则第 1111 号——就审计业务约定条款达成一致意见》的规定一致;(4)对合并财务报表的某个要素,注册会计师无法获取充分、适当的审计证据。在本例中,对一家共同经营享有的利益份额占该被审计单位净资产的比例超过 90%,但注册会计师无法获取该共同经营财务信息的审计证据。这一事项对合并财务报表可能产生的影响被认为是重大的且具有广泛性;(5)适用的相关职业道德要求为中国注册会计师职业道德守则;(6)负责监督合并财务报表的人员与负责编制合并财务报表的人员不同；(7)按照审计准则要求在注册会计师的责任部分做出有限的表述；(8)除合并财务报表审计外，注册会计师还承担法律法规要求的其他报告责任，且注册会计师决定在审计报告中履行其他报告责任。

参考格式8-4　由于注册会计师无法针对财务报表单一要素获取充分、适当的审计证据而发表无法表示意见的审计报告

审计报告

ABC股份有限公司全体股东：

一、对合并财务报表出具的审计报告

（一）无法表示意见

我们接受委托，审计ABC股份有限公司及其子公司（以下简称“ABC集团”）的合并财务报表，包括2018年12月31日的合并资产负债表，2018年度合并利润表、合并现金流量表和合并股东权益变动表以及相关合并财务报表附注。

我们不对后附的ABC集团合并财务报表发表审计意见。由于“形成无法表示意见的基础”部分所述事项的重要性，我们无法获取充分、适当的审计证据以作为对合并财务发表审计意见的基础。

（二）形成无法表示意见的基础

ABC集团对共同经营XYZ公司享有的利益份额在该集团的合并资产负债表中的金额（资产扣除负债后的净影响）为×元，占该集团2018年12月31日净资产的90%以上。我们未被允许接触XYZ公司的管理层和注册会计师，包括XYZ公司注册会计师的审计工作底稿。因此，我们无法确定是否有必要对XYZ公司资产中ABC集团共同控制的比例份额、XYZ公司负债中ABC集团共同承担的比例份额、XYZ公司收入和费用中ABC集团的比例份额，以及合并现金流量表和合并股东权益变动表中的要素做出调整。

（三）管理层和治理层对合并财务报表的责任

[按照《中国注册会计师审计准则第1501号——对财务报表形成审计意见和出具审计报告》的规定报告，参见参考格式8-1。]

（四）注册会计师对合并财务报表审计的责任

我们的责任是按照中国注册会计师审计准则的规定，对ABC集团的合并财务报表执行审计工作，以出具审计报告。但由于“形成无法表示意见的基础”部分所述的事项，我们无法获取充分、适当的审计证据以作为发表审计意见的基础。

按照中国注册会计师职业道德守则，我们独立于ABC集团，并履行了职业道德方面的其他责任。

二、按照相关法律法规的要求报告的事项

[按照《中国注册会计师审计准则第1501号——对财务报表形成审计意见和出具审计报告》的规定报告，参见参考格式8-1。]

××会计师事务所　　　　　　　　　　中国注册会计师：×××（项目合伙人）
（盖章）　　　　　　　　　　　　　　（签名并盖章）
　　　　　　　　　　　　　　　　　　中国注册会计师：×××
　　　　　　　　　　　　　　　　　　（签名并盖章）

中国××市　　　　　　　　　　　　　二〇一九年三月十五日

本章小结

1. 无论是建议调整的不符事项、重分类错误还是未调整不符事项，在审计工作底稿中通常都是以会计分录的形式反映的，并分别汇总至“账项调整分录汇总表”“重分类调整分录汇总表”与“未更正错报汇总表”。

2. 试算平衡表是注册会计师在被审计单位提供未审财务报表的基础上，考虑调整分录、重分类分录等内容以确定已审数与报表披露数的表式。

3. 审计报告是指注册会计师根据审计准则的规定，在执行审计工作的基础上，对财务报表发表审计意见的书面文件。

4. 注册会计师应当就财务报表是否在所有重大方面按照适用的财务报告编制基础编制并实现公允反映形成审计意见。为了形成审计意见，针对评估的重大错报风险采取的应对措施的规定，是否已获取充分、适当的审计证据。评价审计过程中识别出的错报，未更正错报单独或汇总起来是否构成重大错报。评价财务报表是否在所有重大方面按照适用的财务报告编制基础编制。评价财务报表是否实现公允反映。评价财务报表是否恰当提及或说明适用的财务报告编制基础。

5. 审计报告应当采用书面形式，审计报告的标题、收件人、审计意见、形成审计意见的基础、双方的责任段等十项基本要素是所有类型的审计报告都具有的要素，审计报告可能还包括关键审计事项、其他信息、强调事项段以及其他事项段。

6. 不同类型的审计报告有不同的形成条件，其格式和内容也有一定的区别。

练　习　题

一、单项选择题

1. 某位审计人员在编写审计报告时，在审计意见段中使用了“除前段所述……可能产生的影响外”的术语，这种审计报告是(　　)。

A. 无保留意见审计报告　　B. 保留意见审计报告

C. 否定意见审计报告　　D. 无法表示意见审计报告

2. 下列有关审计报告日的说法中，错误的是(　　)。

A. 审计报告日可以晚于管理层签署已审计财务报表的日期

B. 审计报告日不应早于管理层书面声明的日期

C. 在特殊情况下，注册会计师可以出具双重日期的审计报告

D. 审计报告日应当是注册会计师获取充分、适当的审计证据，并在此基础上对财务报表形成审计意见的日期

3. 被审计单位对审计范围进行限定，致使某些重要审计程序无法实施，审计人员表述的审计意见应该是(　　)。

A. 保留意见　　B. 否定意见　　C. 无法表示意见　　D. B 或 C

4. 关于在审计报告中沟通关键审计事项，以下说法中，错误的是(　　)。

A. 在审计报告中单设关键审计事项部分，以“关键审计事项”为标题

B. 针对导致非无保留意见的事项,可以单独在审计报告的关键审计事项部分披露

C. 如果存在一个以上的关键审计事项,注册会计师应当使用恰当的子标题逐项描述

D. 在关键审计事项部分逐项描述关键审计事项时,注册会计师应当分别索引至财务报表相关披露

二、多项选择题

1. 审计人员在界定完成审计工作的日期时,应考虑以下因素(　　)。

A. 审计人员应当实施的审计程序已经完成

B. 要求被审计单位调整或披露的事项已经提出

C. 被审计单位已经进行或拒绝进行调整或披露

D. 被审计单位管理当局已经正式签署财务报表

2. 下列各项中,不在审计报告中“关键审计事项”部分表述的有(　　)。

A. 导致保留意见的事项　　B. 导致否定意见的事项

C. 财务报表附注披露不充分　　D. 其他信息存在重大错报

3. 如果因管理层对审计范围施加了限制,注册会计师无法获取充分、适当的审计证据,则应当通过下列(　　)方式确定其对审计报告的影响。

A. 如果未发现的错报可能对财务报表产生的影响重大且具有广泛性,以至于发表保留意见不足以反映情况的严重性,应当在可行时解除业务约定

B. 如果未发现的错报可能对财务报表产生的影响重大,但不具有广泛性,应当发表保留意见

C. 如果在出具审计报告之前解除业务约定被禁止或不可行,应当发表否定意见

D. 注册会计师应当在解除业务约定前,与治理层沟通在审计过程中发现的、将会导致发表非无保留意见的所有错报事项

4. 如果在审计报告中包含强调事项段,下列各项措施中,注册会计师应当采取的有(　　)。

A. 指出审计意见没有因该强调事项而改变

B. 对财务报表附注中的内容进行补充披露

C. 将强调事项作为单独的一部分置于审计报告中,并使用包含“强调事项”这一术语的适当标题

D. 明确提及被强调事项以及相关披露的位置,以便能够在财务报表中找到对该事项的详细描述

三、判断题

1. 审计报告用于公证,不是表达审计意见的方式。(　　)

2. 审计人员应清楚地表达审计意见并对出具的审计报告负责,所以委托人使用审计报告而造成的一切后果应由出具审计报告的审计人员负责。(　　)

3. 委托人将财务报表与审计报告一同提交给使用人,可以减轻或免除编报单位对财务报表的真实性、合法性所负的责任。(　　)

4. 审计报告的签署日期应为完稿日期或财务报表截止日。(　　)

5. 审计人员出具无法表示意见意味着不能发表无保留意见、保留意见或否定意见。(　　)

四、简答题

1. 简述注册会计师试算平衡表的编制。
2. 简述审计报告的基本要素。
3. 发表非无保留意见审计报告的条件。
4. 审计报告的意见段应说明哪些问题。
5. 发表审计意见时增加强调事项段的情形。

五、综合题

1. ABC 会计师事务所首次承接了 A 上市公司的 2018 年度财务报表审计业务，甲和乙注册会计师负责 A 公司 2018 年度财务报表审计业务，确定的财务报表整体层面重要性水平为 150 万元，实际执行的水平为 100 万元。A 公司审计后的 2018 年度财务报告于 2019 年 4 月 1 日经 A 公司董事会批准，ABC 会计师事务所也于 4 月 1 日出具审计报告，A 公司 4 月 15 日报出财务报告和审计报告。其他相关资料如下：

资料一：A 公司未经审计的 2018 年度财务报表部分项目的年末余额或年度发生额如下：

单位：万元

项目	2018 年度
资产	20 000
营业收入	20 000
利润总额	4 500
净利润	3 000

资料二：

(1)2018 年 9 月 30 日，A 公司应收乙公司账款余额为 150 万元，已提坏账准备 20 万元，因乙公司发生财务困难，双方进行债务重组。2018 年 10 月 10 日，乙公司用一批产品抵偿债务，该批产品不含税公允价值为 100 万元，增值税税额为 17 万元。A 公司为取得该批产品支付途中运费和保险费 2 万元，A 公司将该批产品作为库存商品核算，A 公司没有另向乙公司支付增值税。A 公司相关会计处理如下：借记“库存商品”115 万元、“应交税费——应交增值税（进项税额）”17 万元、“坏账准备”20 万元，贷记“应收账款”150 万元、“银行存款”2 万元。

(2)2015 年 12 月 31 日 A 公司购入一栋办公楼，实际取得成本为 3 000 万元。该办公楼预计使用年限为 20 年，预计净残值为零，采用年限平均法计提折旧。因公司迁址，2018 年 6 月 30 日 A 公司与乙公司签订租赁协议。该协议约定：A 公司将上述办公楼租赁给乙公司，租赁期开始日为协议签订日，租期 2 年，年租金 150 万元，每半年支付一次。租赁协议签订日该办公楼的公允价值为 2 800 万元。A 公司对投资性房地产采用公允价值模式进行后续计量。2018 年 12 月 31 日，该办公楼的公允价值为 2 200 万元。A 公司于 2018 年 1 月至 6 月计提该固定资产的折旧，借记“管理费用”75 万元，贷记“累计折旧”75 万元；2018 年 6 月 30 日，借记“投资性房地产——成本”2 800 万元、“累计折旧”375 万元，贷记“固定资产”

3 000 万元、“资本公积——其他资本公积”175 万元。2018 年 12 月 31 日确认公允价值变动，借记“公允价值变动损益”600 万元，贷记“投资性房地产——公允价值变动”600 万元；确认租金收入，借记“银行存款”75 万元，贷记“其他业务收入”75 万元。

（3）A 公司 2018 年 12 月 1 日购入一台 200 万元新型生产设备。2019 年 1 月 5 日，仓库发生大火，生产设备报废。A 公司对 2018 年度财务报表做如下调整：借记“资产减值损失”200 万元，贷记“固定资产减值准备”200 万元。

（4）2018 年 12 月 1 日，A 公司管理层决定将持有的丁公司 30% 股权以 30 000 万元的价格转让给控股股东，该项长期股权投资的账面价值为 25 000 万元、评估价值为 30 000 万元。2018 年 12 月 2 日，A 公司收到全部股权转让款，并做如下会计处理：借记“银行存款”30 000 万元，贷记“长期股权投资”25 000 万元，贷记“投资收益”5 000 万元。上述股权转让事项已经在 2019 年 1 月 10 日召开的董事会会议审议通过，并拟在 2018 年度财务报表附注中披露。

要求：

（1）如果不考虑审计重要性水平，针对资料二中事项（1）至事项（4），分别回答甲和乙注册会计师是否需要提出审计处理建议？若需提出审计调整建议，直接列示审计调整分录（审计调整分录均不考虑对 A 公司 2018 年的税费、递延所得税资产和递延所得税负债、期末结转损益及利润分配的影响，下同）。

（2）在资料一的基础上，如果考虑审计重要性水平，假定 A 公司分别只存在资料二的 4 个事项中的 1 个事项，并且拒绝接受甲和乙注册会计师针对事项（1）至事项（4）提出的审计处理建议（如果有），在不考虑其他条件的前提下，指出甲和乙注册会计师应当针对该 4 个独立存在的事项分别出具何种意见类型的审计报告。

2. ABC 会计师事务所的 A 注册会计师负责审计多家上市公司 2018 年度财务报表，遇到下列与审计报告相关的事项：

（1）截至 2018 年 12 月 31 日，乙公司流动负债高于流动资产 5000 万元。乙公司已在财务报表附注中披露该事项的重大不确定性以及拟采取的应对措施。A 注册会计师评估了该事项后，在审计报告中增加强调事项段，提醒财务报表使用者予以关注。

（2）丙公司管理层在财务报表附注中披露了某项重大会计估计存在高度估计不确定性，A 注册会计师认为该项披露不充分，拟在审计报告中增加以“与持续经营相关的重大不确定性”部分，提醒财务报表使用者关注。

（3）审计项目组发现丁公司已识别出可能导致对被审计单位持续经营能力产生重大疑虑的事项或情况，但根据获取的审计证据，A 注册会计师认为不存在重大不确定性，因此无须考虑对审计报告的影响。

（4）2018 年 12 月 28 日，戊公司因涉嫌信息披露违规被证券监管机构立案稽查，截至审计报告日，尚无稽查结论，管理层在财务报表附注中披露了上述事项，A 注册会计师对该事项在审计报告中作为关键审计事项予以沟通，提醒财务报表使用者关注。

（5）乙公司 2018 年度某项重大交易的交易双方很可能是管理层未披露的关联方，A 注册会计师实施了追加审计程序并与治理层沟通后，仍无法证实。A 注册会计师对该事项在审计报告中作为关键审计事项予以沟通，提醒财务报表使用者关注。

要求：针对上述第（1）至（5）项，逐项提出 A 注册会计师的做法是否恰当。如不恰当，简要说明理由。

各章习题答案

第一章　总　　论

一、单项选择题

1. D　　2. B　　3. B

二、多项选择题

1. ABC　　2. ABC　　3. ABCD

三、判断题

1. ×　　2. √　　3. √

四、简答题(略)

第二章　销售与收款循环审计

一、单项选择题

1. A　　2. C　　3. D　　4. C　　5. B

二、多项选择题

1. BCD　　2. BCD　　3. BD　　4. BC　　5. BCD

三、判断题

1. ×　　2. √　　3. √　　4. ×　　5. ×

四、简答题(略)

五、分析题

1. 可能存在 1 处不合理之处:X 产品 2018 年的销售毛利率为 17.56%,大大高于 2017 年的 5%。既然公司 2018 年的供产销形势与上年相当,通常应维持大致相当的销售毛利率水平。

2. (1)资料二中应收账款账龄分析表存在不当之处有:

①国外客户应收账款 2018 年 12 月 31 日 2 046 万美元,未按 2018 年 12 月 31 日“人民

币对美元汇率为1美元=6.8元人民币”进行折算。

②2017年12月31日账龄分析表中1~2年列的国内客户余额比2018年12月31日账龄分析表中2~3年的相应栏次的余额都小,存在不合理之处。

(2)

审计说明序号	实施的审计程序及其结论是否存在不当之处(是/否)	理由	改进建议
(1)	是	未对被审计单位资产负债表后是否真实收到2616万元货款进行追查	结合货币资金审计,确认被审计单位在资产负债表日后是否实际收客户A的2616万元货款
(2)	是	未向B公司进一步函证	应当向B公司再次函证,询证B公司于2019年1月5日是否收到这批产品,以验证赊销业务的真实性
(3)	是	未向C公司获取询证函回函原件	C公司直接传真至会计师事务所后,还应当要求将原件寄回到会计师事务所
(4)	是	未再次向E公司实施函证	应再次向E公司实施函证

3.

相关认定	是否可以获取充分、适当的审计证据(是/否)	主要实质性程序	审计路径起点
存在	否	从应收账款明细账选取记录追查到销售发票、发运凭证、销售单与销售合同	应收账款明细账
完整性	是	—	—
权利和义务	是	—	—
计价和分摊	否	获取或编制应收账款账龄分析表,检查坏账准备的计提是否正确	应收账款账龄分析表

第三章　购货与付款循环审计

一、单项选择题

1. A　2. D　3. D　4. (1)B　(2)D　(3)B　5. (1)A　(2)C

二、多项选择题

1. ABC　2. ACD　3. ABC　4. ABCD　5. AB

三、判断题

1. √　2. √　3. ×

四、简答题(略)

五、分析题

1. 借:预付款项　1 500
　贷:应付账款　1 500
借:资产减值损失　75
　贷:预付款项——坏账准备　75
借:应收账款　200
　贷:预收款项　200
借:资产减值损失　10
　贷:应收账款——坏账准备　10

2. (1)审计人员应函证 B 公司和 D 公司两家应付账款,因为函证应付账款的目的是寻找未入账的负债;余额的大小不是函证选择的标准,而是当年供货量的大小。

(2)审计人员应函证 C 公司和 D 公司两家应收账款,因为函证应收账款的目的是防止资产的高估;所以应选择期末余额较大的进行函证。

3. 可能存在 2 处不合理之处:一是"累计折旧——土地"的本年增加数为 15 万元,这与国家规定土地不提折旧的要求相悖;二是"固定资产原价——房屋及建筑物"的本年减少数为 21 万元,小于"累计折旧——房屋及建筑物"的本年减少数(31 万元),而根据会计核算的基本原理,考虑固定资产净残值率这一因素,即便这些减少的房屋及建筑物已提足折旧,其累计折旧数也应小于相应的固定资产原价。

4. (1)审计说明(1)中结论存在不当之处。应当建议甲公司做以下审计调整分录:
借:应收账款　25
　贷:预收款项　25
借:资产减值损失　1.25
　贷:应收账款——坏账准备　1.25
审计说明(2)中结论存在不当之处。还应当建议甲公司做以下审计调整分录:
借:资产减值损失　1.25
　贷:应收账款——坏账准备　1.25
审计说明(3)中结论存在不当之处。应当建议甲公司做以下审计调整分录:
借:预付款项　100
　贷:应付账款　100
借:资产减值损失　5
　贷:预付款项——坏账准备　5

审计说明(4)中结论存在不当之处。应当建议甲公司做以下审计调整分录：

借:预付款项　　　　168

　贷:应付账款　　　　168

借:资产减值损失　　　　50.4

　贷:预付款项——坏账准备　　　　50.4

(2) ①针对外购的电脑,A 注册会计师通过审核采购发票、采购合同等确定所有权;通过核对采购合同、发票、保险单、发运凭证等资料,抽查测试其入账价值是否正确,授权批准手续是否齐备,会计处理是否正确。②针对分期付款方式购买的生产线,A 注册会计师通过审核采购发票、采购合同等确定所有权;通过核对采购合同、发票、保险单、发运凭证等资料,检查分期付款购买固定资产的入账价值是否以购买价款的现值为基础确定。③针对融资租入的专用设备,A 注册会计师应验证有关融资租赁合同,证实其并非经营租赁,确定所有权;获取融资租入固定资产的相关证明文件,检查融资租赁合同的主要内容。

第四章　生产与存货循环审计

一、单项选择题

1. A　　2. D　　3. A　　4. A　　5. C

二、多项选择题

1. ABC　　2. AD　　3. ABCD　　4. ACD　　5. BCD　　6. ACD　　7. BD

三、判断题

1. ×　　2. √　　3. ×　　4. ×　　5. ×

四、简答题(略)

五、分析题

1. (1)将存货认定层次重大错报风险评估为低水平存在不当之处。

理由及改进建议:存货占资产的比重大,与存货相关的内部控制比较薄弱,应当将其重大错报风险评估为高水平。

(2)乙公司存货盘点时间存在不当之处。

乙公司存货相关的内部控制比较薄弱,盘点时间最好接近 12 月 31 日,盘点时间与 12 月 31 日间隔时间太长。存货应当在同一时间盘点,由于乙公司是多步骤生产,前一个步骤的存货很容易转化成后一个步骤的存货,被审计单位可能借此虚增存货。

(3)与乙公司管理层讨论存货监盘计划存在不当之处。

注册会计师应当复核或与管理层讨论存货盘点计划,不应当和被审计单位管理层讨论监盘计划,否则会降低审计程序的不可预见性。

(4)监盘人员根据包装箱的数量及每箱的标准容量直接计算确定存货的数量存在不当之处。

对以标准规格包装箱包装的存货,监盘人员除根据包装箱的数量及每箱的标准容量计算存货的数量外,还应当通过预先编号的清单列表加以确定并抽样开箱检查。

(5)盘点标签的使用和控制存在不当之处。

由负责盘点存货的人员将一联标签粘贴在已盘点的存货上,另一联由其返还给存货盘点监督人员,由监督人员将盘点标签连同存货盘点表交存财务部门。

(6)事项中,由仓库保管员调节盘盈或盘亏的存货存在不当之处。

盘点结束后,应当由公司组成调查小组,对盘盈或盘亏的存货进行分析和处理,并使存货实物数量和仓库记录调节相符。

2.(1)①对于甲产品,产生差异的原因可能是舞弊,或应当记到其他存货财务明细账的存货增加记到甲产品,或应当记到甲产品财务明细账的存货发出误记到其他存货,或属于在途物资,或甲产品已出库但仓库没有及时将出库单据传递至财务部门等原因所致;②对于乙材料,产生差异的原因可能是舞弊,或应当记到乙材料仓库明细账的存货增加记到其他存货,或应当记到其他存货的仓库明细账的存货发出误记到乙材料,或乙材料入库后仓库部门没有及时登记仓库明细账等原因所致。

(2)①注册会计师应当查明差异原因,并及时提请甲公司更正;②注册会计师应当考虑错误的潜在范围和重大程度,在可能的情况下,扩大检查范围以减少错误的发生。注册会计师还可要求被审计单位重新盘点。重新盘点的范围可限于某一特殊领域的存货或特定盘点小组。

3. 存在的问题及理由:

情况(1):认为存货控制风险较低不适当。理由:料场没有围墙,仅一人看护,无法保证存货的安全完整。

情况(2):有关观察程序的计划不正确。理由:在存货盘点结束前,应再次观察存货盘点现场,确定所有应纳入盘点范围的存货是否均已盘点。

情况(3):实施的抽盘程序不当。理由:注册会计师还应当从存货盘点记录中选取项目追查至存货实物。

情况(4):所得结论不适当。理由:应根据发现的差异金额合理推断存货总体的差异金额,才能据此形成审计结论。

可供选择的监盘程序:通过高空摄影证实其存在性,对不同时点的数量进行比较,并依赖永续存货记录;在监盘前和监盘过程中均应检验磅秤的精准度,并留意磅秤的位置移动与重新调校程序;将检查和重新称量程序相结合;检查称量尺度的换算问题。

第五章　筹资与投资循环审计

一、单项选择题

1. C　2. C　3. C　4. A　5. C

二、多项选择题

1. CD　2. ACD　3. ABCD　4. ABC　5. ABCD

三、判断题

1. × 2. × 3. √ 4. × 5. ×

四、简答题(略)

五、分析题

1. 存在以下缺陷:

(1)在紧急情况下由郑红自行决定并实施,这实施上使得郑红失去制约,董事会的批准流于形式,无法保证股票、债券的安全完整。

(2)每月末由内部审计人员丙组织财务经理郑红、财务人员甲、专人乙参与股票、债券的盘点违反了不相容职务分离的基本要求。股票、债券的盘点工作应由不参与股票、债券业务的独立人员进行,不应有股票、债券的经办人员、记录人员甲及保管人员乙参与。

按照会计制度规定,ABC 公司在发生外币短期借款业务时按当时的市场汇率折算是恰当的,但在编制财务报表时应按期末市场汇率 1∶8.4 折算。企业在期末仍然按发生当时的市场汇率 1∶8.3 进行折算,违反了财务制度的规定。应建议 ABC 公司做以下调整:

借:银行存款　　　　100 000

　贷:短期借款　　　　100 000

ABC 公司的会计处理有两处不符合会计制度规定:

一是将 2018 年发生的借款费用 60 万元全部计入在建工程的会计处理不符合财务会计制度的规定。应建议 ABC 公司将 7 月 1 日至 12 月 31 日之间的借款费用从在建工程冲回,计入财务费用科目,调整分录为:

借:财务费用　　　　300 000

　贷:在建工程　　　　300 000

二是未将已投入使用的新建车间转入固定资产。按照会计制度规定,在建工程在交付使用时应按暂估价转入固定资产,待竣工决算后按决算价值进行适当调整。为此应建议 ABC 公司调整。

2. 可能存在一处不合理之处:公司向 B 银行第一营业部借入的 11 650 万元长期借款的借款期限为 2015 年 9 月至 2019 年 8 月,按照《企业会计准则》的规定,在编制财务报表时,应对其进行财务报表重分类调整,并入“一年内到期的长期负债”项目。

第六章　货币资金审计

一、单项选择题

1. C 2. C 3. B 4. B 5. B 6. D 7. D 8. B 9. A 10. B

二、多项选择题

1. BD 2. ABC 3. AB 4. BD 5. ABD

三、判断题

1. √　2. ×　3. ×　4. √　5. ×

四、简答题(略)

五、分析题

1.(1)提前通知G公司会计主管人员做好监盘准备的做法不当,建议M注册会计师实施突击性检查。

(2)对总部和营业部库存现金的监盘时间分别在上午10点和下午3点,应当同时监盘。建议M注册会计师在上午上班前或下午下班后同时组织监盘总部和营业部的库存现金,若不能同时监盘,则应对后监盘的库存现金实施封存。

(3)G公司会计主管人员没有参与盘点的做法不当。建议由出纳、会计主管人员和注册会计师共同参与盘点。

(4)现金盘点操作程序不当。库存现金首先应由出纳盘点,然后交由M注册会计师复盘。

(5)“库存现金盘点表”签字人员不当,“库存现金盘点表”应由公司相关人员和注册会计师共同签字。

2.(1)公司虽建立了印鉴和票据的不相容职位分离和牵制制度,财务处处长负责支票的签署,副处长负责银行预留印鉴的保管和财务专用章的管理,财务人员乙负责空白支票的管理。然而,该公司财务处长和副处长都有机会同时掌握银行预留印鉴、财务专用章的管理和支票的签署权利;同时,财务处长在财务人员出差时,既保管空白支票,又有支票签发权。因而其印鉴和票据的内部控制是该公司货币资金内部控制的一大漏洞。该单位应当加强银行预留印鉴的管理。财务专用章应由专人保管,个人名章必须由本人或其授权人员保管。严禁一人保管支付款项所需的全部印章。按规定需要有关负责人签字或盖章的经济业务,必须严格履行签字或盖章手续。

(2)该公司在现金支付并入账后才由专职的复核人员进行复核,不符合内部控制的程序要求,企业复核人应当对批准后的货币资金支付申请进行复核,复核无误后,交由出纳人员办理支付手续。出纳人员应当根据复核无误的支付申请,按规定办理货币资金支付手续,及时登记现金和银行存款日记账。对于重要货币资金支付业务,应当实行集体决策和审批,并建立责任追究制度,防范侵占、挪用货币资金等行为。

3.(1)将收入现金尽快存入银行是为了避免因现金存量过高而保管不慎被盗或被有关人员侵占、挪用或者以收抵支等情况的发生;(2)打孔或盖章注销,可以避免日后重复报销流失资金;(3)由独立人员核对银行存款、编制银行存款余额调节表,可以验证银行日记账中的记录有否多记、少记,期末账面余额的计算是否正确,避免利于编制银行存款余额调节表的机会掩盖监守自盗或挪用的行为;(4)开票和收款工作职责分离,可以防止少开票多收款这种直接侵占资金行为的发生。

4.(1)进行现金盘点,编制库存现金盘点表如下;(2)根据库存现金盘点表,注册会计师可得出如下结论:①职工刘钢借款白条140元,未经批准,也没有说明用途,违反规定;②职工刘阳预借差旅费200元,收款但未记账凭证共4张,金额135.24元均未入账,入账不及

时;(3)注册会计师应根据追溯调整法进行如下调整:

库存现金盘点日调整后余额 767.34 元

加:审计截止日至现金盘点日的支出 2 580 元

减:审计截止日至现金盘点日的收入 2 350 元

报表日库存现金应有余额为 997.34 元

报表日库存现金账面余额为 1 062.10 元,审计差异为 64.76 元。可见,该企业对 2018 年度资产负债表中"货币资金"项目包含的库存现金没有进行恰当披露。

库存现金监盘表

被审计单位:*** 公司　　　　索引号:

项目:库存现金监盘　　　　财务报表截止日:2018 年 12 月 31 日

编制人:李强　　　　复核人:王英

日期:2019 年 1 月 21 日　　　　日期:

<table>
<tr><th colspan="6">检查盘点记录</th><th colspan="7">实有库存现金盘点记录</th></tr>
<tr><th colspan="2" rowspan="2">项目</th><th rowspan="2">项次</th><th rowspan="2">人民币</th><th rowspan="2">美元</th><th rowspan="2">某外币</th><th rowspan="2">面额/元</th><th colspan="2">人民币</th><th colspan="2">美元</th><th colspan="2">某外币</th></tr>
<tr><th>张</th><th>金额</th><th>张</th><th>金额</th><th>张</th><th>金额</th></tr>
<tr><td colspan="2">上一次账面库存余额</td><td>①</td><td>832.10</td><td></td><td></td><td>100</td><td></td><td></td><td></td><td></td><td></td><td></td></tr>
<tr><td colspan="2">盘点日未记账传票收入金额</td><td>②</td><td>135.24</td><td></td><td></td><td>50</td><td></td><td></td><td></td><td></td><td></td><td></td></tr>
<tr><td colspan="2">盘点日未记账传票支出金额</td><td>③</td><td>200.00</td><td></td><td></td><td>10</td><td></td><td></td><td></td><td></td><td></td><td></td></tr>
<tr><td colspan="2">盘点日账面应有金额</td><td>④=①+②-③</td><td>767.34</td><td></td><td></td><td>5</td><td></td><td></td><td></td><td></td><td></td><td></td></tr>
<tr><td colspan="2">盘点实有库存现金数额</td><td>⑤</td><td>627.34</td><td></td><td></td><td>2</td><td></td><td></td><td></td><td></td><td></td><td></td></tr>
<tr><td colspan="2">盘点日实有与应有差异</td><td>⑥=④-⑤</td><td>140</td><td></td><td></td><td>1</td><td></td><td></td><td></td><td></td><td></td><td></td></tr>
<tr><td rowspan="4">差异原因分析</td><td>白条抵库(张)</td><td></td><td>140</td><td></td><td></td><td>0.5</td><td></td><td></td><td></td><td></td><td></td><td></td></tr>
<tr><td></td><td></td><td></td><td></td><td></td><td>0.2</td><td></td><td></td><td></td><td></td><td></td><td></td></tr>
<tr><td></td><td></td><td></td><td></td><td></td><td>0.1</td><td></td><td></td><td></td><td></td><td></td><td></td></tr>
<tr><td></td><td></td><td></td><td></td><td></td><td>合计</td><td></td><td>627.34</td><td></td><td></td><td></td><td></td></tr>
<tr><td rowspan="5">追溯调整</td><td colspan="2">报表日至审计日库存现金支出总额</td><td>2 580</td><td></td><td></td><td colspan="7" rowspan="5">审计说明及审计结论:
1. 白条抵库违反规定;
2. 收付款入账不及时</td></tr>
<tr><td colspan="2">报表日至审计日库存现金收入总额</td><td>2 350</td><td></td><td></td></tr>
<tr><td colspan="2">报表日库存现金应有余额</td><td>997.34</td><td></td><td></td></tr>
<tr><td colspan="2">报表日账面汇率</td><td></td><td></td><td></td></tr>
<tr><td colspan="2">报表日余额折合本位币金额</td><td></td><td></td><td></td></tr>
<tr><td colspan="3">本位币合计</td><td></td><td></td><td></td><td></td><td></td><td></td><td></td><td></td><td></td><td></td></tr>
</table>

出纳员:　　　　会计主管人员:　　　　监盘员:　　　　检查日期:

5.

银行存款余额调节表

被审计单位:华彩纺织有限公司　　日期:2018 年 12 月 31 日　　索引号:

编制人:　　复核人:　　币别:人民币

项目	金额/元	项目	金额/元
银行对账单	4 200 000	企业银行存款日记账	4 065 000
加:企业已收,银行未收款	55 800	加:银行已收,企业未收款	123 000
减:企业已付,银行未入账款	55 800	减:银行已付,企业未入账金额	13 000
调整后银行对账单余额	4 200 000	调整后银行存款日记账余额	4 175 000

经办会计人员:

同时,由于 12 月 15 日企业将 385 000 元银行收款错记成 350 000 元,少计 35 000 元,因而企业银行存款账面金额应补记 35 000 元,补记后企业调整后银行存款日记账余额为 4 200 000 元。企业 2018 年 12 月 31 日资产负债表上"货币资金"项目中银行存款数额是正确的。

第七章　特殊项目审计

一、单项选择题

1. C　2. A　3. B　4. D　5. D　6. C　7. A　8. D　9. B　10. D

二、多项选择题

1. ABC　2. AC　3. ABC　4. (1) ABCD　(2) AC　(3) ACD　5. AC

三、判断题

1. √　2. √　3. ×　4. ×　5. √

四、简答题(略)

五、分析题

1. (1)不适当。审计项目组应当对期初余额是否含有对本期财务报表产生重大影响的错报获取充分、适当的审计证据,而不是对期初余额本身的所有错报获取充分、适当的审计证据。

(2)适当。

(3)不适当。如果期初余额存在对本期财务报表产生重大影响的错报,A 注册会计师应当告知管理层,还应当考虑提请管理层告知前任注册会计师。

(4)不适当。上期审计存在范围限制,但在本期导致范围限制的事项已得到解决,那么注册会计师在本期审计时就无须因此而发表非无保留意见。

2.(1)Y 会计师事务所通常应当采用查阅 X 会计师事务所审计工作底稿的方式了解期初余额的情况。了解的重点内容包括:X 会计师事务所对甲公司 2017 年财务报表发表的审计意见的类型和主要内容,针对甲公司 2017 年财务报表的审计计划和审计总结等。

(2)Y 会计师事务所针对期初余额通常应当实施的主要程序有:①确定甲公司 2017 年财务报表期末余额是否已正确结转至本期,或在适当的情况下已作出重新表述;②确定甲公司 2018 年财务报表期初余额是否反映对恰当会计政策的运用;如果甲公司 2017 年财务报表适用的会计政策不恰当或与本期不一致,注册会计师在实施期初余额审计时应提请甲公司进行调整或予以披露。③实施一项或多项审计程序。包括查阅前任注册会计师的工作底稿及与前任注册会计师沟通等。

(3)前提应当是:导致 X 会计师事务所出具保留意见的相关事项对本期财务报表的影响已经消除。

3.(1)根据对期后事项的分类,该事项属于第一时段期后事项。A 注册会计师应建议甲公司调整 2018 年 12 月 31 日财务报表,由于 580 万元的错报超过了重要性水平,属于重大错报,假设不考虑其他事项的审计调整,注册会计师仅考虑该事项的情况下,出具保留意见审计报告。审计调整分录如下:

借:营业外支出　　　　580

　贷:其他应付款——乙公司　　580

(2)根据对期后事项的分类,该事项属于第二时段期后事项,即"在审计报告日后至财务报表报出日前知悉了某事实"。A 注册会计师应建议甲公司调整 2018 年 12 月 31 日财务报表,审计调整分录同上。同时,应当通知管理层和治理层(除非治理层全部成员参与管理被审计单位)在财务报表做出必要修改前不要向第三方报出。

(3)根据期后事项的分类,该事项属于第三时段期后事项,即"在财务报表报出后知悉了某事实"。A 注册会计师应对建议甲公司调整 2018 年 12 月 31 日财务报表,审计调整分录同上。①如果管理层没有采取必要措施确保所有收到原财务报表的人士了解这一情况,也没有在注册会计师认为需要修改的情况下修改财务报表,注册会计师应当通知管理层和治理层(除非治理层全部成员参与管理被审计单位),注册会计师将设法防止财务报表使用者信赖该审计报告。②如果注册会计师已经通知管理层或治理层,而管理层或治理层没有采取必要措施,注册会计师应当采取适当措施,以设法防止财务报表使用者信赖该审计报告。

第八章　审计报告

一、单项选择题

1. B　2. D　3. C　4. B

二、多项选择题

1. ABCD　2. ABCD　3. ABD　4. ACD

三、判断题

1. × 2. × 3. × 4. × 5. √

四、简答题(略)

五、分析题

1. 针对要求(1):

对事项(1),甲和乙注册会计师应提请A公司做以下调整分录:

借:营业外支出 13

贷:库存商品 13

对事项(2),甲和乙注册会计师不需要提请A公司做以下调整分录。

对事项(3),甲和乙注册会计师应提请A公司做以下调整分录,并在2018年财务报表附注中披露该事项:

借:固定资产——固定资产减值准备 200

贷:资产减值损失 200

对事项(4),甲和乙注册会计师应提请A公司做以下调整分录:

借:长期股权投资 25 000

投资收益 5 000

贷:其他应付款 30 000

针对要求(2):

就事项(1),甲和乙注册会计师应当出具无保留意见的审计报告;

就事项(2),甲和乙注册会计师应当出具无保留意见的审计报告;

就事项(3),甲和乙注册会计师应当出具保留意见的审计报告;

就事项(4),甲和乙注册会计师应当出具否定意见的审计报告。

2. (1)不恰当。应当在审计报告中增加以“与持续经营相关的重大不确定性”为标题的单独部分,而不是增加强调事项段。

(2)不恰当。该事项披露不充分,属于错报,应当发表保留或否定意见。

(3)不恰当。注册会计师应当评价丁公司2018年度财务报表是否对这些事项做出充分披露,并考虑披露情况对审计报告的影响。

(4)不恰当。应当在审计报告中增加强调事项段,说明证券监管机构的稽查结果存在不确定性。

(5)不恰当。审计范围受到限制,应当发表保留意见或无法表示意见,或解除业务约定。

考试大纲

第一部分　课程性质与目标

一、课程性质与特点

企业财务审计属于应用型的工商管理学科范畴，本书以国家最新颁布的《中国注册会计师执业准则》《中国注册会计师执业准则——应用指南》及《企业会计准则》等内容为依据，结合自学考试的特点，本着“精选内容、加重实践、培养技能、突出应用”以及“理论必须和够用为度”的原则，阐明了企业财务审计的涵义、特征、作用、目标、审计过程和审计程序。按照企业业务循环，以注册会计师审计为主线，展开对企业财务收支及财务报表的审计，并将新修订的审计准则和会计准则的内容融入每一章节，体现了本学科的最新发展动向。

二、课程目标与基本要求

本课程设置目的是使学生在了解我国审计基本理论与方法的基础上，掌握企业财务审计的基本理论、程序与方法，为维护国家财经法纪，改善企业经营管理，提高企业经济效益，促进国家宏观调控服务。

通过本课程的学习，要求学生系统地了解我国企业财务审计的实务体系，掌握企业财务审计的程序与方法，掌握每个业务循环的主要审计项目，特别是具有审计特色的审计程序。

第二部分　考核内容与考核目标

第一章　总　　论

考核知识点

企业财务审计的涵义；企业财务审计的特征；企业财务审计的目标；企业财务审计的内容；企业财务审计的过程；企业财务审计的程序。

第二章　销售与收款循环审计

考核知识点

企业销售与收款循环的主要业务活动、所涉及的主要凭证与会计记录；企业销售与收款循环控制测试的内容及程序；主营业务收入的审计程序；应收账款的审计程序；其他审计项目的审计程序。

第三章　购货与付款循环审计

考核知识点

购货与付款循环的主要业务活动、所涉及的主要凭证与会计记录;购货与付款循环控制测试的内容及程序;应付账款的审计程序;固定资产与累计折旧的审计程序。

第四章　生产与存货循环审计

考核知识点

生产与存货循环的主要业务活动、所涉及的主要凭证和会计记录;生产与存货循环的内部控制及其测试;存货的审计程序;应付职工薪酬的审计程序。

第五章　筹资与投资循环审计

考核知识点

筹资与投资循环的主要业务活动、所涉及的主要凭证与会计记录;筹资与投资循环控制测试的内容及程序;筹资审计的内容及审计程序;投资审计的内容及审计程序。

第六章　货币资金审计

考核知识点

货币资金内部控制及控制测试的要点;库存现金审计程序,重点是库存现金监盘程序;银行存款审计程序,重点是银行存款函证程序。

第七章　特殊项目审计

考核知识点

首次接受委托时对期初余额的审计的目标与程序;期后事项的审计目标与程序;或有事项的审计目标与程序;对持续经营能力产生疑虑事项的识别、评估与应对。

第八章　审计报告

考核知识点

审计差异调整分录的编制;审计报告含义和作用;审计意见的形成条件;审计报告的基本内容;审计报告的类型和不同审计报告的格式和内容;特殊目的审计报告。

第三部分　有关说明与实施要求

指定教材

《企业财务审计》(第 2 版),李兆华、孟丽荣主编,哈尔滨工程大学出版社,2021 年版.

自学方法指导

1. 在开始阅读指定教材某一章之前,先翻阅大纲中有关这一章的考核知识点及对知识点的能力层次要求和考核目标,以便在阅读教材时做到心中有数,有的放矢。

2. 阅读教材时,要逐段细读,逐句推敲,集中精力,吃透每一个知识点,对基本概念必须深刻理解,对基本理论必须彻底弄清,对基本方法必须牢固掌握。

3. 在自学过程中,既要思考问题,也要做好阅读笔记,把教材中的基本概念、原理、方法等加以整理,这可从中加深对问题的认知、理解和记忆,以利于突出重点,并涵盖整个内容,可以不断提高自学能力。

4. 完成书后作业和适当的辅导练习是理解、消化和巩固所学知识,培养分析问题、解决问题及提高能力的重要环节,在做练习题之前,应认真阅读教材,按考核目标所要求的不同层次,掌握教材内容,在练习过程中对所学知识进行合理的回顾与发挥,注重理论联系实际和具体问题具体分析,解题时应注意培养逻辑性,针对问题围绕相关知识点进行层次(步骤)分明的论述或推导,明确各层次(步骤)间的逻辑关系。

参 考 文 献

[1] 李彬. 审计[M]. 北京:经济科学出版社,2021.

[2] 王继红,安亚人. 审计学[M]. 北京:高等教育出版社,2021.

[3] 牛艳芳. 审计数据分析——从 Excel 到 Power BI[M]. 北京:高等教育出版社,2021.

[4] 王会金. 现代企业财务审计[M]. 4 版. 北京:中国财政经济出版社,2018.

[6] 刘世林. 审计学基础[M]. 南京:南京大学出版社,2018.

[5] 陈汉文,韩洪灵. 审计理论与实务[M]. 北京:中国人民大学出版社,2019.

[7] 崔飚,李传彪. 审计理论与实务[M]. 2 版. 北京:人民邮电出版社,2017.

[8] 郑石桥. 审计理论研究:基础理论视角[M]. 北京:中国人民大学出版社,2016.

[9] 罗杰. 审计实务[M]. 2 版. 重庆:重庆大学出版社,2015.

[10] 中国注册会计师协会. 中国注册会计师执业准则指南[M]. 北京:中国财政经济出版社,2017.